INTRODUCTION TO SOCIAL WELFARE

新・基礎からの社会福祉

3

高齢者福祉

[第3版]

大塩まゆみ／奥西栄介

[編著]

ミネルヴァ書房

第3版 はじめに

　本書の初版発行後，約4年，第2版発行後，約1年半の歳月がたった。この数年間に，日本の少子高齢化がさらに進んだ。本書では，改訂のたびに掲載している統計調査のデータを更新しているが，そのつど少子高齢化の課題を痛感する。

　今回のデータ刷新で，大きな課題だと再認識したことは，医療・介護費用の増大である。家計においても社会保障財源においても，医療・介護費用が膨張している。本書の第1章第3節に高齢者世帯の家計収支を掲載しているが，高齢者世帯では，保健医療費が若年世帯よりも多い。医療・介護のための保険料負担を押さえるためにも，医療・介護費用がかからないようにすることが必要である。つまり，若い時期から健康を心がけ，良い生活習慣を維持することが大事である。

　介護予防は介護保険の大きな課題であり，法改正で介護予防給付の一部が地域支援事業になった。2017年度からは，すべての市町村で，新しい総合事業が実施されることになっている。詳細は，第4章で解説するが，各地域の動向を見守らなくてはならない。

　介護の社会化を目指した介護保険制度であるが，市場化・民営化が一層進んでいる。事業者数の増大に伴い，介護職不足が深刻化している。また，質の向上が目指されているが，サービスが不適切な施設も顕在化した。第9章に示しているように，最近，養介護施設従事者等による虐待が増えている。その背景にある介護や福祉労働者の労働条件の向上は，喫緊の課題である。

　長寿化により，現役で活躍する後期高齢者が増えたが，一方では，認知症や，一人暮らし高齢者，老々介護等，色々な課題が山積している。しかし，知識と力量を高めて超高齢社会を乗り越えたいものである。これまで多くの方々に本書をご利用いだいたおかげで第3版が発行できた。読者の方々に心から感謝したい。

2017年9月

大塩まゆみ

はじめに

　日本は世界屈指の長寿国となり，平均寿命が伸び，社会全体の高齢者数が増大している。それぞれの人が長くなった高齢期をどのように過ごすかを考えると同時に，社会全体として増大する高齢者のニーズに，どのように対応するかを考えなければならなくなっている。産業や科学技術の進歩は，社会環境や人々のライフスタイル・家族構成・疾病構造等を変え，新たな社会福祉の課題をもたらしている。有為転変の世にあって，すべての人が人生の晩年と終末期をより良く生きられるように社会的に支えるのが，高齢者福祉制度・サービスの役目である。

　高齢者福祉分野では，2000年以降，介護保険が導入され，制度のしくみが複雑化している。サービスの種類が増え，様々な事業者がサービスを提供するようになり，大変わかりにくくなってきた。

　そこで，このような高齢者を取り巻く複雑な状況を，わかりやすく解説したのが本書である。本書では，高齢者福祉サービスや介護保険のしくみを基礎から詳しく説明した。さらに，社会福祉専門職になるために必要な知識・倫理・技能についても，現場経験や学識経験のある執筆者によって事例をまじえ，図表を多用して解説した。盛り込まれている内容は，社会福祉士試験科目である「高齢者に対する支援と介護保険制度」に対応するものとなっており，社会福祉士の国家試験の例題や用語欄等により，自学自習ができるように工夫をほどこした。高齢期の心身や社会生活の変化について，また日本の高齢者福祉の動向や課題についても，若い世代や初めて社会福祉を学ぶ人にも理解できるように記述した。

　高齢者福祉について学ぶことは，自分自身の高齢期をより良く生きることにつながる。さらに深く学べば，社会福祉の仕事への道が開けるだろう。この書が，読者と社会の明るい未来を築くための一助となることを願い，出版の辞としたい。

2013年9月

編者を代表して　**大塩まゆみ**

もくじ CONTENTS

第3版はじめに
はじめに

第Ⅰ部　高齢期・高齢者とはなにか

第1章　人生における高齢期

第1節　高齢期のとらえ方…………4
高齢期の課題…4／高齢期の悩み・不安…4／生活構造と老後の見通し…4

第2節　高齢期におこる心身の変化…………8
一般的な身体の変化…8／病気にかかりやすく治りにくい高齢者…8／高齢者が病気になった時の特徴…9／高齢期におこりやすい「生活習慣病」…10

第3節　高齢期における家計の変化…………12
高齢期の収入と支出…12／高齢者世帯の種類による家計収支の違い…13／高齢者世帯の貯蓄…14／老後の生活費…15

第4節　現代社会における高齢者の生活不安…………16
高齢者の事故・被害…16／高齢者の犯罪…17／社会的孤立と孤独(立)死・自殺…18

第2章　高齢者を取り巻く社会的状況と生活実態

第1節　高齢者の人口…………22
高齢化の現状…22／急速な高齢化…22／将来の高齢化の状況…24／高齢化の地域差…24

第2節　高齢者の世帯状況，家族の変化…………26
高齢者のいる世帯状況…26／一人暮らし高齢者の動向…26／親と子の付き合い方の変化…26

iii

第3節　高齢者の社会関係 ………… 30

高齢者と地域社会…30／高齢者の就労…30／高齢者の地域活動，グループ活動…32／世代間交流の機会と参加意向…32

第4節　高齢者と介護 ………… 34

要介護高齢者の状況…34／在宅介護の実態…34

第Ⅱ部　高齢者に対する制度とサービス

第3章　高齢者を支える社会福祉制度の変遷と現状

第1節　高齢者福祉制度の発展──1980年代まで ………… 42

高齢者施設の始まりと戦前の高齢者救済…42／生活保護法から老人福祉法制定…42／老人福祉法の誕生…43／施設福祉から在宅福祉へ…44

第2節　高齢者福祉制度の拡大──1990年代 ………… 46

ゴールドプランと新ゴールドプラン…46／老人福祉法の改正…46／高齢社会対策基本法の制定…47／介護保険制度創設の背景…49

第3節　高齢者福祉制度の現在──2000年以降 ………… 50

介護保険法による介護システムの変換…50／2000年以降の高齢者福祉の動向…50／介護保険制度の改正…51／後期高齢者医療制度の創設…52

第4節　地域包括ケアシステム ………… 54

地域包括ケアシステムとは…54／2011年改正介護保険法と地域包括ケアシステム…54／地域住民の位置付け…56／地域包括支援センターの強化…56

第5節　老人福祉法 ………… 58

老人福祉法制定の背景と経緯…58／老人福祉法の変遷…58／老人福祉法の内容…59／老人福祉法の基本的理念…60／老人福祉法の意義…60

CONTENTS

第6節　社会保障の体系・・・・・・・・・・・ 62
社会保障の枠組み…62／社会保険…62／社会保険費用の動向…64／生活保護…65

第4章　介護保険制度のしくみ

第1節　介護保険の概要・・・・・・・・・・ 68
介護保険制度創設の背景…68／介護保険の趣旨・目的…68／介護保険制度のしくみと財源…70／保険者・被保険者…71／保険料（第1号被保険者の場合）…72／保険料（第2号被保険者の場合）…73／介護保険事業計画等…74／市町村介護保険事業計画…74／都道府県介護保険事業支援計画…75

第2節　介護保険利用のプロセス・・・・・・・・・・ 76
介護保険給付までの手続き…76／要介護認定…76

第3節　給付手続きと利用者負担・・・・・・・・・・ 80
サービス利用の手続き…80／介護給付と予防給付…80／利用者負担…80／高額介護サービス費…82

第4節　介護報酬・・・・・・・・・・ 84
介護報酬とは…84／介護給付費単位数表…84

第5節　介護予防・・・・・・・・・・ 86
介護予防とは…86／介護予防という考え方の誕生…86

第6節　地域支援事業・・・・・・・・・・ 88
地域支援事業とは…88／介護予防・日常生活支援総合事業（新しい総合事業）…88／包括的支援事業…90／任意事業…90／地域包括支援センター…90

第7節　苦情対応・サービスの質確保のためのしくみ・・・・・・・・・・ 92
苦情対応の目的…92／苦情対応のしくみ…92／サービスの質確保のためのしくみ…94

CONTENTS

第5章　介護保険サービス利用の実際

第1節　介護保険で提供されるサービスの種類…………98
居宅サービス…98／施設サービス…98／地域密着型サービス…98

第2節　介護支援専門員とケアマネジメント…………102
ケアマネジメントとは…102／居宅介護支援及び介護支援専門員の位置付けと業務内容…103／介護支援専門員の基本姿勢と倫理…105

第3節　事例から学ぶサービス利用…………108
ある高齢者の例…108／ケアプランの作成…108／ケアプラン作成後…111

第6章　高齢期を支える環境づくり

第1節　日常生活動作を支える道具…………114
福祉用具関係施策の歴史…114／福祉用具は高齢者の生活を支える重要かつ有効な道具…114／福祉用具の供給システム…115／福祉用具に関する専門職…116／福祉用具に触れる機会を…116／介護現場へのロボット導入…117

第2節　高齢期の住まい…………118
高齢者の住まい：住宅…118／住宅改修費に対する補助…118／住環境整備に関わる職種…119／高齢者の住まい：施設…121

第3節　まちづくりとユニバーサルデザイン…………122
日本における福祉のまちづくり…122／福祉のまちづくりに関する法制度…122／ユニバーサルデザインの概念…124／ユニバーサルデザインの事例：案内表記…124／バリアフリーデザインの事例：公共交通…125／ユニバーサルデザインの事例：トイレの操作パネル…126

CONTENTS

第Ⅲ部　高齢者に対する支援

第7章　社会福祉専門職の行う高齢者支援

第1節　高齢者の生活を支える援助の視点 …………… 132
高齢者の生活困難の把握…132／生活史からみた高齢者の理解…132／高齢者の長所や強みを活かした援助…133／多職種連携の重要性…134

第2節　高齢者を支える専門職の種類と仕事 …………… 136
様々な専門職によるAさんに対する援助…136／高齢者を支える様々な専門職…138

第3節　高齢者を支えるソーシャルワークの方法 …………… 140
ソーシャルワークとはなにか…140／直接援助…140／間接援助…141／ネットワーク…142

第4節　高齢者を支える介護の方法 …………… 144
介護とはなにか…144／介護過程…144／介護技術…145／医療的ケア…147

第8章　認知症高齢者に対する支援

第1節　認知症とはどのような病気か …………… 150
認知症の主な原因疾患…150／その他の認知症…151／認知症の中核症状…151／認知症の行動・心理症状と援助者に求められる視点…152

第2節　認知症の人への支援の方法 …………… 154
パーソンセンタードケアの視点…154／残された能力を活かす…155／関係性をつなぐ…156／暮らしの継続性と多職種連携…156

CONTENTS

第3節　認知症の人を支えるしくみと制度の動向……………158
認知症ケアの歴史…158／認知症ケアパスと支援のためのネットワーク…160／新オレンジプラン…160／認知症初期集中支援チーム…160

第9章　高齢者虐待・放任・自己放任に対する支援

第1節　高齢者虐待・放任・自己放任とはなにか…………164
高齢者虐待の定義…164／高齢者虐待・放任・自己放任の種類…164／身体拘束等の原則禁止…166

第2節　高齢者虐待・放任・自己放任の実態と社会的背景…………168
虐待・放任の加害者と被害者…168／多く発生している虐待の種類…168／虐待・放任はなぜおきるのか…169／自己放任はなぜおきるのか…171

第3節　高齢者虐待・放任・自己放任に対する支援のしくみ…………172
高齢者虐待の発見と通報…172／養護者による高齢者虐待の防止…172／高齢者虐待・放任の程度と対応…172／相談援助と対応…174／立入調査と連携…174／やむをえない事由による措置と面会制限…175／養護者の支援…176／養介護施設従事者による高齢者虐待の防止…176

第4節　高齢者虐待・放任・自己放任の予防…………178
高齢者になるまでに…178／セルフヘルプ・グループ等への参加…178／家族関係と意思疎通…178／地域や地方自治体での取り組み…179／社会的対策の拡充…179

第10章　人生の最終段階における支援

第1節　高齢者はどこで死を迎えているか…………182
最期の場所の理想と現実…182／看取りに関する医療および介護サービスの現状…182

CONTENTS

第2節　終末期ケア・・・・・・・・・・・ 186

終末期ケアの成り立ち…186／わが国におけるホスピス・緩和ケアの発展…186／高齢者の終末期ケア…187／施設における看取りケア…188

第3節　死にゆく過程と自己決定・・・・・・・・・・・ 190

死にゆく過程と心理状態の変化…190／全人的苦痛というとらえ方…190／人生の最終段階における医療の決定プロセスに関するガイドライン…191／終末期における選択と自己決定…192／死にまつわる自分の考えを伝える手段…192

第4節　グリーフケア・・・・・・・・・・・ 194

悲嘆のプロセス…194／遺された家族を支える…194

第11章　高齢者福祉における今後の課題とアクティブ・エイジング

第1節　高齢者福祉の課題・・・・・・・・・・・ 198

高齢者人口と要介護高齢者の増加…198／認知症の増加と介護者不足…198／健康増進と良い生活習慣の社会的推進…199

第2節　アクティブ・エイジングの理念・・・・・・・・・・・ 200

アクティブ・エイジングとは…200／健康増進と疾病予防…200／社会的環境の改善と社会的支援…201／健康・参加・安全の政策提言…203

第3節　高齢期の余暇と生きがい・・・・・・・・・・・ 204

日本の生きがい対策…204／元気で長生きの秘訣…204／希望のもてる社会に…205

さくいん　　207

第 I 部

高齢期・高齢者とはなにか

第1章

人生における高齢期

本章で学ぶこと

● 高齢期の課題や悩み・不安を理解する：第1節

● 高齢期の心身の変化や生活の変化を学ぶ：第2節

● 高齢期の健康や病気について知る：第2節

● 高齢者の家計収支や暮らし向きについて理解する：第3節

● 高齢者の事故・被害・犯罪等について考える：第4節

第1節 高齢期のとらえ方

この節のテーマ
- 高齢期の課題にはどのようなものがあるかを考えよう。
- 高齢期の不安や悩みを理解しよう。
- 高齢期の生活の変化を学ぼう。

高齢期の課題

あなたは，自分が年をとった時のことを想像したことがあるだろうか。何歳まで生き，どんな暮らしを高齢期にしたいだろうか。

「生老病死」という，人間の一生の4大苦をあらわす仏教用語がある。死や病気のみではなく，生きることも老いることも苦しみであるという。医療の進歩した現在では，延命治療により長生きすることもある。病気の後遺症で中高年から半身麻痺になったり，中途障害になることもある。「不老不死」でない人間には，いずれ生命体の宿命である死が訪れる。

最近は，「平穏死」という言葉も使われている。「平穏死」は，延命治療をしないで自然な死に方を尊重することで，「尊厳死」に近い考え方である。「終わりよければ，すべてよし」という諺があるが，人生のフィナーレを「大往生」で幕を閉じられるようにするには，どう生きたらよいのだろうか。

高齢期の悩み・不安

内閣府の「国民生活に関する世論調査」（2019年）によると，日頃「悩みや不安を感じている」人が約7割いる（63.2％）。その悩みや不安の中で一番多いのが，「老後の生活設計について」で，過半数を占める（56.7％）（**図1-1**）。つまり，長くなった老後をどう生きるかが課題になっているのである。

生活構造と老後の見通し

老後の悩み・不安で次に多いのが，「自分の健康」や「家族の健康」という健康問題であり，その次が「今後の収入や資産の見通し」という家計に関するものである。健康や家計に不安を感じる人が多いということは，それらが生きていく上で重要であるということを意味する。

一般に，人々が自立し，より良い一生をすごすためには，主として次のような要素が必要である。①心身及び**社会的な健康**，②安定した家計，③収入が得られる仕事，④住居，⑤生活力（家政・家事・子育て等），⑥教育機会と学習能力，⑦文化・教養・余暇生活の充足，⑧社会資本・生活環境（医療・消費・教育施設等）と治安，⑨権利保障・社会保障，⑩希望・気力・生命力。これらの要素は，個人的資質や努力で得られるものもあれば，社会的に整備しなければならない**社会的インフラストラクチャー**もある。

内閣府の「国民生活選好度調査」（2012年）に

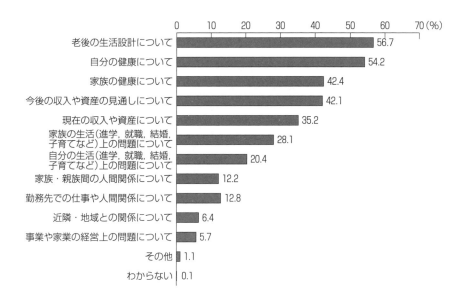

図1-1
悩みや不安の内容
注：日常生活の中で，「悩みを不安を感じている」と答えた者に，複数回答。N＝3,469人。
出所：内閣府（2019）「令和元年度国民生活に関する世論調査」(http://survey.gov-online.go.jp/r01/r01-life/index.html/) を一部改変。

は，老後に明るい見通しを持っているかどうかを尋ねた設問がある。老後に明るい見通しを持っている人は14.4％しかなく，明るい見通しを全く持っていない人が40.4％もあった。どちらかといえば持っていない人とあわせると，8割以上の人が老後に明るい見通しを持っていない。

内閣府の「国民生活に関する世論調査」（2019年）では，**図1-2**のように政府に対する要望でもっとも多いのが，「医療・年金等の社会保障の整備」である。「高齢社会対策」や「景気対策」が上位で，老後の不安に対する対策が求められている。

◆1　社会的な健康
WHOの健康の定義では，疾病や病弱な状態でなく，心身のみならず社会的にも良い状態（well-being）を健康としている（第11章3節参照）。

◆2　社会的インフラストラクチャー
生産・生活の基盤となる建造物や公園・環境整備や学校・病院・社会福祉施設等の公共的機能設備。

第1章　人生における高齢期 | 5

第1章
人生における高齢期
第1節 高齢期のとらえ方

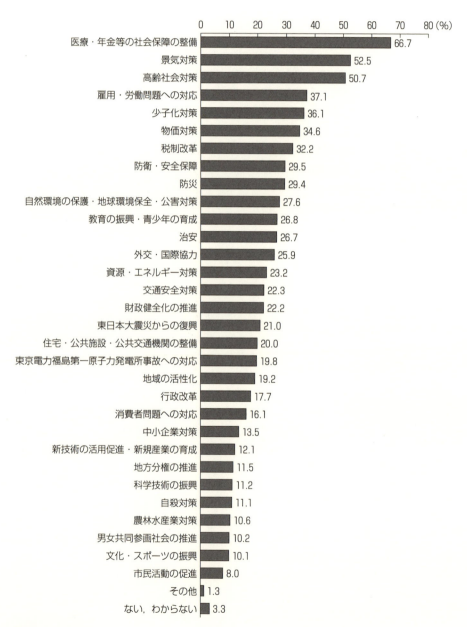

図1-2
政府に対する要望
出所:図1-1と同じ。

間違いやすい用語

「尊厳死」と「安楽死」

安楽死とは，「治療不可能又は苦痛を伴う病気の患者を，慈悲の行為として人為的に死に至らしめること(5)」であり，尊厳死とは，「助かる見込みの全くないままに長期間にわたって植物状態が続いていたり，激しい苦痛に悩まされ続けている患者に対し，生命維持装置などによる人為的な延命を中止し，人間としての尊厳を維持して死に至らしめること(6)」である。日本尊厳死協会では，尊厳死を「傷病により『不治かつ末期』になったときに，自分の意思で，死にゆく過程を引き延ばすだけに過ぎない延命措置をやめてもらい，人間としての尊厳を保ちながら死を迎えること(7)」としている。ここで「自分の意思で」とあるが，意思が表示できない場合もある。

注

(1) 石飛幸三（2010）『「平穏死」のすすめ』講談社；石飛幸三（2012）『「平穏死」という選択』幻冬舎ルネッサンス，参照。
(2) 2019年に全国の18歳以上の人1万人に無作為抽出で実施。
(3) 特に「老後の生活設計」について不安を感じているのは，管理・専門技術・事務職等に多く，「定年」という職業生活終了後の暮らしが心配だという人が多い。健康についての回答が多いのは農林漁業職であり，これらの職業は定年がないかわりに体力が必要な仕事であるからだと思われる。
(4) 全国の15歳以上80歳未満の男女4000人に対して2012年3月に実施。内閣府「平成21年度国民生活選好度調査結果の概要」2012年，7頁。
(5) ステッドマン医学大辞典編集委員会編（2002）『ステッドマン医学大辞典 第5版』メジカルビュー社，622頁。
(6) 松村明編（1988）『大辞林』三省堂，1424頁。
(7) http://www.songenshi-kyokai.com (2013.8.14)

Check

事例を読んで，次のうち，今後のケアの方向性の決定で最も優先されるべきものとして，適切なものを一つ選びなさい。

〔事例〕

Dさん（70歳，男性）は，直腸がんで肝転移，リンパ節転移がある。入院している病院の医師から，予後からみて数週間で病院での積極的治療は困難と説明され，現在，医師の往診，訪問看護，訪問介護を受け在宅療養している。Dさんは「家がいい。終末期には何も処置をしないでほしい」とリビングウィルを往診の医師に手渡し，同居している妻と長女も自宅で看取りたいと望んでいた。意識が低下し本人の意思表示ができなくなったとき，他県から駆けつけた長男が「もう一度入院して少しでも長く生かしてもらいたい」と言った。

1　医師の判断
2　本人のリビングウィル
3　長男の意見
4　公正な立場の第三者の判断
5　妻の意見

答：2

（第24回社会福祉士国家試験問題122より）

第2節 高齢期におこる心身の変化

この節のテーマ
- 加齢による生理的な身体の変化について学ぼう。
- 高齢者の病気の特徴を知ろう。
- 生活習慣病について理解しよう。
- 生活習慣病を予防するにはどうしたらよいかを考えよう。

一般的な身体の変化

　日本は、世界一の長寿国になったが、「不老長寿」は実現するのだろうか。人間には生理現象として加齢による身体的変化が生じる。年をとることによって体の機能が変化することを「老化」という。たとえば、五感に変化が訪れる。目が悪くなり、視力が低下し老眼になり、白内障になることもある。耳が聞こえにくくなり、難聴になることもある。臭いを感じなくなり、味覚も変化する。痛みの感覚や皮膚感覚が鈍感になる。皮膚が乾燥しやすく、弾力やはりがなくなり、しわが増える。髪の毛が白くなり、薄毛や脱毛がおこる。骨がもろくなり、骨粗しょう症になりやすくなる。歯や歯茎が弱り、歯周病になる。噛む力が衰え固いものが食べられなくなる。また誤嚥しやすくなる。

　体の筋力や運動能力が低下し、歩く速度が遅くなり、反射神経も低下する。ちょっとしたことで転倒しやすくなり、けがや骨折がおきやすくなる。身長も縮み、脊柱（背骨）が曲がる人もいる。

　長年使ってきた内臓も徐々に弱り、体内の筋力も衰える。排泄機能や腎機能に変化がおこる。頻尿になったり、残尿感が残ったり、失禁がおきやすくなる。心臓機能が弱まり、動悸や息切れしやすく、不整脈がおこる場合もある。血管には老廃物が溜まって血流が悪くなったり、血管が固くなり、循環器系統の病気がおきやすくなる。

　しかし、このような老化現象は個人差が大きい。体質や生活習慣の違いがあり、誰もが一定のパターンやテンポで老化するのではない。

病気にかかりやすく治りにくい高齢者

　一般的に加齢により身体機能が弱くなるので、外部からの病原菌の侵入に対する抵抗力も低下する。ウィルスによる感染症がおきやすく、若い世代では潜伏している病原菌でも発病することが高齢者にはある。人体に備わっている**ホメオスタシス**[1]（恒常性機能）が高齢期には低下し、暑さ寒さに対する順応力も弱くなる。そのために高齢者は夏に熱中症になりやすく、冬には若い人よりも寒さを感じやすい。

　また、自然回復力や**予備力**[2]・自然治癒力が低下し、疲れやすく疲労が回復しにくい。日中の活動量が少ないことや精神面での不安等が影響して安眠できない等の睡眠障害もおきやすい。

　また高齢期では、普段の活動量が少なくなりがちである。そのためエネルギー消費量が少なく、食事での摂取カロリーが高いと肥満になりやす

い。逆に，食欲が減退して十分で適切な食事摂取
ができず栄養不良になりがちである。食生活の乱
れや栄養バランスの崩れ，また心身の疲労が続く
と病気になりやすく，また，病気の回復も遅れる。

高齢者が病気になった時の特徴

　高齢者が病気になった時の病状の進行や回復
については，個人差が大きいが，一般的には，次
のような特徴がある。
　病気の自覚症状が乏しく，早期発見ができにく
い。重度化してからの治療は，長引きがちである。
回復力や予備力が小さく，病状が急変しやすく，
一定のパターンで病態が進行するのではなく，非
定型的で重度化しやすく，慢性化しやすい。合併
症を引き起こしやすく，複数の病気を併発するこ
とがある。また病気の後遺症から心身に障害が出
ることもある。
　薬のききが悪く，効果が出にくく，治りにくい。
薬の副作用が出やすく，複数の病気になりがちで，
それぞれの治療のために多くの薬を飲み，副作用
等による症状が出ることがある（**医原性疾患**◆3）。認
知症の様な症状が薬の多重投薬等によってひき
おこされる場合もある。
　老化や病気による体力減退により自分の健康
に対しての自信を喪失し，情緒不安定になりやす
い。うつや**幻覚**◆4・**せん妄**◆5・認知症状のような精神
症状が出やすく，回復に時間がかかる。
　したがって，高齢者やその家族は病気や治療・
予防についての知識を深めることが必要である。
診断や治療については，セカンドオピニオンを求

◆1　ホメオスタシス（恒常性機能）
身体の諸機能や体液，組織等の平衡（バラン
ス）が維持されていること。

◆2　予備力（reserve force）
通常の生活に必要なエネルギー以上に身体に
備わっている力。

◆3　医原性疾患
治療によってひきおこされた身体の好ましく
ない反応。

◆4　幻覚（hallucination）
実際には存在しない刺激や状況・事象等を主
観的に知覚すること。幻視，幻聴，幻嗅，幻
味，幻触等の感覚の異変。

◆5　せん妄（delirium）
意識が変容した状態で不鮮明になったり，錯
覚や幻覚がおきたり，今どこにいるのかがわ
からなくなったりする。記憶や思考の乱れ，不
穏，過活動，自律神経の高ぶり等が生じるこ
ともある。

第1章
人生における高齢期
第2節　高齢期におこる心身の変化

めるのが賢明である。

もし病気になったとしても生きがいや希望、または家族・知人等の支えがあれば、治療や闘病生活の励みになる。

高齢期におこりやすい「生活習慣病」

現在の日本人の死因となる病気で多いのは、1位が悪性新生物、2位が心疾患、3位が肺炎、4位が脳血管疾患である（図1-3）。

死因の上位にある悪性新生物・心疾患・脳血管疾患は、乱れた食生活や運動不足・喫煙等の不適切な生活習慣から生じやすく、以前は「三大成人病」と呼ばれていた。高血圧や動脈硬化性疾患（狭心症、心筋梗塞、脳梗塞、大動脈疾患、腎不全）・糖尿病等の中高年期にかかりやすい「成人病」を、1990年代からは「生活習慣病」と呼ぶようになった。その一つの理由は、「成人病」といっうのでは、成人なら誰でもかかって当然と受け止められ予防への動機付けが働かないが、「生活習慣病」と呼べば、生活習慣の改善をして病気の予防をしようと意識付けられるからである。

最近では、皮下脂肪のみならず内臓脂肪にも着目し、「メタボリック・シンドローム」◆6という言葉や「生活不活発病」ともいう用語も使われ、さらに進んだ「生活習慣病」予防が促されている。

また、「タバコは百害あって一利なし」といわれるように、喫煙は「生活習慣病」を引き起こす最大のリスクとなる。喫煙は、喉頭がんや肺がんのみならず、他の臓器にも悪害を及ぼす。喫煙量が多ければ死亡リスクも高まり、治療が長引き、医療費を圧迫する。タバコの煙は、喫煙者本人のみならず間接喫煙をする家族や近くに居る人の健康をも害し、本人が吸う「主流煙」よりも「副流煙」という周囲の人が吸う煙のほうが健康に良くないといわれている。今や禁煙は、本人の病気予防のみならず社会的マナーである。

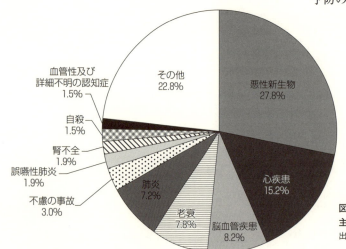

図1-3
主な死因別死亡数の割合（2017年）
出所：厚生労働省（2017）「平成29年人口動態統計月報年計（概数）の概況」

Close up 6

喫煙が及ぼす健康影響

喫煙は世界保健機構（WHO）の国際がん研究機関（IARC）において，人間に対する発がん性に関して十分な証拠があるとされている。

厚生労働省資料から，たばこの健康への影響についてのデータをピックアップして紹介しよう。[(4)]

1）喫煙者本人への健康影響（がんへの影響）

喫煙する男性は，非喫煙者に比べると，肺がんによる死亡率が約4.5倍高いが，がん全体としては，次のような危険度となっている。（1990-97年）

相対危険度	男性	女性
厚生省研究班による調査結果	1.5	1.6

2）周囲の非喫煙者への健康影響

他人のたばこの煙を吸わされる受動喫煙についての健康影響は，流涙，頭痛，肺がんや虚血性心疾患等の疾患の死亡率上昇等の研究結果が近年多く報告されている。小児では喘息，気管支炎といった呼吸器疾患等と関連があると報告されている。また，乳児では乳幼児突然死症候群と関連があると報告されている。受動喫煙と個別疾病との相対危険度（非喫煙者を1とした時の喫煙者の危険度）は次のとおり。

個別疾病の相対危険度	
肺がん死亡数（US—EPA報告 1998）	1.19
虚血性心疾患死亡数（Heらによる調査 1999）	1.25

Check

健康に関する次の記述のうち，正しいものを一つ選びなさい。

1 WHO憲章による健康の定義は，「健康とは，身体的にも精神的にも社会的にもスピリチュアルにも完全に良好な状態をいう」とされている。

2 アルマ・アタ宣言では，人々が自らの健康とその決定要因をコントロールし，改善することができるようにするヘルスプロモーションが強調された。

3 オタワ憲章では，地域住民が参加して包括的，継続的で，身近な保健・医療サービスを組織的に提供することを目指すプライマリ・ヘルスケアが提唱された。

4 我が国の地域保健法においては，内臓脂肪型肥満に着目した特定健診（特定健康診査）の受診が義務づけられている。

5 我が国の健康増進法においては，学校，体育館，病院，劇場その他，多数の者が利用する施設を管理する者は受動喫煙を防止するための措置を講ずるよう努めることが定められている。

答：5
（第23回社会福祉士国家試験問題4より）

◆6 メタボリック・シンドローム
「代謝異常」という意味で，糖代謝や脂質代謝等に異常があること。

注
(1) ステッドマン医学大辞典編集委員会編（2002）『ステッドマン医学大辞典 第5版』メジカルビュー社，776頁。
(2) 同前書，466頁。
(3) このような呼び方は日本だけではなく，フランスやドイツ等の他国でも使われており，lifestyle related disease という英語もある。
(4) http://www.mhlw.go.jp/topics/tobacco/qa（2013.8.14）より筆者が抜粋加筆。

第3節 高齢期における家計の変化

● この節のテーマ
- 高齢者世帯の家計収入と支出について知ろう。
- 高齢者世帯類型による家計収支の特徴を知ろう。
- 高齢者の生活保護受給について学ぼう。

高齢期の収入と支出

多くの人は，高齢期には家計の収入源が就労収入から公的年金に変わる。全国の60歳以上の男女3000人を対象とした内閣府「平成29年度 高齢者の経済・生活環境に関する意識調査結果（全体版）」(2016年6月実施)では，一世帯の1か月当たりの平均収入額が，「30万円以上」の人が，17.9％，「20～30万円」が26.4％，「10～20万円」が32.9％である。過半数の人が10～30万円の収入で暮らしている。しかし，10万円未満の人も20.2％と5人に1人の割合になる。

年金生活に入ると収入が減り，暮らしに不安を感じる人が多くなる。特に単身世帯や健康状態が良くない人は，暮らしに不安を感じる人が多い。

高齢期の家計の消費支出で大きな割合を占めるのが，保健医療関係の費用である（**図1-4，図1-5**）。

過去1年で大きな割合を占める支出として，60

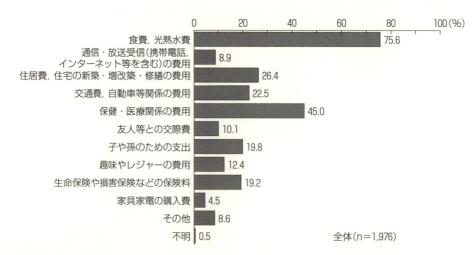

図1-4
大きな割合を占める支出
注：配偶者と同居している場合は，二人の合計支出額を基にしている。
出所：内閣府（2019）「平成28年 高齢者の経済・生活環境に関する調査結果（全体版）」
（http://www8.cao.go.jp/kourei/ishiki/h28/sougou/zentai/pdf/sec_2_1_1.pdf）（2017.9.12）。

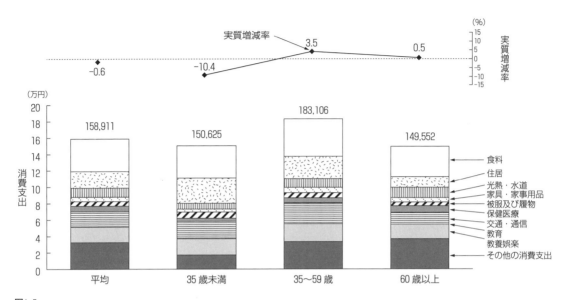

図1-5
年齢階級別消費支出額及び対前年度実質増減率(単身世帯)―2016年
注:図中の消費支出の数値の単位は円である。
出所:総務省統計局(2016)「家計調査報告(家計収支編)平成28年家計概況」23頁(http://www.stat.go.jp/data/kakei/2016np/gaikyo/pdfgk03.pdf)(2017.9.9)。

歳未満と60歳以上での違いが大きいのが,「健康維持や医療介護のための支出」や「光熱・水道費」である。60歳以上では,4割以上の人が「保健・医療関係の支出」が大きな割合を占めたと回答しており,高齢期に保健・医療のための費用がかかることが表れている(**図1-4**)。

高齢者世帯の種類による家計収支の違い

総務省統計局「家計調査年報(家計収支編)――平成28年(2016年)家計の概要」で,単身世帯の年齢階級別消費支出額を比較してみよう。**図1-5**のように,60歳以上は,59歳までと比べて消費支出額も減っている。

さらに,60歳以上の高齢単身無職世帯と高齢夫婦無職世帯の家計収支をみてみよう。**図1-6**のように高齢単身無職世帯では,実収入12万3,325円の収入の93.3%が社会保障給付(年金等)である。

第1章
人生における高齢期
第3節　高齢期における家計の変化

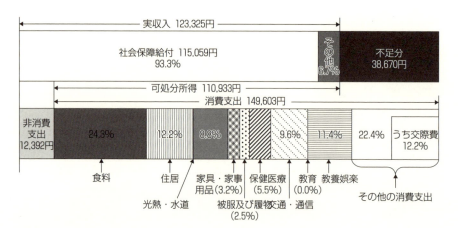

図1-6
高齢単身無職世帯の家計収支―2017年
注：高齢単身無職世帯とは、60歳以上の単身無職世帯である。
　　図中の「社会保障給付」及び「その他」の割合（％）は、実収入の内訳である。
　　図中の「食料」から「その他の消費支出」の割合（％）は、消費支出の内訳である。
出所：総務省『家計調査報告（家計収支編）平成29年』18頁。

高齢夫婦無職世帯では実収入22万2834円の91.5％である（**図1-7**）。これらのグラフをみてわかるように、いずれの世帯も、**可処分所得**◆1よりも支出金額のほうが多く、不足分が単身世帯では約3万8670円、夫婦世帯では約4万1872円出ている。

これらの図からわかることは、高齢者世帯では、交通・通信費が少なく、光熱・水道費や保健医療費が多いことである。これが意味することは、高齢者は外出せずに家に居る時間が長いということである。その結果、冷暖房費等の光熱費がかかる。また家計にゆとりがない単身世帯の人は、外出して他者と会話する機会も少なくなる傾向がある。

高齢者世帯の貯蓄

総務省統計局の「平成26年全国消費実態調査」によると65歳以上の高齢者単身世帯の貯蓄現在高の平均値は男性1502万円、女性1466万円であった。一方世帯主が65歳以上の世帯（二人以上世帯）の平均貯蓄現在高は2377万円なので単身世帯の方が貯蓄額が低い。病気・介護に対する保健医療費に備えて貯金をしている人が多い。

2018年6～7月に金融広報中央委員会（日本銀行や民間金融団体等で構成）が、世帯主が20歳以上の世帯員二人以上の全国8000世帯に行った「家計の金融行動に関する世論調査」では、老後の生活を心配している人が8割以上であった。つまり若い世代も老後の不安を感じている。さらに、「心配している」世帯にその理由を聞いた複数回答では、1位が「年金や保険が十分でないから」で73.3％、2位が「十分な金融資産がないから」で69.7％、3位が「現在の生活にゆとりがなく、老後に備えて準備（貯蓄など）していないから」で39.1％であった。

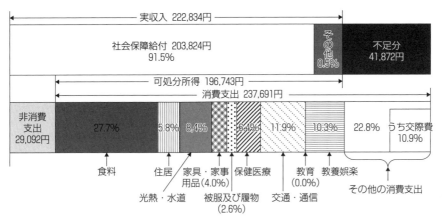

図1-7
高齢夫婦無職世帯の家計収支
―2017年
出所：図1-6と同じ。

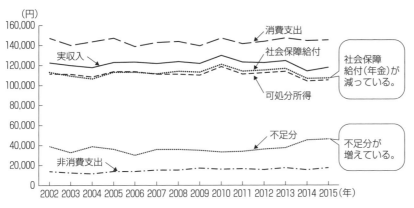

図1-8
高齢単身無職世帯の家計
出所：総務省統計局『家計調査年報』各年版，総務省統計局HP「家計調査年報（家計収支編）」（http://www.stat.go.jp/data/kakei/npsf.htm）（2017.4.15）をもとに筆者作成。

老後の生活費

大多数の高齢者の老後の生活費の主たる収入源は，社会保障給付（年金）である。しかし，**図1-8**のように2015年は，年金の比率が微減している（2014年では80.6％）。

さらに，**金融資産**[◆2]を保有する目的として上昇しているのが，「老後の生活資金」であり，2015年の66.5％から，2016年は70.5％に増えたが，2019年には65.6％に下がった。(3) つまり，多くの人が老後の生活費を貯めているのである。「年金記録問題」等もあり，公的年金があてにならないので，老後の生活費を自己責任で賄おうと考えているといえる。しかし，生活費を貯めることが難しい人も多い。

◆1　可処分所得
税・社会保険料を除いた実際に自由に使える収入。

◆2　金融資産
事業性の預貯金や給与振込みや振替等で一時的にしか口座にとどまらないような預貯金等は含まない。

注
(1) 総務省統計局（2014）「平成26年全国消費者実態調査」21頁（http://www.stat.go.jp/data/zensho/2014/kekka.htm）（2015.12.1）。
(2) 金融広報中央委員会（2018）「家計の金融行動に関する世論調査［二人以上世帯調査］平成30年調査結果」http://www.shiruporuto.jp/public/document/container/yoron/futari/2016/pdf/yoronf16.pdf （2019.12.9）。
(3) 同上。

第4節 現代社会における高齢者の生活不安

この節のテーマ
- 高齢者の事故や被害の実態を知ろう。
- 高齢者の犯罪の実態について知ろう。
- 高齢者が安心して暮らせる居場所について学ぼう。
- 高齢者の社会的孤立と孤独死について知ろう。

高齢者の事故・被害

　高齢期になると若い頃に比べ，体力・筋力が減退し，転倒しやすく，骨折や打撲等を負いやすくなる。そのため，台風や地震・津波・洪水・豪雪等の自然災害に遭った時に避難が遅れるのも高齢者である。交通事故の被害者になるだけではなく，加害者になる高齢者も増えている。また犯罪に遭いやすいのも高齢者で，「オレオレ詐欺」や「振り込め詐欺」等の消費者被害に巻き込まれやすい(1)。

　最近は，高齢の犯罪者も増えている。法務省「平成28年版　犯罪白書」（2016年）によると，最近の高齢犯罪者の増加は，高齢者人口の増加をはるかに上回っているという(2)（**図1-9**）。高齢犯罪者が犯した犯罪の種類については，**図1-10**のように，罪名別構成比で多い順に，窃盗，傷害・暴行，横領，詐欺である。

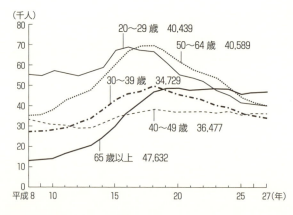

図1-9
刑法犯検挙人員の推移（年齢層別）（平成8～27年）
注：警察庁の統計及び警察庁交通局の資料による。犯行時の年令による。平成14年から26年は，危険運転致死傷を含む。
出所：法務省（2016）「平成28年版 犯罪白書」第4編／第7章／第1節（http://hakusyo1.moj.go.jp/jp/63/nfm/images/full/h4-7-1-01.jpg）（2017.9.11）

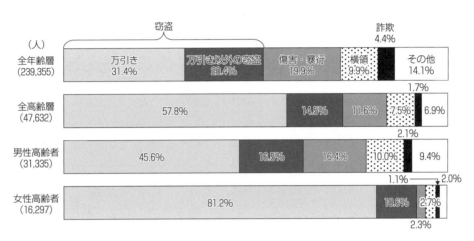

図1-10
高齢者の犯罪の種類：一般刑法犯高齢者の検挙人員の罪名別構成比（2015年）
注：1　警察庁の統計及び警察庁交通局の資料による。
　　2　犯行時の年齢による。
　　3　「横領」は，遺失物等横領を含む。
　　4　カッコ内は，実人員である。
出所：図1-9と同じ。

高齢者の犯罪

　法務総合研究所の分析によると，高齢受刑者は，経済面・健康面の問題を抱えていることが多いという。また，心身機能の低下により精神的にも不安定になりがちで，家族関係にも影響が出ている。特に高齢男性の犯罪者では，家族や周囲の人との関係が疎遠で，社会的に孤立している人が多いという。

　このように高齢の犯罪者や受刑者が増え，刑務所入所者に高齢者が多くなっている。中には刑期を終え刑務所から出所しても，適切な住宅・社会的環境や生活力がないために，再び軽犯罪（無銭飲食等）をくりかえして刑務所に戻る人が増えて

第1章
人生における高齢期

第4節　現代社会における高齢者の生活不安

表1-1
年齢階級別，原因・動機別自殺者数

原因・動機別 ＼ 年齢階級別		～19歳	20～29歳	30～39歳	40～49歳	50～59歳	60～69歳	70～79歳	80歳～	不　詳	合　計
合計	計	529	2,451	3,403	4,406	4,204	4,009	3,323	2,222	7	24,554
	男	338	1,729	2,462	3,166	3,084	2,717	2,068	1,228	6	16,798
	女	191	722	941	1,240	1,120	1,292	1,255	994	1	7,756
家庭問題	計	85	296	521	702	575	583	498	381		3,641
	男	48	204	331	444	389	373	310	228		2,327
	女	37	92	190	258	186	210	188	153		1,314
健康問題	計	115	767	1,334	1,907	1,896	2,271	2,273	1,579	3	12,145
	男	53	416	823	1,151	1,146	1,340	1,338	852	3	7,122
	女	62	351	511	756	750	931	935	727		5,023
経済・生活問題	計	18	373	579	866	1,079	786	315	65	1	4,082
	男	15	339	522	790	994	693	263	41	1	3,658
	女	3	34	57	76	85	93	52	24		424
勤務問題	計	25	437	518	578	409	148	35	7	2	2,159
	男	23	362	454	520	380	130	30	5	2	1,906
	女	2	75	64	58	29	18	5	2		253
男女問題	計	36	250	252	151	72	23	12	5		801
	男	25	137	170	102	49	21	8	2		514
	女	11	113	82	49	23	2	4	3		287
学校問題	計	193	181	9	1						384
	男	133	156	4							293
	女	60	25	5	1						91
その他	計	57	147	190	201	173	198	190	185	1	1,342
	男	41	115	158	159	126	160	119	100		978
	女	16	32	32	42	47	38	71	85	1	364

注：遺書等の自殺を裏付ける資料により明らかに推定できる原因・動機を自殺者一人につき3つまで計上可能としているため，原因・動機特定者の原因・動機別の和と原因・動機特定者数（17,981人）とは一致しない。

出所：内閣府自殺対策推進室・警察庁生活安全局生活安全企画課（2016）「平成27年中における自殺の状況」。

いる。

　現在刑務所は収容人数を超過しているが，そのなかには高齢者や障害者が一定割合含まれている。そのため，刑務所が福祉施設化しており，新たな対応が必要とされている。

社会的孤立と孤独（立）死・自殺

　最近はあちらこちらに空き家が増えている。こわれかけている家屋も多い。老朽化している家に

住んでいる人には，高齢者が多い。なかには，近隣住民とのコミュニケーションがなく，諸事情から外部との接触をせずにひっそりと暮らしている高齢者もいる。

　個人主義化が進んだ地域や都市部では，以前の農村社会のように共同作業をすることによってコミュニティの絆を深めるという習慣がなく，近隣関係が希薄になりがちである。

　周囲の人に迷惑をかけたくなかったり，心身の病気等で外出できない場合もある。さらに，人との交流で必要になる交通費や交際費等がないという経済的事情から引きこもった生活になることもある。何日も人と会話をせずに暮らし，自分の身の回りのことができなくなって「自己放任（self-neglect）」（本書第9章にくわしく説明）状態が続き，食料がなく餓死状態で発見される例もある。

　死後，かなりの日数がたってから発見される人や遺体や遺品の引き取り手がない中高年者も増えている。中には，一人ではなく複数の家族（親子・夫婦等）が変死し発見される例もある。介護者が先に亡くなり，要介護者が衰弱死する例もある。

　また高齢者の自殺も多く，なかでも40〜60歳代の男性の自殺者が多い（**表1-1**）。高齢者の自殺の理由で多いのが健康問題である。病苦が自殺に追いつめているとしたら，それを防ぐ方法を考えなければならない。

　このように，超高齢社会の現在，日本には社会福祉の課題が山積している。

注

(1) 2007（平成19）年の振り込め詐欺のうちいわゆる「オレオレ詐欺」（恐喝事件）の被害者数6329人のうち高齢者の比率は59.2％であった。また「還付金等詐欺事件」の被害者数2472人のうち高齢者の占める比率は53.5％であった（警察庁の資料による）。一人暮らし高齢者は，訪問販売や押し売り等の悪徳商法の被害にも合いやすい。独居で暮らしていて話し相手がいない所に，言葉巧みに近づいてくる若者を孫のように感じて心淋しさから安易に受け入れてしまいやすいことも一因である。

(2) 法務省（2016）「平成28年版　犯罪白書」2016年，30頁。

藤田孝典『下流老人――一億総老後崩壊の衝撃』朝日新書，2015年
普通に暮らしていた人であっても，病気や事故等による医療費支出や離婚や子どもの扶養等により，生活苦に陥る高齢者が増えている。この日本の現実が，事例と理論的分析により明らかにされた本。生活保護基準相当もしくはそれ以下の暮らしの下流老人が今後増えると予測され，どうしたら一億総老後崩壊を防げるのか自己防衛策と社会的対策についても論じられている必読の書である。

吉田太一『遺品整理屋は見た！――孤独死，自殺，殺人…あなたの隣の「現実にある出来事」』扶桑社，2006年
これまで死者の遺品整理は家族・親族が行ってきたが，最近は遺品整理業者が引き受けることもある。そのような事業者の立場から第三者の遺品を整理する中で見えてきた死者の生前の生き方や社会模様が描かれている。

波多野和夫『刑務所の医療と福祉――塀の中の医務室で』ナカニシヤ出版，2015年
某刑務所の元医師が，刑務所と入所者の実態をなまなましく，つぶさに語る。とても興味深く，塀の中の医療・福祉のお寒い状況がよくわかる。

問：高齢期の悩みや課題には，どのようなものがあるか。また，それを予防するには，どうしたらよいと思うか。

ヒント：親類や近所の高齢者に聞いてみよう。

第2章

高齢者を取り巻く
社会的状況と生活実態

本章で学ぶこと

● 高齢者人口の動向を把握し社会全体への影響を理解する：第1節

● 高齢社会における世帯の状況，家族の変化について理解する：第2節

● 高齢者の社会関係を把握し，そのあり方について考える：第3節

● 高齢者介護の実態を把握し，介護上の課題を理解する：第4節

第1節 高齢者の人口

この節のテーマ
- 人口の高齢化の現状について知ろう。
- 急速な高齢化について知ろう。
- 将来の高齢化の状況について考えよう。
- 高齢化の地域差について知ろう。

高齢化の現状

日本は先進諸国の中でも急速に高齢化が進行している。1950（昭和25）年，高齢化率（総人口に対する65歳以上人口比率）は4.9%であったが，2018（平成30）年10月現在（総務省2018（平成30年）年4月発表），総人口1億2644万人，65歳以上の高齢者人口は3558万人となり，高齢化率は28.1%に達し，国民の4人に1人以上が65歳以上の高齢者となった。

人口の高齢化は先進諸国に共通した社会現象である。「少子・高齢社会」とも呼び，その主な要因は，出生率の低下（少子化）と平均寿命の伸長（長寿化）による。少子化について，合計特殊出生率は1.42（2018年）であり，人口を維持するために必要な水準（人口置換水準）の2.08を長らく下回っている。一方，長寿化については，平均寿命は伸び続け，男性の平均寿命は81.25歳，女性は87.32歳（2018年）であり，世界最高水準の長寿国に至っている。

少子・高齢社会の状況を人口構成の年齢区分から見ると，「0～14歳」の「年少人口」比率は12.2%，「15～64歳」の「生産年齢人口」比率は59.7%，「65歳以上」の「老年人口」比率は28.1%

である（2018年10月現在）。生産年齢人口に属する人の約2人で高齢者1人を支えていることになる。

将来さらに老年人口が増大し，生産年齢人口は減少する。日本の社会保障制度の多くは，同時期の現役世代が高齢世代の扶養，支援に必要な原資を負担する**賦課方式**◆1を採用している。いびつな年齢構成を伴った社会の高齢化は，年金・医療・福祉等の社会保障制度の枠組に影響を与え，安定した制度の持続に対するリスクを高める。特に，近い将来1947～49（昭和22～24）年のベビーブームで出生した「団塊世代」と呼ばれる世代（約800万人）が2025（平成37）年に後期高齢者である75歳に達するため，本格的な社会保障費の増大は免れず，これらへの社会的対策は喫緊の政策課題となっている。

日本の高齢化の特徴として，主に次項の3つの特徴をあげることができる。

急速な高齢化

日本の高齢化のスピードはきわめて速い。一般に国際連合の基準を用いた呼び名として，高齢化率が7%を超えた社会を「高齢化社会（aging society）」，14%を超えた社会を「高齢社会（aged society)」としているが，高齢化率7％から14％に至る所要年数（倍化年数）をみると，日本は，1970（昭和45）年に7％を超え，1994（平成6）年に14％に達しており，その間わずか24年である（**図2-1**）。主要な先進諸国と比較してみると，フランス114年，スウェーデン85年，イギリス46年

1

◆**1 賦課方式**
社会保険制度における財政確保として，賦課方式と積立方式がある。賦課方式は，現役世代が納めた保険料によって現在の高齢世代の給付費を賄うもので，わが国では年金保険，医療保険制度で採用されている。いわゆる「世代間扶養」の考え方である。後者の積立方式は，現役世代が納めた保険料を自身が高齢世代になった時に受け取るしくみである。

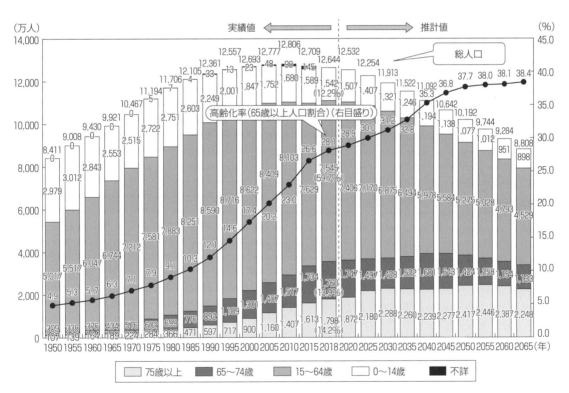

図2-1
高齢化の推移と将来推計
注：2018年以降の年齢階級別人口は，総務省統計局「平成27年国勢調査　年齢・国籍不詳をあん分した人口（参考表）」による年齢不詳をあん分した人口に基づいて算出されていることから，年齢不詳は存在しない。なお，1950年〜2015年の高齢化率の算出には分母から年齢不詳を除いている。
資料：棒グラフと実線の高齢化率については，2015年までは総務省「国勢調査」，2018年は総務省「人口推計」（平成30年10月1日確定値），2020年以降は国立社会保障・人口問題研究所「日本の将来推計人口（平成29年推計）」の出生中位・死亡中位仮定による推計結果。
出所：内閣府（2019）『令和元年版高齢社会白書』4頁。

であり，日本がいかに短期間のうちに高齢化しているかがわかる。急速な高齢化は，人のライフサイクルに影響を与え，ドラスティックに社会意識の変容を求め，さらには社会経済システムを常時変革し続けていく必要を生じさせ，社会全体に緊張を強いることになる。

将来の高齢化の状況

2つめの特徴は，将来のピーク時の高齢化率の高さである。国立社会保障・人口問題研究所による将来推計では，日本の場合，2065（平成77）年に65歳以上人口が38.4％に達すると予測されている。また65歳から74歳までの者を「前期高齢者」（young-old），75歳以上の者を「後期高齢者」（old-old）と区分するが，現在（2016年高齢化率27.3％）は，前期高齢者13.9％，後期高齢者13.3％と同率である。しかし2065年では前期高齢者13.0％，後期高齢者25.5％と後期高齢者が前期高齢者の約2倍の比率を占めるようになる（**図2-1**）。

高齢期は個人差が著しいが，一般に後期高齢者（特に80歳以上）になると要介護状態や，認知症になるリスクは必然的に高くなる。さらなる医療・介護保障制度の整備とその効率的運用が要請される。

高齢化の地域差

3つめの特徴は，地域間における高齢化の著しい格差である。都道府県別の高齢化率をみると，2018（平成30）年10月現在，東京都をはじめ首都

圏，愛知県の主要大都市を含む都道府県では低いが，沖縄県を除く他府県では総じて高い高齢化率を示している。最も高い上位5県は，秋田県（36.4％），高知県（34.8％），島根県（34.0％），山口県（33.9％），和歌山県（32.7％）である。反対に高齢化率の低い下位5県は，沖縄県（21.6％），東京都（23.1％），愛知県（24.9％），神奈川県（25.1％），滋賀県（25.7％）の順である。また，同一県内においても高齢化に著しい差がみられる地域が存在することも留意すべき点である。

高齢化の地域間格差は，1950年代後半から始まる高度経済成長時代に産業構造が第一次産業から，第二次・第三次産業へと移行し，地方から都市部へ産業の労働人口として若年層が大量に移動したことに端を発している。地方の高齢化の現状は，近い将来の都市部の超高齢化した社会の姿を先取っている。2040（平成52）年にはすべての都道府県で高齢化率が30％を超えるものと予測され，都市部の人口規模を考慮すると，一挙に多数の高齢者層が出現する可能性があり，その対策を今から検討，整備しなければならない。

Close up

団塊世代

　「団塊世代」は，わが国の高齢社会の全体的な社会状況に多大な影響を与えている。たとえば，一時期に大量の退職者を出すことから，雇用における人材不足が懸念され，2006年「改正高齢者雇用安定法」において65歳までの継続雇用を促した「高年齢者の安定した雇用の確保等を図るための措置」が施行された。また，団塊世代の退職は，年金の財政面にも影響を与え，年金受給者の大幅な増加から，給付額の縮減，保険料の上昇，支給開始年齢の引き上げなど，年金制度がたびたび改正された。このように団塊世代は，社会保障制度の安定した持続において重荷となり否定的に捉えられる。一方，高齢期を迎えた団塊世代は，退職金と年金，時間のゆとりのある消費者として，わが国の経済活動を牽引することが期待されている。これからの内需拡大に向けたビジネスモデルは，いかに団塊世代の消費意欲を喚起させるかにかかっていると言えよう。また，現在，団塊世代は前期高齢者層にあたり，比較的体力があり健康な世代である。これまでに培ってきた専門知識・技術，豊富な経験を生かし，退職後に地域でのNPO活動に勤しみ，さらには，海外でのボランティア活動にいたるまで，社会貢献活動を通して自身の健康維持と生活満足度を高めている世代である。

　団塊世代は，社会に対する重荷と有益という2つの側面を同時に認めるが，いずれにせよ，高齢社会をいかに乗り越えていくか，財政規律が厳しい昨今において，当分の間は団塊世代によるリーダーシップの発揮，義務の遂行，社会的責任を果たすことが求められる。

　なお，近年の介護保険制度改正における政策課題である「地域包括ケアシステム」は，団塊世代が後期高齢者となる2025年を目途に，高齢者が住み慣れた在宅，地域でその人らしい暮らしをサポートする介護システムを構築するものである。

第2節 高齢者の世帯状況，家族の変化

この節のテーマ
- 高齢者のいる世帯状況の変化について知ろう。
- 一人暮らし高齢者の動向について知ろう。
- 高齢者と家族との付き合い方の変化について考えよう。

高齢者のいる世帯状況

社会の高齢化の過程では，家族員が減少し家族機能の低下がみられるようになる。家事・育児・介護等が家族の中だけで担いきれない状況になってくるのである。高齢社会は，あらためて家族とは何か，という社会福祉では避けることのできないテーマについて問うている。

まず，高齢者世帯の全体的な現況についてみてみよう。「国民生活基礎調査」（厚生労働省）によると，65歳以上の高齢者のいる世帯について，2017（平成29）年の世帯数は2378.7万世帯であり，全世帯5042.5万世帯の47.2%を占め，高齢者のいる世帯は年々増加している。65歳以上の高齢者のいる世帯の内訳をみると，「単独世帯」624万世帯（26.4%），「夫婦のみの世帯」773万世帯（32.5%），「親と未婚の子のみの世帯」473万世帯（19.9%），「三世代世帯」262万世帯（11.0%）であり，30年前の1980（昭和55）年では，三世代世帯が50%を占めていた頃と比較する家族規模の縮小が著しい。代わりに夫婦のみの世帯，単独世帯を合わせると58.9%と半数を超える世帯状況である（図2-2）。

一人暮らし高齢者の動向

一人暮らし高齢者の増加をみると，男性は約192万人，女性は約400万人であり，高齢者人口に占める割合は男性13.3%，女性21.1%である（2015年）。30年前の1980年の値と比較すると男女ともに顕著な増加を示している（図2-3）。実数では平均寿命の長い女性が男性の一人暮らし高齢者数を大きく上回っているが，伸び率を見ると，男性が女性の一人暮らし高齢者よりも急増していることがわかる。また，「団塊世代」が後期高齢者になる2025年には男性の一人暮らし高齢者は230万人，女性の一人暮らし高齢者は471万人に増加するものと推計されている。

年金・医療等の社会保障制度の整備のみならず，一人暮らし高齢者に対する個別的な生活支援の方法，地域生活支援のしくみづくりが重要である。

親と子の付き合い方の変化

世帯の状況の変化に伴って，高齢者の日常の子や孫との付き合い方にも影響を与えていることがうかがえる。内閣府「高齢者の生活と意識に関する国際比較調査」によると，60歳以上の高齢者の意識は，2015年調査時では，子どもや孫とは

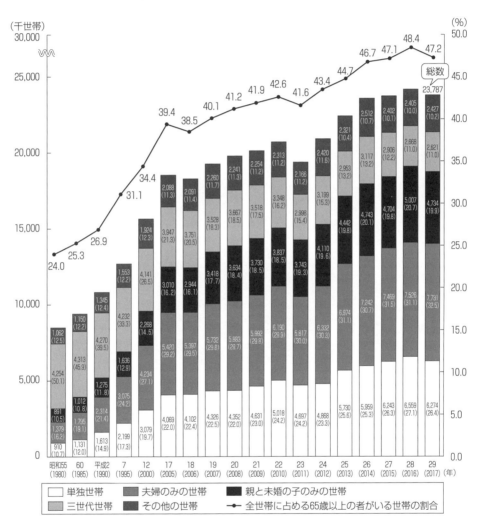

図2-2
65歳以上の高齢者のいる世帯数及び構成割合（世帯構造別）と全世帯に占める65歳以上の者がいる世帯の割合

注： 1 平成7年の数値は，兵庫県を除いたもの，平成23年の数値は岩手県，宮城県及び福島県を除いたもの，平成24年の数値は福島県を除いたものである。
2 カッコ内の数字は，65歳以上の者のいる世帯総数に占める割合（％）。
3 四捨五入のため合計は必ずしも一致しない。

資料：昭和60年以前は厚生省「厚生行政基礎調査」，昭和61年以降は厚生労働省「国民生活基礎調査」による。
出所：図2-1と同じ，9頁。

第2章
高齢者を取り巻く社会的状況と生活実態
第2節　高齢者の世帯状況，家族の変化

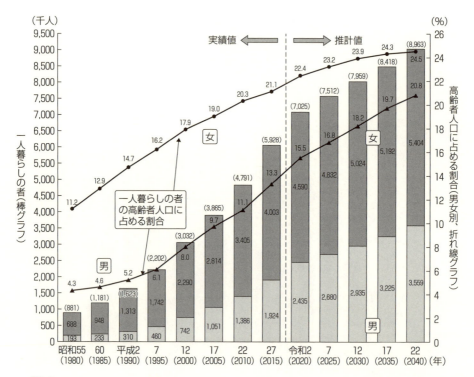

図2-3
65歳以上の一人暮らし高齢者の動向
注：1　「一人暮らし」とは，上記の調査・推計における「単独世帯」のことを指す。
　　2　棒グラフ上のカッコ内は65歳以上の一人暮らし高齢者の男女計。
　　3　四捨五入のため合計は必ずしも一致しない。
資料：平成27年までは総務省「国勢調査」，令和2年以降は国立社会保障・人口問題研究所「日本の世帯数の将来推計（平成30（2018）年1月推計）」。
出所：図2-1と同じ，10頁。

「いつも一緒に生活できるのがよい」27.1％，「ときどき会って食事や会話をするのがよい」50.5％となっている。過去の調査と比較すると，「いつも一緒に生活できるのがよい」は，1995年調査時までは54.2％と半数を超えていたが，2015年調査時は27.1％と減少したのに対して，「ときどき会って食事や会話をするのがよい」は，1980年調査時は30.1％であったが2015年調査時には50.5％に増加し，「たまに会話をする程度でよい」13.7％を含めると，6割以上の高齢者が子どもや孫との付き合いにある一定の距離を置いた付き合い方を選好する傾向があることがわかる（**図2-4**）。

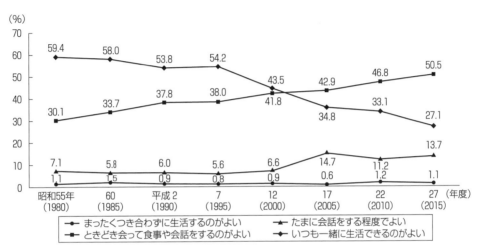

図2-4
高齢者の子どもや孫との付き合い方
注：1　調査対象は，60歳以上の男女。
　　2　平成12年度及び17年度調査，22年度調査，ならびに27年度調査には，「わからない」（12年度：7.0％，17年度：6.9％，22年度：7.6％，27年度：7.7％）がある。
資料：内閣府「平成27年度第8回高齢者の生活と意識に関する国際比較調査」。
出所：内閣府（2011）『平成23年度高齢社会白書』18頁，に加筆。

第3節 高齢者の社会関係

○ この節のテーマ

● 高齢者の近隣・友人関係，家族内関係について知ろう。
● 高齢者の就労の状況について知ろう。
● 高齢者の地域活動，ボランティア活動，グループ活動の状況について考えよう。
● 世代間交流の機会と参加意向について知ろう。

高齢者と地域社会

高齢期における地域社会との関係形成は重要である。特に会社組織に依存してきた男性高齢者の場合，定年退職後の居場所，拠り所を失いがちである。

高齢者の地域での付き合いの程度に関して，内閣府「社会意識に関する世論調査」（2017年）によれば，「ある程度付き合っている」が51.1％と最も高く，「よく付き合っている」は26.4％と合わせて77.5％である。一方，「あまり付き合っていない」19.0％，「全く付き合っていない」3.5％と合わせて22.5％である。性別では「よく付き合っている」と「ある程度付き合っている」では，男性74.5％，女性80.2％と女性高齢者の方がやや高い。年齢層別では，70歳以上になると，79.4％と60歳代よりも少し高くなっている。

高齢者の就労

高齢者の就労について，総務省「労働力調査」（2016年）による年齢階層別の就業率をみると，55〜59歳の就業率は男性90.3％，女性69.0％であるが，60〜64歳は男性77.1％，女性50.8％，65〜69

歳は男性53.0％，女性33.3％と年齢とともに低下している（**図2-5**）。

高齢者の就労の意向については，内閣府「高齢者の日常生活に関する意識調査」（2014年）によると，60歳以上の高齢者で「70歳くらいまで」収入を伴う仕事がしたいと回答した者が16.6％，「75歳くらいまで」が7.1％であった。年齢に関係なく「働けるうちはいつまでも」と回答している者が28.9％と最も高い。なお，現在仕事をしている者のみで再集計すると，42.0％とさらに高い値となっている。ちなみに「仕事をしたいと思わない」と回答した者は10.6％であった（**図2-6**）。一方，年齢階層別の就業率を参考にすると，70〜74歳で男性32.5％，女性18.8％，75歳以上では男性13.3％，女性5.5％であり，高齢者の就業についての意向が実際の就労に結びついていないことがわかる。

就労の継続を希望する理由について，内閣府「高齢者の生活と意識に関する国際比較調査」（2015年）によると，「収入がほしいから」が49.0％と最も高く，次に「働くのは体によいから，老化を防ぐから」24.8％，「仕事そのものが面白いから，自分の活力になるから」16.9％，「仕事を通じて友人や，仲間を得ることができるから」7.1％であった。

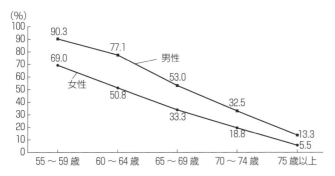

図2-5
年齢階層別就業率
資料：総務省「労働力調査」（平成28年）。
出所：内閣府編（2017）『高齢社会白書（平成29年版）』33頁の図1-2-4-4をもとに筆者作成。

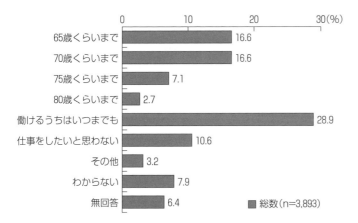

図2-6
就労希望年例
出所：内閣府（2014）「高齢者の日常生活に関する意識調査」。

Check

「平成28年度高齢社会白書」（内閣府）における高齢者の就労等に関する次の記述のうち，正しいものを一つ選びなさい。

1 高齢者の就業状況をみると，65〜69歳の男性の有業者の割合は，2割程度となっている。
2 高齢者の雇用形態をみると，男性の雇用者の場合，非正規雇用者の比率は，65〜69歳で7割を超えている。
3 60歳以上の高齢者のうち，収入を伴う仕事を希望する者の割合は約5割である。
4 労働力人口に占める65歳以上の高齢者の割合は3割を超えている。
5 高齢者世帯の所得を種類別にみると，平均年間所得金額に占める「稼働所得」の割合は，4割程度となっている。
（注） 高齢者世帯とは，65歳以上の者のみで構成するか，又はこれに18歳未満の未婚の者が加わった世帯をいう。

答：3
（第29回社会福祉士国家試験問題126より）

第 2 章
高齢者を取り巻く社会的状況と生活実態
第3節　高齢者の社会関係

受給している年金の水準や健康状態等, 各高齢者の個別的な状況を考慮しなければならないが, 近年の日本の経済情勢や年金制度をはじめとする社会保障制度の将来に対する不透明さが, 高齢者の就労の動機, 目的に反映しているものと考えられる。

高齢者の地域活動, グループ活動

高齢者の地域活動やグループ活動の参加状況について, 内閣府「高齢者の地域社会への参加に関する意識調査」(2013年) によれば, 60歳以上の高齢者のうち過去1年間に何らかの活動に参加した人は61.0%である (**図2-7**)。

活動の参加状況をみると,「健康・スポーツ」が33.7%と最も多く, 次に「趣味」21.4%,「地域行事」19.0%,「生活環境改善」9.0%と続く。

地域活動をおこなうための条件としては,「自分自身が健康であること」58.6%と最も高く,「一緒に活動する仲間がいること」40.8%,「時間や期間にあまり拘束されないこと」39.4%, 等をあげている。

世代間交流の機会と参加意向

高齢社会を高齢世代と若年世代が共生するために, 高齢者と若者が豊かなコミュニケーションを通して相互理解を図っていくことが必要である。そこで, 若年世代との交流の機会への参加状況高齢者の若い世代との交流の機会についてみると, 60歳以上で「積極的に参加している」9.2%,「できるかぎり参加している」34.0%であるが, 一方「全く参加していない」も29.5%見られる (**図2-8**)。

若い世代との交流の機会への参加意向については,「積極的に参加したい」,「できるかぎり参加したい」と参加したいと考える人は, 2013年度調査で59.9%となっている。

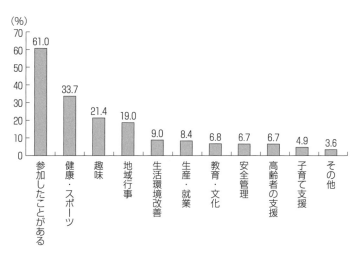

図2-7
高齢者のグループ活動への参加状況（平成25年，複数回答）
注：調査対象は，全国の60歳以上の男女で，この1年間に行った活動について聞いたもの。
資料：内閣府「高齢者の地域社会への参加に関する意識調査」（平成25年）。
出所：内閣府（2017）『平成29年版高齢社会白書』37頁。

図2-8
若い世代との交流への参加状況
出所：内閣府（2013）「平成25年度高齢者の地域社会への参加に関する意識調査」。

第4節 高齢者と介護

この節のテーマ
- 要介護高齢者の状況について知ろう。
- 在宅介護の実態について知ろう。
- 高齢者介護の課題について考えよう。

要介護高齢者の状況

日本は1990年代に本格的な高齢社会に突入し，高齢者介護のニーズが増大した。家族による私的な介護の限界から家族の介護負担を軽減し，社会全体で支えるために公的介護保険制度が2000（平成12）年から施行された。制度開始後，制度上の課題は少なくないが，国民生活にかなり認知されてきた。

「介護保険事業状況報告（年報）」によると，介護保険制度において65歳以上の要介護者又は要支援者と認定された人（以下「要介護者等」）は，2016（平成28）年度末で618万7千人である。2007（平成19）年度末と比較すると180万9千人増加している。また要介護者等は，第1号被保険者の18.0％を占める（**図2-9**）。

年齢層別に65〜74歳と75歳以上の被保険者でそれぞれ要支援，要介護の認定を受けた人の割合をみると，65〜75歳未満で要支援の認定を受けた人は23万9千人（第1号被保険者の65〜75歳未満のうち，1.4％），要介護の認定を受けた人が50万7千人（同2.9％）である。これに対して，75歳以上では要支援の認定を受けた人は148万9千人（第1号被保険者の75歳以上のうち，8.8％），要介護の認定を受けた人は395万3千人（同23.3％）

であり，75歳以上になると要介護の認定を受ける人の割合が増えている。

在宅介護の実態

厚生労働省「国民生活基礎調査」（2016年）によると，要介護者等からみた主な介護者は，約6割が同居している人である。主な内訳は，配偶者が25.2％，子が21.8％，子の配偶者が9.7％である。性別は，男性34.0％，女性66.0％と女性が男性の2倍強である。要介護者等と同居している主な介護者の年齢については，男性で70.1％，女性で69.9％が60歳以上であり，高齢者が高齢者を介護する，いわゆる「**老老介護**[1]」の事例も相当数見受けられる（**図2-10**）。

同居している主な介護者が1日のうち介護に要している時間をみると，「必要な時に手をかす程度」が44.5％と最も多い。一方「ほとんど終日」という答えも22.1％みられる。要介護度別にみると，要支援1から要介護2までは「必要な時に手をかす程度」が最も多いが，要介護3以上では「ほとんど終日」が最も多い。要介護4以上では約半数がほとんど終日介護しており，介護状態が重度になるほど介護時間が長くなり介護者の負担を増している。

また，高齢者介護の介護する人の課題として，

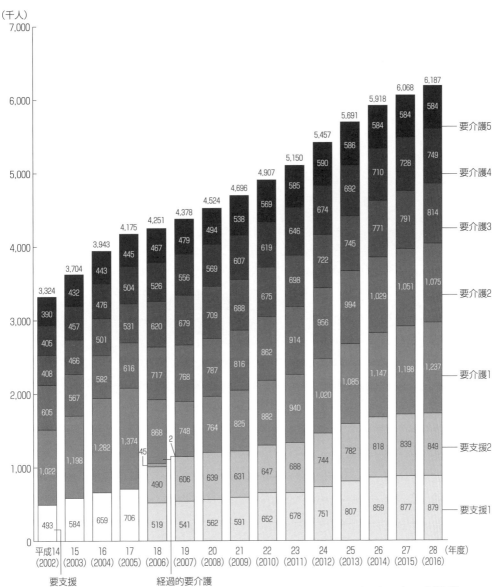

図2-9
第1号被保険者（65歳以上）の要介護度別認定者数の推移
注：1　平成18年4月より介護保険法の改正に伴い、要介護度の区分が変更されている。
　　2　平成22（2010）年度は東日本大震災の影響により、報告が困難であった福島県の5
　　　　町1村（広野町、楢葉町、富岡町、川内村、双葉町、新地町）を除いて集計した値。
資料：厚生労働省「介護保険事業状況報告（年報）」。
出所：内閣府編（2019）『令和元年版高齢社会白書』31頁。

◆1　老老介護
家庭の諸事情で高齢者が高齢の配偶者や親を介護している状況のこと。過重な介護負担によって共倒れになるリスクが高い。介護状況の密室性から高齢者虐待や、さらには殺人、心中にいたる事案も見られる。老老介護に伴って、認知症高齢者を介護する高齢者自身が認知症である、「認認介護」の事例も増えている。

第2章
高齢者を取り巻く社会的状況と生活実態
第4節　高齢者と介護

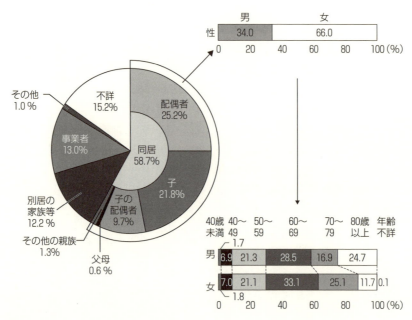

図2-10
要介護者等からみた主な介護者の続柄
注：主な介護者の年齢不詳の者を含まない。
資料：厚生労働省「国民生活基礎調査」（平成25年）。
出所：内閣府編（2017）『高齢社会白書（平成29年版）』34頁。

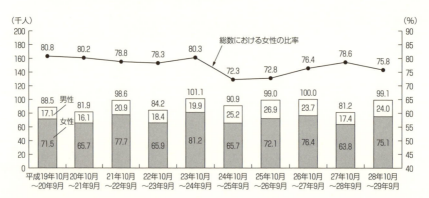

図2-11
介護・看護を理由に離職・転職した人数
資料：総務省「就業構造基本調査」（平成24年）。
出所：図2-9と同じ、35頁。

家族の介護や看護を理由とした離職問題がある。

　総務省「就業構造基本調査」によると，離職・転職者数は2016（平成28）年10月から2017（平成29）年９月までの１年間で99万1000人みられ，前年から大幅に増加している。特に女性の離職・転職数は，７万5100人で全体の75.8％を占めている（**図2-11**）。離職するとたちまち収入減などの問題に直結し，また介護する人の老後の年金額にもかかわってくる。さらに，就労することによる社会，地域とのつながりが途絶えることのリスクをかかえることになる。

Check

「平成22年国民生活基礎調査」（厚生労働省）による「要介護者等」の家族の状況や居宅サービスの利用実態に関する次の記述のうち，正しいものを一つ選びなさい。

1　「要介護者等」のいる世帯を世帯構造別にみると，多い順から，核家族世帯，三世代世帯，その他の世帯，単独世帯となっている。

2　「要介護者等」との続柄別に主な介護者をみると，多い順から，配偶者，子の配偶者，子となっている。

3　「要介護者等」との続柄別に主な介護者をみると，家族等の親族ではなく事業者である割合が１割を超えている。

4　「要介護者等」の居宅サービスの利用状況をみると，世帯構造を問わず，訪問系のサービスの利用が最も多い。

5　「要介護者等」のうち要介護５に該当する者の同居の主な介護者について，その介護時間をみると，約９割が「ほとんど終日」となっている。

（注）　「要介護者等」とは，「介護保険法の要支援又は要介護と認定された者のうち，在宅の者」をいう。

答：3
（第25回社会福祉士国家試験問題126より）

Close up

エイジング・イン・プレイス

　高齢者福祉を推進する理念として，「エイジング・イン・プレイス」（Ageing in Place）がある。これは1992年に開催されたOECD（経済開発協力機構）の社会保障大臣会議で提唱されたものである。その意味は，住み慣れた地域社会を基盤に高齢者一人ひとりにとってふさわしい場所で高齢期を暮らすことを支援していく政策理念である。2010年の介護保険制度改正のキーワードである「地域包括ケア」もエイジング・イン・プレイスに基づくものである。

さらに学びたい人への基本図書

金子勇『少子化する高齢社会』日本放送出版協会，2006年
人口減少社会を「少子化する高齢社会」と位置付けて，適正人口1億人社会の創造を目指して，社会統計をはじめとする現状分析と，少子化に対する総合的対策を提示している。適正人口，家族，ライフスタイル，コミュニティ，共生社会，次世代育成など，高齢社会を紐解く重要なキーワードを正確な統計調査の読み方を通して解説している。

中沢卓実・結城康博編著『孤独死を防ぐ──支援の実際と政策の動向』ミネルヴァ書房，2012年
高齢者の孤独死の問題が注目されて久しい。ひとり暮らし高齢者が増加する中，特にいわゆる「孤独死予備軍」に対する積極的なアプローチが求められている。本書は孤独死問題について様々な立場から実態を提示し，多様な取り組みの事例を紹介し，そして最後に政策的対応についてまとめている。孤独死問題のアウトラインを把握できる好著である。

広井良典『人口減少社会という希望──コミュニティ経済の生成と地球倫理』朝日新聞出版，2013年
「人口減少社会という希望」という意外なタイトルの本書は，経済成長による人々の幸福の実現，そして，人口増加を善とするこれまでの社会のあり方を根底から考え直そうとする。著者が提唱する新しい社会の構想とは何か。地域経済を重視し，地元の人と人とのつながりを大切にし，人の生活と自然環境を包含すること，さらに「地球倫理（福祉思想）」の構想など，知的な刺激に充ち満ちた書である。

Try! 第2章

問：高齢世代と若年世代の相互交流をどのようにはかるか，具体的な方法について考えてみよう。

ヒント：個人として試みること，地域社会を拠点にできること，社会制度や政策を通して行うことなど，それぞれの相互交流のあり方と形態について整理してみよう。

第 II 部
高齢者に対する制度とサービス

第**3**章

高齢者を支える
社会福祉制度の変遷と現状

本章で学ぶこと

● 戦後の高齢者福祉制度の変遷を把握する：第1節〜第3節

● 介護保険法が成立する過程と，制定後の改正点について理解する
　：第2節〜第3節

● 地域包括ケアシステムについて理解する：第4節

● 老人福祉法の意義と内容を理解する：第5節

● 社会保障の制度について理解する：第6節

第1節　高齢者福祉制度の発展──1980年代まで

この節のテーマ

- ●養老院の始まりと推移を知ろう。
- ●老人福祉法が必要とされた背景を知ろう。
- ●生活保護法と老人福祉法の施設の相違点について知ろう。
- ●1963年制定の老人福祉法の主要な施策について知ろう。
- ●在宅福祉サービスの創設について知ろう。

高齢者施設の始まりと戦前の高齢者救済

高齢者だけを収容した日本で最初の施設は1897年に創設された「聖ヒルダ養老院」である。イギリス人，ミス・ソートンが高齢になった娼妓2人のために東京市芝区（現在の東京都港区）に部屋を借りて世話をしたのが始まりである。

その後，養老院は次々と建設されて，1911年には17施設，1923年には32施設となった。養老院が増加するにつれて，養老院関係者によって処遇向上に関する議論がなされるようになった。1925年，全国から23の養老院が参加し，大阪で第1回全国養老事業大会が開催された。これを契機として，1932年に全国養老事業協会が結成された。全国養老事業協会は1965年に全国老人福祉施設協議会と改称して，今日まで高齢者福祉の向上に貢献してきた。

国家による救済が明記されたわが国最初の法律である**救護法**[◆1]は，1929年に制定されたが1932年にようやく施行に至った。救護法による救済は，原則として居宅で受けるが，これが不能または不適当な場合は救護施設に収容した。養老院は救護施設の一種として設備費や運営費に国庫補助費

が投入されたため，1929年の48施設，収容人員1674人が，1940年には131施設4858人に急増している。[(1)]

また，1937年の調査統計で被救護者は全国で23万6565人であり，そのうち高齢者は5万4073人で約23％を占めていた。高齢化率は5％程度の時代であるから，いかに救護法に占める高齢者の割合が大きかったかがわかる。

生活保護法から老人福祉法制定

終戦翌年の1946年に救護法を廃止して生活保護法が制定されるが，日本国憲法の施行によって，1950年に全面改正された。改正された生活保護法は，「健康で文化的な最低限度の生活を営む権利を有する」という生存権保障に基づいた法律であった。生活保護法では，養老施設「老衰のため独立して日常生活を営むことのできない要保護者を収容して生活扶助を行うことを目的とする」を保護施設のひとつとして位置付けた。

1947年の児童福祉法や1949年の身体障害者福祉法制定に続き，1954年の全国養老事業大会では，老人福祉法制定が提案された。

こうした要請を受けて，**厚生省**[◆2]が老人福祉法制

42　第Ⅱ部　高齢者に対する制度とサービス

定への動きを開始した。1961年に，厚生省社会局施設課に福祉係を設置，所管事務として「老人福祉事業の指導及び助成に関すること」を加えた。そして1962年11月に老人福祉法大綱を発表し，翌年1963年7月に老人福祉法を公布，8月から施行した。

老人福祉法の誕生

　老人福祉法は5章41箇条から構成されており，老人福祉の原理と基本的理念を明記した上で，福祉の措置として健康診査，老人福祉施設への収容，家庭奉仕員派遣，老人クラブへの補助等を明記した。

　老人福祉法の成立によって生活保護法の養老施設は廃止され，老人福祉施設として養護老人ホーム，特別養護老人ホーム，軽費老人ホームを体系化した。養護老人ホームは養老施設を再編したものであるが，被保護者に限定された対象を低所得者や環境上の理由により入所を認められる者等に拡大した。また身体上，精神上の障害のため常時の介護を必要とする者を対象とした特別養護老人ホームを新設した。**軽費老人ホーム**は低所得者層の高齢者を対象として低額な料金で利用することができた。これらの施設については，それぞれに「設備及び運営についての基準」を設けて職員や施設設備等について，遵守する義務を明記した。

　一方，今日の訪問介護の前身となる「家庭奉仕員派遣制度」が老人福祉法によって明記された。家庭奉仕員派遣制度は1956年に長野県の上田市

1

◆1　救護法
厳しい制限主義をとった恤救規則（1874年）にかわって制定された公的救貧法。性行不良や怠惰と見なされた者は対象外とし，被救護者には選挙権・被選挙権が無いなどの欠格条項があった。対象者は65歳以上の老衰者，13歳以下の児童，妊産婦，疾病，障害等。扶助の種類は生活扶助，医療扶助，生業扶助，助産扶助であった。居宅での生活扶助は1日25銭以内（今日に換算すると約500円）とされていて，かろうじて生活が営める程度であった。

2

◆2　厚生省
救済事業行政は1917年に内務省地方局に救護課を新設して所管とした。救護課は1919年に社会課と改称，翌20年8月に社会局へと昇格している。この社会局の所管事項の中で，初めて社会事業という言葉が使用された。社会事業を戦時厚生事業として国民体力の向上と国民の福祉の増進を図るために，1938年内務省から独立して厚生省が誕生した。2001年に労働省と統合して，現在の「厚生労働省」に再編された。

3

◆3　軽費老人ホーム
生活保護法による養老施設は，被保護者のみを対象としたために生活保護を受けていない者は，自費で有料老人ホームに入らざるを得なかった。こうした中で，低所得高齢者のための施設建設運動が展開された。1961年に運動は実り，有料老人ホームの中から国庫補助が支給される軽費老人ホームが誕生した。現在，軽費老人ホームはケアハウスに一本化し，介護保険の特定入居者生活介護の適用を受けることができる。

第3章　高齢者を支える社会福祉制度の変遷と現状｜43

第3章
高齢者を支える社会福祉制度の変遷と現状
第1節　高齢者福祉制度の発展——1980年代まで

や諏訪市などによって開始された「家庭養護婦派遣事業」が発祥とされている。これらは，市町村社会福祉協議会が実施主体となり，疾病，障害などのために家事業務を行うことが困難な家庭や要介護老人の世帯に，家庭養護婦を派遣する活動であった。その後，名古屋市や神戸市など各地の自治体に活動が広がっていった。

当初この制度は低所得者を対象として展開していた。しかし1960年代の高度経済成長期になると，人口の都市化や核家族化が進み，高齢者世帯や高齢者単身世帯が急増して，在宅高齢者への援助としての家庭奉仕員の働きがクローズアップされるようになった。そこで，厚生省は1962年度に家庭奉仕員活動費を国庫補助の対象とし，翌年の老人福祉法で法定化した。本事業は老人ホームの入所と並行して，在宅福祉の中心的役割を担ってきた。

一方，老人福祉法は，所得保障や医療保障，雇用，住宅などの老人福祉に重要な関連のある事項は欠落しており，これらの事項については1995年の「高齢社会対策基本法」での明文化を待たねばならなかった。

▌施設福祉から在宅福祉へ

日本が高齢化社会に入った1970年に「社会福祉施設緊急整備5か年計画」が策定された。これは71〜75年の5年間に社会福祉施設を増設し，さらに老朽化した施設の建て替えや施設職員の養成確保を目指したものであった。その結果，特別養護老人ホームの入所者数は，目標値3万8000人に

対して3万6773人を達成した。

1973年，政府はこの年を「福祉元年」と名付けた。1972年に老人福祉法での医療費無料化が実現したことから，より一層，福祉施策の充実を目指したものであった。しかし直後のオイルショックによって，一転して福祉財源の削減を目的とする「福祉見直し論」に転じた。その一つが，施設福祉から在宅福祉を推進することによる経費削減であった。

1978年には，寝たきり老人を介護している家族が疾病等で介護ができないときに，特別養護老人ホーム等に一時的に入所させる「ねたきり老人短期保護事業」が開始された。また1979年に「デイサービス事業」が開始され，通所による入浴や給食を提供した。こうして1970年代には在宅サービスの柱が整備されていった。

前述の老人医療費無料化は画期的な成果であったが，1982年に**老人保健法**[◆4]が制定されて，10年で終結した。

Close up 4

養老院設立趣意書

　日本で初めての養老院は本文にも述べたように，「聖ヒルダ養老院」とされるが，その後，養老院は次々と創設されていく。その設立時の趣意書から，創設者による明確な養老事業への目的意識がうかがえる。また当時の養老事業に対する社会の関心の低さや行政の消極的な態度が創設の背後にあることがわかる。それぞれの養老院には，設立趣意書があるが，1899（明治32）年創設の「神戸養老院」の趣意書を以下にあげておく。

　　「神戸養老院設立の趣旨
社会問題の漸く喧囂を極めんとするに当り先づ解決を要する二個の事業あり育児事業及び養老事業是れなり育児事業は今や天下の輿論となり各府県に孤児院の創設を見るの盛運に向ひしと雖も養老事業に到つては殆んど之を顧るもの莫らんとす之れ決して我同胞の社会的同情の円満なる発現と云ふ可らず惟ふに孤児は永き未来を有するが故に社会の同情に値ひし老者は近き未来を有せざるが故に社会的同情を獲るに値ひせざるならんと雖も吾人の観察を以てすれば渠等の多くは人生の苦戦苦斗に戦ひたる断腸の悲劇的歴史を有す……我養老事業は孤児より一層惨憺たる生涯を経過し来つて而も前途一点の光明なき悲衰の極に陥りたる孤老の為に厚き同情を表する事業なれば茲に聊か旨意の存する處を発表して……[2]」

◆4　老人保健法

老人福祉法の中の健康診査，老人医療費支給，保健機能を老人保健法に移行することによって，70歳以上（寝たきり老人などは65歳以上）の老人医療と，40歳以上の保険事業を規定した法律であり，1982年に制定，翌1983年施行された。その後も改正を重ねて負担金の値上げやスライド制を導入した。1986年には，病院から自宅に戻る中間施設としての老人保健施設を創設した。

注
(1)　数値については，全国社会福祉協議会老人福祉施設協議会編（1984）『老人福祉施設協議会五十年史』全国社会福祉協議会，80-81頁参照。
(2)　同前書，23頁。

第3章　高齢者を支える社会福祉制度の変遷と現状　45

第2節 高齢者福祉制度の拡大──1990年代

この節のテーマ
- ●ゴールドプランと新ゴールドプランの相違点を知ろう。
- ●老人福祉法の改正がなぜ必要となったかを知ろう。
- ●老人福祉法の改正内容について知ろう。
- ●高齢社会対策基本法について知ろう。
- ●1990年代に入り新たな介護システムが必要になってきた理由を知ろう。

ゴールドプランと新ゴールドプラン

　1989年に，「高齢者保健福祉推進十か年戦略」（ゴールドプラン◆1）が発表された。これは今後10年間の保健福祉サービス拡充を目的に策定されたが，一方で消費税制度導入の根拠とされた。その内容は，在宅サービスの充実を柱として，新規に「ケアハウス」と「老人介護支援センター（在宅介護支援センター）」事業を開始するものであった。

　ケアハウスは軽費老人ホームの一形態として，高齢者に配慮した構造や設備を備え，生活相談，食事サービス，緊急時の対応などが受けられる。介護を要する場合はホームヘルプなどの外部の在宅サービスを利用して，できる限り自立した生活を営むことを目的とした。利用料は，軽費老人ホームに準ずるが，施設整備や改修・修繕費に充当する管理費（現在は「居住に関する費用」）として別途に費用を要した。

　在宅介護支援センターは，在宅での介護に関する相談に専門職であるソーシャルワーカーや介護福祉士，及び看護師や保健師が応じる。相談内容に応じて各種の保健・福祉サービスが総合的に利用できるように関係機関の連絡調整や利用手続きの代行等を行う。大半が特別養護老人ホーム，介護老人保健施設，病院などに併設された。その役割は，現在の地域包括支援センターに譲られている。

　1990年の社会福祉関連8法改正では，都道府県および市町村に対して，老人福祉計画を老人保健計画と一体化して定めることを義務化した。この老人保健福祉計画の集計結果によりゴールドプランの目標値では，不十分であることが明らかになった。そのため1994年，新たに**新ゴールドプラン**◆2の目標値が設定された。

老人福祉法の改正

　1989年公表のゴールドプランを実施していくための法整備として，1990年に「**老人福祉法等の一部を改正する法律**◆3」が成立した。改正点として，在宅福祉サービスを社会福祉事業として位置付け，都道府県が行ってきた老人ホームの入所措置を市町村に移譲した。

46　第Ⅱ部　高齢者に対する制度とサービス

高齢社会対策基本法の制定

　老人福祉法は高齢者を取り巻く生活保障や医療保障等については不十分であることが当初から指摘されていた。そこで1995年，高齢社会に対応して，国民生活の安定向上をはかるために「高齢社会対策基本法」が公布された。翌年この法律を具体的に実現していくために「高齢社会対策大綱」が制定され，高齢社会対策会議を設置した。

　高齢社会対策基本法の理念は，①国民が生涯にわたって就業その他の多様な社会的活動に参加する機会が確保される公正で活力ある社会の構築，②国民が生涯にわたって社会を構成する重要な一員として尊重され，地域社会が自立と連帯の精神に立脚して形成される社会の構築，③国民が生涯にわたって健やかで充実した生活を営むことができる豊かな社会の構築である。

　高齢社会対策基本法に基づき，おおむね5年ごとに「高齢社会対策大綱」を策定する。最初の策定は1996年であり，次に2001年に大幅見直しがなされた。最新は，2012年9月7日に閣議決定されたものである。

　高齢社会対策大綱は，基本的理念に基づき，分野別に「就業・年金」「健康・介護・医療」「社会参加・学習」「生活環境」「高齢社会に対応した市場の活性化と調査研究」「全世代が参画する超高齢社会に対応した基盤構築」の6分野にわたり提言を行っている。最新版により，高齢者の生活保障のみではなく，高齢社会における全世代を対象とすることを明確化した。

1

◆1　ゴールドプラン
ゴールドプランでは保健福祉サービスの拡充がはかられた。具体的には，①在宅福祉サービスとしてホームヘルパー10万人，ショートステイ1万か所，デイサービスセンター1万か所，在宅介護支援センター1万か所の整備，②寝たきり老人ゼロ作戦，③長寿社会福祉基金の創設，④施設福祉サービスの緊急整備，⑤高齢者生きがい活動の促進，⑥国立長寿科学センターの創設，⑦高齢者の健康と福祉のための総合施設の整備，の7本を柱とした。

2

◆2　新ゴールドプラン
新ゴールドプランでは，ゴールドプランの目標水準を引き上げるとともに，新規のサービスとして，老人訪問看護ステーション5000か所を策定した。1999年にはゴールドプランの終了に伴い，「今後5カ年間の高齢者保健福祉施策の方向（ゴールドプラン21）」が策定されて，痴呆対応型共同生活介護（現在の認知症対応型共同生活介護）3200か所開設等の新規サービス目標が示された。

3

◆3　老人福祉法等の一部を改正する法律
戦後の昭和20年代，30年代に制定された社会福祉法制についての抜本的な改革を行うために制定された。この法律により改正された法律は，老人福祉法をはじめ，身体障害者福祉法，精神薄弱者福祉法（現在の知的障害者福祉法），児童福祉法，母子及び寡婦福祉法（現在の母子及び父子並びに寡婦福祉法），社会事業法（現在の社会福祉法），老人保健法，社会福祉・医療事業団法の8法であった。

4

◆4　高齢社会
日本は1970年に高齢化率7％を超えて高齢化社会，1994年に14％を超えて高齢社会に突入し，その移行期間は24年間であった。イギリスは1930→1976年（46年間），ドイツ1930→1972年（42年間），スウェーデン1890→1972年（82年間），フランス1865→1979年（114年間）等と比較すると短期間で高齢化率が上昇したことがわかる。世界に類のない急速な高齢化は，多様な問題を表出させた。アジア圏は大半が日本のような途を歩んでおり，高齢化への対応について世界から注目を浴びている。

第3章
高齢者を支える社会福祉制度の変遷と現状
第2節　高齢者福祉制度の拡大——1990年代

資料3-1
高齢者福祉関係法・主なる社会福祉法制定の流れ（1946〜88年）

時期	成立した法制度とその概要
1946（昭和21）年 9 月	旧生活保護法制定（10月施行）
1946（昭和21）年11月	日本国憲法制定（1947年 5 月施行）
1947（昭和22）年12月	児童福祉法制定（1948年 4 月全面施行）
1947（昭和22）年12月	改正民法制定（＊家族制度の廃止）
1948（昭和23）年 7 月	民生委員法制定・施行
1949（昭和24）年12月	身体障害者福祉法制定（1950年 4 月施行）
1950（昭和25）年 5 月	生活保護法制定・施行
1951（昭和26）年 3 月	社会福祉事業法制定（ 6 月施行）→2000年社会福祉法に
1953（昭和28）年 8 月	らい予防法制定
1955（昭和30）年 4 月	全国社会福祉協議会設立
1956（昭和31）年 5 月	売春防止法制定（1957年 4 月施行）
1958（昭和33）年12月	国民健康保険法の制定（1959年 4 月施行）
1959（昭和34）年 4 月	国民年金法制定（1961年 4 月施行）
1960（昭和35）年 3 月	精神薄弱者福祉法制定（ 4 月施行）→知的障害者福祉法に
1960（昭和35）年11月	日本ソーシャルワーカー協会設立
	高齢化率　5.7%
1963（昭和38）年 8 月	老人福祉法制定・施行
1964（昭和39）年 7 月	母子福祉法制定・施行
1970（昭和45）年	高齢化率　7.1%
1973（昭和48）年 5 月	老人医療無料化
1973（昭和48）年10月	オイルショックおこる
1978（昭和53）年 4 月	寝たきり老人短期保護事業設置
1979（昭和54）年	ディサービス事業創設
1980（昭和55）年	高齢化率　9.1%
1982（昭和57）年 8 月	老人保健法制定（1983年実施）
	有料老人ホーム協会設立
1985（昭和60）年 5 月	国民年金法改正，医療法改正
1986（昭和61）年 2 月	老人保健施設の創設
1987（昭和62）年 2 月	シルバーハウジング開始，シルバーサービス振興会設立,
1987（昭和62）年 5 月	社会福祉士及び介護福祉士法制定
1988（昭和63）年10月	第 1 回全国健康福祉祭（ねんりんピック）開催（兵庫県）

介護保険制度創設の背景

　1994年，日本は高齢社会に突入した。すでにヨーロッパの国々では，1970年代に高齢社会になっていたが，日本は急速に**高齢社会**[◆4]に移行した点に特徴がある。高齢化に伴う要介護者数の急増は，誰もが介護を必要とする可能性を示している。一方，高齢者世帯や高齢者単身世帯が増加し，同居率も減少を続けていた。高齢者が高齢者を介護する「老老介護」や遠距離介護が増えた。介護のために退職や休職を余儀なくされるケースが増え，女性の社会進出を妨げるような事態も発生した。すでに家族だけで介護を担うことは限界に来ていた。介護を家族にゆだねるのではなく，社会全体で支えていく介護システムの創設が不可欠であった。

　このような中で高齢者の介護のありかたについて様々な提言がなされる。1994年3月厚生大臣の諮問機関によって，「21世紀福祉ビジョン――少子・高齢社会に向けて」がまとめられた。この報告書は活力ある福祉社会を目指して，介護や子育て支援に関する社会保障制度の構築が必要であることを提言している。また同年12月に厚生省から出された「新たな高齢者介護システムの構築を目指して」には，初めて社会保険方式による介護保険制度が提言された。

　一方，社会保障制度審議会は1995年7月に「社会保障体制の再構築」で，公的介護保険制度を提言する勧告を行った。老人保健福祉審議会も1996年4月に，「新たな介護保険制度の創設について」

の最終報告を行った。ここでは，加入年齢を65歳以上にすることや要介護状態にある高齢者を対象として，若年障害者は障害者制度で対応するなどを提言した。これらの報告書が基盤となり，1997年12月第141回臨時国会において，介護保険法が成立した。

Check

高齢者福祉政策に関する次の記述のうち，正しいものを一つ選びなさい。

1　老人福祉法は，人口の高齢化率が7％を超えて我が国が高齢化社会に入った1960年代に制定された。

2　高齢社会対策基本法（平成7年制定）に基づき，厚生労働大臣を長とする高齢社会対策会議において，高齢社会対策大綱の案が毎年作成される。

3　「ゴールドプラン」を改定して作成された「新ゴールドプラン」（平成6年）では，「利用者本位・自立支援」が基本理念の一つとして提示された。

4　「新ゴールドプラン」の後に作成された「ゴールドプラン21」（平成11年）では，介護保険制度実施10年後のサービス目標値が設定されている。

5　平成17年の介護保険法の改正により，要支援者に対する予防給付が新たな給付として導入された。

答：3
（第21回社会福祉士国家試験問題86より）

第3章　高齢者を支える社会福祉制度の変遷と現状 | 49

第3節 高齢者福祉制度の現在――2000年以降

この節のテーマ
- 介護保険法と老人福祉法の相違点について知ろう。
- 介護保険制定時と現在の要介護の実態や介護者の状況の相違について知ろう。
- 各年の介護保険制度の改正点について知ろう。
- 認知症に対する支援の変遷について知ろう。
- 高齢者医療制度の変遷について知ろう。

介護保険法による介護システムの変換

　1997年12月制定，2000年4月施行の介護保険法は，従来の高齢者福祉を抜本的に改革することになった。**社会的入院**[◆1]を減らすためにも，在宅ケアが推奨された。それまで，**措置制度**[◆2]によって支給されてきた老人福祉サービスを保険制度に移行した。

　また介護サービスを量的・質的に拡大するために民間活力（営利企業・非営利団体）によるサービスを積極的に導入した。サービス量の慢性的な不足が福祉サービスの利用を妨げてきたが，民間サービスを導入することにより，在宅サービス事業者が急増した。現在，居宅介護支援事業所では営利法人が48.7％，社会福祉法人が25.7％と営利法人の方が多い。[(1)]

　介護保険施設に関しては営利法人の運営が許可されていないので，介護老人福祉施設は社会福祉法人が94.2％を占めている。[(2)]しかしながら，グループホームや特定施設入居者生活介護を居宅サービスとして位置づけることによって，営利企業がかなり参入していることに注目しなければならない。なお介護保険の詳細は第4章で述べる。

2000年以降の高齢者福祉の動向

　可能な限り住み慣れた地域で暮らしが継続される在宅福祉を中核に据えて，2000年に介護保険制度が開始された。その後も人口の高齢化や単身世帯の急増，長寿に伴う慢性疾患や認知症の増加，公的年金額の実質減少などの不安要素がますます増加した。

　後述する2012年実施の改正法では，重度者の在宅生活を支援する「サービス付き高齢者住宅」や「24時間定期巡回介護・看護」などのサービスが創設された。しかしながら，現実的には，最後まで自宅で暮らすことには多くの困難を伴う。その一方で施設数は今なお不足している。

　さらに介護サービスを支える介護職員数は制度開始の55万人から171万人（2013年）と3倍となっている。しかし，在宅介護のキーパーソンとなる訪問介護員は非常勤職員の割合が高く，介護従事者の人材確保・処遇改善は必須の課題である。2008年4月には「介護従事者等の人材確保のための介護従事者の処遇改善に関する法律」が制定され，2009年10月から2012年3月までの2年半に渡り「介護職員処遇改善交付金」が支給された。

2012年度からは介護報酬での「介護職員処遇改善加算」として引き継がれているが賃金改善計画の策定・実施，介護職員の資質向上への取り組みが必須となっている。

なお介護職員を充足するために，**外国人に対する介護職員養成**[3]が開始されて，2012年から介護福祉士の国家試験合格者を出している。

介護保険制度の改正

介護保険制度導入時の65歳以上人口は，2165万人（2000年）だったが，現在では，3387万人（2016年）に増加した。要介護認定者数（要支援者数を含む）も218万人から622万人に倍増している。また，介護保険サービス受給者数も149万人から554万人に急増している。特に居宅サービス受給者数は97万人から390万人と著しい伸びを示している。[3]

こうした介護状況の変化に対応するために，介護保険法では5年ごとに必要な見直しを行うことになっている。これにより，2005年6月に「介護保険法の一部を改正する法律」が交付されて，2006年4月から全面施行された。この改正によって，予防重視への転換や地域密着型サービスの創設などが実施された。とりわけ，「痴呆」から「認知症」へと用語変更が明記されて，2006年度より認知症対策総合支援事業が開始されたことは特筆される。

さらに2011年6月，地域包括ケアシステムの確立を基本とした「介護サービスの基盤強化のための介護保険法を一部改正する法律」が2回目の見直しとして交付され，2012年4月から施行された。

1

◆1　社会的入院
医療的に入院による治療の必要がなく，在宅での療養や生活が可能であっても，住居がないとか介護者が居ない等の理由によって入院生活を継続していること。また，それらの理由のために入院すること。

2

◆2　措置制度
行政に義務と権限を与えられた施策の総称をいう。措置費とは，地方自治体が支出する福祉の施策に係わる経費のことである。措置制度に対比されるのが契約制度である。措置制度の下では，行政処分によってサービスの利用が決定したが，契約制度では利用者と提供者との契約により，利用者の選択が可能になる。

3

◆3　外国人に対する介護職員養成
日本政府が結んだEPA（経済連携協定）に基づいて，2008年にインドネシア，2009年にフィリピンからの介護研修生を受け入れている。自国で介護士資格を有し，日本語研修受講済みであることを条件に，来日後は日本語研修と基礎的な介護研修後，介護施設での3年以上の実地研修を行った上で介護福祉士国家試験を受験する。2016年1月の第29回では，209人の受験者のうち104人が合格した。合格者は日本での就労が認められ，在留資格が更新される。不合格の場合は原則として帰国しなければならない。

また，これとは別に2017年より外国人技能実習生の職種に介護職種が追加された。

4

◆4　介護療養型医療施設の廃止
介護保険施設サービスの一つである介護療養型医療施設は，2012年3月末までに廃止して，老人保健施設等に転換することが規定されていた。2011年改正法によって2018年3月廃止まで6年間延長された。2012年度以降は新設は認められない。2017年改正法によって介護医療院に転換していくことになった。

第3章
高齢者を支える社会福祉制度の変遷と現状
第3節　高齢者福祉制度の現在──2000年以降

資料3-2
介護保険制度改正の流れ

時期	成立した法制度とその概要
1997（平成 9 ）年12月	介護保険法及び施行法制定
1999（平成11）年10月	介護認定審査会の設置，給付申請受付開始，要介護認定調査の開始
2000（平成12）年 4 月	介護保険法施行
2005（平成17）年 6 月	改正介護保険法制定（「介護保険法等の一部を改正する法律」）
2005（平成17）年10月	施設給付の見直し実施
	・介護保険施設（ショートステイを含む）の居住費・食費を保険給付から除外
2006（平成18）年 4 月	改正介護保険法全面実施
	・予防重視システムへの転換
	・地域包括支援センター創設
	・地域密着型サービスの実施
	・その他，介護支援専門員の資格更新制度導入，情報開示の義務等
2008（平成20）年 5 月	改正介護保険法制定（「介護保険法及び老人福祉法の一部を改正する法律」）
2009（平成21）年 4 月	介護報酬改定
	・介護従事者の処遇改善と経営安定化を図る
2009（平成21）年 5 月	改正介護保険法実施
	・事業者の業務管理体制の整備，
	・事業者に対する立入検査権の創設
	・その他，事業所廃止時のサービス確保対策等
2009（平成21）年10月	介護職員処遇改善交付金開始（～2012年 3 月まで）
2010（平成22）年11月	社会保障審議会介護保険部会意見書提出
2011（平成23）年 6 月	改正介護保険法の制定（「介護サービスの基盤強化のための介護保険法等の一部を改正する法律」）
2012（平成24）年 4 月	改正介護保険法の実施
	・医療と介護の連携強化（24時間対応定期巡回・随時対応型訪問介護・看護サービスの創設）
	・介護人材の確保とサービスの質の向上（介護福祉士たんの吸引等を可能）
	・高齢者の住まいの整備
	・認知症対策の推進（市民後見人の活用等）
2015（平成27）年度	・予防訪問介護・予防通所介護サービスが，地域支援事業に移行（2017年度末まで）
	・特養ホームの入所者を原則要介護 3 以上に
	・一部の負担能力のある高齢の自己負担割合が 1 割から 2 割に増額
2017（平成29）年 5 月	改正介護保険法の制定（地域包括ケアシステムの強化のための介護保険法の一部を改正する法律）
2018（平成30）年 4 月	改正介護保険法実施
	・介護医療院の創設
	・特に所得の高い層の 3 割負担

この法律では，介護職員の一部医療行為の実施や**介護療養型医療施設の廃止**◆4に対する延期等が記載された（介護保険制度改正の概要は**資料3-2**を参照）。

2014年の見直しでは，サービスの重点化・効率化に伴い，予防給付のうち訪問介護と通所介護に関して，地域支援事業に移行することが決まった

（2017年度末）。また現在の介護予防・日常生活支援総合事業を発展的に見直し，2017年度から，全ての市町村で創設されることとなっている。

後期高齢者医療制度の創設

高齢者にとって医療は不可欠である。前述した

ように老人福祉法の下で，老人医療費が無料になった期間は10年間で終結し，1982年に老人保健法が制定された。制定時の老人保健法では，70歳以上（寝たきり等の状態にある者は65歳以上）の医療費が一部負担であった。

その後2000年には定率1割負担に，2002年からは対象年齢を70歳から75歳に変更される等改正を重ねてきた。また，1986年には老人保健施設が創設されている。

この老人保健制度による老人医療費拠出が急増したことから，高齢者医療の在り方が模索され，2008年4月，「高齢者の医療の確保に関する法律」が制定された。この法律による後期高齢者医療制度は，運営主体を市町村から都道府県の**広域連合**◆5に変更して，75歳以上の医療保険をこれまでの医療保険制度から独立させるというものであった。

しかし，75歳以上を区分することは年齢差別であるという指摘や被保険者と被扶養者である高齢者にも保険料負担が増加するなど社会問題となった。

後期高齢者医療制度の自己負担は1割負担であるが，現役並み所得者は3割負担としている。ただし，この自己負担には，上限額が定められている。また，医療と介護の連携については，2014年度に成立した医療介護総合確保推進法により，地域支援事業に位置づけられている。これらは市町村が主体となり，医師会と連携して取り組むものとされており，2015年度に開始して，2018年度には全ての市町村で実施することになっている。

◆5　広域連合
各地方公共団体及び特別区は，広域にわたり処理することが適当である施策に関して，広域計画を作成し，その実施のために規約を定めるために組合設立することができる。(地方自治法第284条第3項)。

Check

「高齢者の医療の確保に関する法律」に関する次の記述のうち，正しいものを一つ選びなさい。

1　この法律でいう前期高齢者とは，65歳以上75歳未満の者及び55歳から65歳未満の者のうち寝たきり者等で市町村が認定した者をいう。
2　前期高齢者は，医療保険者が被保険者に対して実施する特定健康診査の対象外とされている。
3　後期高齢者の保険料は，市町村ごとに認定される。
4　生活保護の受給者は，後期高齢者医療制度の被保険者から除外されている。
5　後期高齢者医療制度における公費負担は，国，都道府県，市町村において2：1：1の割合で負担することとされている。

答：4
(第21回社会福祉士国家試験問題85より)

注

(1) 厚生労働統計協会編（2017）『国民の福祉と介護の動向2017/2018』165頁。
(2) 同前書，165頁。
(3) 同前書，164頁。

第4節 地域包括ケアシステム

この節のテーマ
- 地域包括ケアシステムの内容を知ろう。
- 地域包括ケアシステムの目指すところを知ろう。
- 地域包括ケアシステムが形成されるための課題について知ろう。
- 高齢者の生活支援内容について自分の暮らしの中から考えよう。
- 地域包括支援センターの今後の役割について考えよう。

地域包括ケアシステムとは

「地域包括ケアシステム」とは、介護が必要になっても、地域に住み続けることができるよう、保健、医療及び在宅福祉サービス等が十分に整えられ、それらが連携し、一体的、体系的に提供されるしくみをさす。

そのイメージを示したものが図3-1である。地域での日常生活をおくるためには、**日常生活圏域**[1]に医療、介護、予防、住まい、生活支援の5つの取り組みを包括的、継続的に提供することを掲げている。そのためには各関係機関が連携を図りつつ、サービス提供にあたらなければならない。

2011年改正介護保険法と地域包括ケアシステム

地域包括ケアという考え方は、2005年介護保険法改正時にもうたわれ、その中核機関となる「地域包括支援センター」や身近な住み慣れた地域でサービスを受けるための「地域密着型サービス」が創設された。これは、2010年3月の「**地域包括ケア研究会報告書**[2]」において具体的な方向性が提示され、2011年改正に具現化した。

介護保険法の2011年改正では、「国及び地方公共団体は、被保険者が可能な限り、住み慣れた地域でその有する能力に応じ自立した日常生活を営むことができるよう、保険給付に係る保健医療サービス及び福祉サービスに関する施策、要介護状態等となることの予防又は要介護状態等の軽減もしくは悪化の防止のための施策並びに地域における自立した日常生活の支援のための施策を、医療及び居住に関する施策との有機的な連携を図りつつ包括的に推進するように努めなければならない」（第5条第3項）と、新項目を設けて地域包括ケアの理念を明記している。

地域包括ケアシステムの中核となるのは、日中・夜間を通じて24時間、必要な時に訪問介護と訪問看護を一体的に、また密接に連携しながら対応する地域密着型サービスの「定期巡回・随時対応訪問介護看護」である。重度者にも、「施設から在宅へ」の生活を可能にして、施設機能を最小化していく事を目指している。また介護保険施設を「ケアが組み合わされた集合住宅」として位置付けた。一方でケアを外部から提供する「サービス付き高齢者向け住宅」を創設して、従来の**高齢者住宅**[3]を再編成した。

○団塊の世代が75歳以上となる2025年を目途に，重度な要介護状態となっても住み慣れた地域で自分らしい暮らしを人生の最後まで続けることができるように，住まい・医療・介護・予防・生活支援が一体的に提供される地域包括ケアシステムの構築を実現していきます。
○今後，認知症高齢者の増加が見込まれることから，認知症高齢者の地域での生活を支えるためにも，地域包括ケアシステムの構築が重要です。
○人口が横ばいで75歳以上人口が急増する大都市部，75歳以上人口の増加は緩やかだが人口は減少する町村部等，高齢化の進展状況には大きな地域差が生じています。
　地域包括ケアシステムは，保険者である市町村や都道府県が，地域の自主性や主体性に基づき，地域の特性に応じて作り上げていくことが必要です。

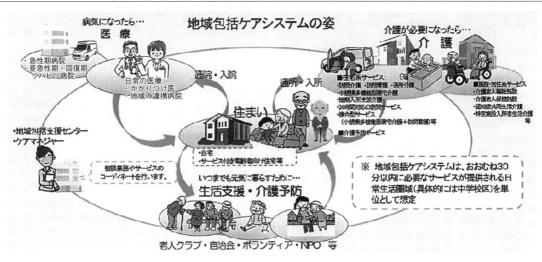

図3-1
地域包括ケアシステム
出所：厚生労働統計協会編（2017）『国民の福祉と介護の動向2017/2018』167頁。

第3章
高齢者を支える社会福祉制度の変遷と現状
第4節　地域包括ケアシステム

地域住民の位置付け

　地域包括ケアシステムは，地域住民を日常的な生活支援サービスの担い手として位置付けている。専門職による介護保険サービスを強化する一方で，その他の身近な支援は地域住民によって担うことを描いている。これは介護保険財政を抑え，持続可能な介護保険制度を構築しようとするものである。

　介護を要する高齢者が，地域社会での日常生活を継続するには，医療や介護のみならず生活を支える様々な支援が必要である。生活支援とは，高齢者の日常生活に欠かせない様々な支援を言う。たとえば安否確認や緊急対応，日常的なゴミ出しや話し相手などが考えられる（**表3-1**）。重度な要介護者が在宅での暮らしを実現するには，このよ

うな日常的な支援の必要性がますます高まってくる。

　このように地域包括システムは，生活支援の担い手として地域住民を組織化することを促進する。しかし，介護の社会化を推進するには，国や地方自治体が最終責任を引き受けることが重要であることは言うまでもない。

地域包括支援センターの強化

　地域包括支援センターはすべての介護保険の保険者に設置されており，現在全国に4685か所ある（2015年）。保険者直営が30％，委託が70％と社会福祉法人等に委託されている地域包括支援センターが圧倒的に多い。

　地域包括支援センターは地域包括ケアシステム構築の上で最も重要な機関であり，「地域包括

表3-1
高齢者介護における生活支援

カテゴリー	具体的な生活支援の内容
(1)日常生活支援	ゴミ出し，電球交換，重い物の移動，郵便物の整理，草とり，雨の日の買い物
(2)生活管理	入院時等の鍵の管理，ちょっとした金銭管理（支払管理）
(3)生活相談	日常的な困りごとにかかる身近な相談対応
(4)話し相手	一人暮らし高齢者などの話相手
(5)手続き代行	申請書類作成等の諸手続きの代行
(6)関係機関への連絡調整	行政機関／金融機関／介護事業者／医療機関等との連絡調整
(7)移送／室内での移乗介助	通院介助，ベッドから落ちたときに引き上げる支援など不定期な移乗介助
(8)会食／配食	地域での定期的な会食，配食
(9)入退院時／入院中の支援	一人暮らし高齢者の入退院時の手続き代行，衣類の洗濯，入院中の身の回りの世話
(10)安否確認／緊急対応／緊急通報	急病や急な容態変化にともなう関係者（親族等）への連絡通報など

出所：井上信宏（2011）「地域包括ケアシステムの機能と地域包括支援センターの役割」『地域福祉研究』No.39，日本生命済生会，20頁。

支援センターの設置者は，包括的支援事業を実施するために必要なものとして市町村の条例で定める基準を遵守しなければならない。介護サービス事業者，医療機関，民生委員法に定める民生委員，高齢者の日常生活支援に関する活動に携わるボランティアその他の関係者との連携に努めなければならない」（第115条の46第5項）と定められている。

さらに，「地域包括支援センターの設置運営について」では，**地域ケア会議**◆4の設置をうたっている。地域ケア会議の構成員として，介護サービス事業所や医療関係者のみならず，行政職員や民生委員を含めている。このように地域包括支援センターの働きは住民による生活支援サービスをも含めた地域社会の調整機関へと役割を拡大しつつある。

1 ◆1 日常生活圏域

各市町村は，地理的条件，人口，交通事情その他の社会的条件，介護保険施設の整備状況，その他の条件や地域の特性などを総合的に勘案して，日常生活圏域を定めるものとする。今回は，中学校区を基礎単位に，30分で駆けつけられる圏域を想定している。

2 ◆2 地域包括ケア研究会報告書

2010年3月に「地域包括ケア研究会報告書」が出され，2025年の高齢者介護を支えるための提案がなされた。これを土台として2011年の改正介護保険法が策定された。本報告書には30分以内の日常生活圏域内におけるサービス提供体制や，ニーズに応じた住宅の選択，従来の「自助，公助，共助」から新たに「住民主体のサービスやボランティア活動」をさす「互助」を加え，地域において包括的，継続的につないでいく地域包括ケアシステムが必要であると提案している。

3 ◆3 高齢者住宅

2001年に高齢者住まい法が制定されて以後，国は高齢者が安心して住み続けることができるように，「高齢者円滑入居賃貸住宅」（高齢者の入居を拒まない住宅），「高齢者専用賃貸住宅」（専ら高齢者を受け入れる住宅），「高齢者向け優良賃貸住宅」（良好な居住環境を備えた住宅）の推進に努めてきた。しかし制度が複雑であり，絶対数の不足や行政の指導監督に課題がある等の理由で，「サービス付き高齢者向け住宅」に一本化した。

4 ◆4 地域ケア会議

地域包括支援センターが中心となり，それぞれの専門職の特性や，制度・サービスを組み合わせて提供することによって，地域住民の自立支援を促し，QOLを向上することを求めている。個別の事例検討だけではなく，地域ケアの課題を把握することを想定している。

第5節 老人福祉法

この節のテーマ
- 老人福祉法の変遷について知ろう。
- 老人福祉法の内容について知ろう。
- 老人福祉法の基本的理念について理解しよう。
- 老人福祉法の意義について理解しよう。

老人福祉法制定の背景と経緯

高齢者福祉制度の基本となる「老人福祉法」について再確認しておこう。1950年代には，国民健康保険法改正（1958年），国民年金法制定（1959年）により，「国民皆保険・年金」体制が整備され，高齢者の生活保障においても社会全体で担うことの要求が高まった。さらに，1960年代に高度経済成長期となり，地方から都市部に労働力として若年層が移動し，高齢者が地方に残されて過疎化が進行した。急速な産業化，核家族化によって家族による老親の扶養機能は低下していった。高齢者のニーズの顕在化，多様化に伴い，自活できない貧困高齢者のための保護・救済を目的とした生活保護法では対応が困難となり，一般の高齢者も包含した独立した基本法の制定によって社会的に解決していくことが求められるようになった。このような社会的背景が「老人福祉法」を制度化させた。

老人福祉法の変遷

老人福祉法は，国および地方公共団体の措置義務を明確にし，高齢者の医療費の支給，健康診査，老人ホームへの入所，老人家庭奉仕員などの措置事業を規定した総合的な社会サービス法として展開した。従来の養老施設は「養護老人ホーム」と改めて規定し，新しく「特別養護老人ホーム」，「軽費老人ホーム」，「老人福祉センター」を法的に規定した。さらに老人福祉増進のための老人クラブ事業も規定された。ただし，制定当初はこれらの事業のうち，実際に予算措置の大部分を占めたのは老人ホームへの入所に関する事業であった。老人ホームは，単なる生活扶助だけでなく，身体の虚弱による日常生活支援や当時の住宅問題，家族問題における在宅生活の困難等を含めて，高齢者の福祉を実現するための社会的施設としての位置付けが明確になったのであり，その後1980年代までの施設整備を中心とした高齢者福祉施策の基本路線を拓いたといえる。

その後30回以上の改正を経て今日に至っているが，主な法改正は以下のとおりである。1972年，老人福祉法一部改正により「老人医療費支給制度」が創設され，70歳以上の高齢者の医療費が無料化した。その後，1983年，「老人保健法」の施行により受益者負担が導入され，本法による老人医療費の無料化は廃止される。

1990年，社会福祉関連8法改正（老人福祉法等の一部を改正する法律）に伴う大規模な改正によ

って，介護等の措置の総合的実施が位置付けられ，在宅福祉サービスの位置付けの明確化，特別養護老人ホーム等の入所決定権の町村への権限移譲があった。

また，市町村，都道府県の老人福祉計画等が規定された（法第20条の 8 〜11）。1994年，老人居宅生活支援事業（在宅福祉サービス），老人福祉施設における「処遇の質の評価」が新しく規定され，サービス評価の手法が検討，導入された（法第20条の 2）。1997年は介護保険法の制定に伴って契約に基づく要介護高齢者等に対する居宅における介護や特別養護老人ホームへの施設入所等が同法に移行した（法第10条の 4，第11条，その他条項）。その結果，老人福祉法による措置の実施は大幅に減少した。最近では，2011年の一部改正で有料老人ホームの規制強化が加えられている。

老人福祉法の内容

老人福祉法の目的は，第 1 条において「この法律は，老人の福祉に関する原理を明らかにするとともに，老人に対し，その心身の健康の保持及び生活の安定のために必要な措置を講じ，もつて老人の福祉を図ることを目的とする」と示されている。

現行の老人福祉法は，全43条で構成されており，その枠組みは次のとおりである。第 1 章「総則」（目的，基本的理念，責務，定義，実施体制），第 2 章「福祉の措置」（支援体制の整備等，居宅における介護等，老人ホームへの入所等，老人福祉

Check

老人福祉法に規定される養護老人ホームについての次の記述のうち，正しいものを 1 つ選びなさい。

1　入所の要件は，要介護状態もしくは要支援状態であることとされている。
2　都道府県，市町村，社会福祉法人のほか，医療法人や民間営利法人も設置できる。
3　入所者の心身の状況等に応じて，社会復帰の促進及び自立のために必要な指導や訓練，その他の援助を行うこととされている。
4　入所者の居室 1 室当たりの定員は 2 人と定められている。
5　入所に当たっては，居住地の市町村と利用契約を締結する必要がある。

答：3
（第27回社会福祉士国家試験問題135より）

第3章
高齢者を支える社会福祉制度の変遷と現状
第5節　老人福祉法

の増進のための事業，研究開発の推進），第3章「事業及び施設」，第3章の2「老人福祉計画」，第4章「費用」，第4章の2「有料老人ホーム」，第5章「雑則」，第6章「罰則」，「付則」。

「福祉の措置」（第2章）に関して，福祉の措置の実施者は対象者の居住地の市町村としている。（法第5条の4第1項）。また，措置の実施者として以下の業務を義務付けている（法第5条の4第2項）。①「老人の福祉に関し，必要な実情の把握に努めること」②「老人の福祉に関し，必要な情報の提供を行い，並びに相談に応じ，必要な調査及び指導を行い，ならびにこれらに付随する業務を行うこと」としている。

さらに，「市町村は，65歳以上の者であつて，身体上又は精神上の障害があるために日常生活を営むのに支障があるものが，心身の状況，その置かれている環境等に応じて，自立した日常生活を営むために最も適切な支援が総合的に受けられるように，（中略）地域の実情に応じたきめ細かな措置の積極的な実施に努めるとともに（中略），老人の福祉を増進することを目的とする事業を行う者の活動の連携及び調整を図る等地域の実情に応じた体制の整備に努めなければならない」としている（法第10条の3）。

老人福祉法の基本的理念

老人福祉法第2条において，法の基本的理念として「老人は，多年にわたり社会の進展に寄与してきた者として，かつ，豊富な知識と経験を有する者として敬愛されるとともに，生きがいを持て

る健全で安らかな生活を保障されるものとする」とある。老年期は個人差が著しいこともあり，明確な「老人」の定義付け，年齢規定はないが，高齢者の生活保障についての社会的義務規定が示された意義は大きい。「老人憲章」として位置付けられる条文である。第3条第1項で「老人は，老齢に伴つて生ずる心身の変化を自覚して，常に心身の健康を保持し，又は，その知識と経験を活用して，社会的活動に参加するように努めるものとする」とある。ただし今日の多様な価値観の中で一様な形態で社会参加することを疑問視する意見もある。

老人福祉法の意義

2000年の介護保険法の施行によって，養護老人ホームへの措置を除く，多くの高齢者サービスが介護保険法に移行し，契約に基づくサービス利用となった。と言っても，老人福祉法における「福祉の措置」の実施の価値が低下したわけではない。「やむを得ない事由により」介護保険法に定めるサービスを「利用することが著しく困難であると認められるとき」は市町村が措置を実施するものとしている（法第10条の4，他条項）。

たとえば，高齢者本人が家族から虐待を受けている場合，認知症で意思能力が乏しく，頼れる家族もいない場合など，市町村は職権によって的確に措置を実施し，対象者の生活保障，介護保障を図らねばならない。「高齢者虐待防止法」（高齢者虐待の防止，高齢者の養護者に対する支援等に関する法律）においても，「虐待の通報を受けた場

60 ｜ 第Ⅱ部　高齢者に対する制度とサービス

合の措置」（法第9条第2項），「居室の確保」（法第10条）等に，市町村による措置権の発動について規定している。

　社会福祉基礎構造改革を経て，介護保険制度をはじめ市場原理と自由契約を基調としたサービス供給が一般化した。しかし，周囲の抑圧を受けたり，自己決定能力の低下によって，契約関係に適さない対象者など，市場システムによるサービス利用が難しい対象者が少なからず存在する。昨今の高齢者虐待事案の増加なども考慮すると，当事者間の契約に基づくサービス利用が一般化されるほどに，高齢者福祉の基本法として公的責任性を担う老人福祉法の意義の重要さが増すのである。

Check

老人福祉法の展開に関する次の記述のうち，正しいものを1つ選びなさい。

1　老人福祉法制定時（1963年（昭和38年））には，特別養護老人ホームは経済的理由により居宅において養護を受けることが困難な老人を収容するものとされていた。

2　65歳以上の者に対する健康診査事業は，老人医療費支給制度の導入時（1972年（昭和47年））に法定化された。

3　高齢者保健福祉推進十か年戦略（1989年（平成元年））を円滑に実施するため，老人福祉計画の法定化を含む老人福祉法の改正（1990年（平成2年））が行われた。

4　老人家庭奉仕員派遣制度は，老人福祉法改正時（1990年（平成2年））に，デイサービスやショートステイと共に法定化された。

5　介護保険法の全面施行（2000年（平成12年））に合わせて，老人福祉施設等の入所事務が都道府県から町村に権限移譲された。

答：3
（第29回社会福祉士国家試験問題127より）

第3章　高齢者を支える社会福祉制度の変遷と現状　61

第6節 社会保障の体系

○ この節のテーマ
- 日本の社会保障のしくみを知ろう。
- 社会保険システムとはどういうものかを理解しよう。
- 高齢期に欠かせない年金保険と医療保険の概要を知ろう。
- 社会保険と生活保護の違いを理解しよう。

社会保障の枠組み

すべての人の生活を保障するために日本には図3-2のような社会保障がある。それぞれ財源負担のし方や加入方法・受給要件等が異なる。給付には現金給付・現物給付・サービス給付がある。ここでは、高齢期に特にかかわりの深いものをとりあげる。

社会保険

社会保険は、保険料を払うことによって保険給付が受けられるという社会保険システムで運営されている。高齢期に欠かせない年金保険や医療保険・介護保険も社会保険である。

年金保険のしくみは、図3-3のようになっている。日本国内に住む20歳から60歳までのすべての人が強制加入する国民（基礎）年金（1階部分）と職場で加入する厚生年金（2階部分）がある。1・2階の両方が受け取れるのは、サラリーマンや公務員等で正規雇用の被雇用者である。2016年10月から、従業員501人以上の会社で、週20時間以上働く短時間労働者にも厚生年金保険・健康保険の加入が広がった。2017年4月からは、従業員500人以下の会社で働く人にも、労使で合意すれば社会保険に加入できるようになった。1か月あたりの所定内賃金が88000円以上であること等の条件を満たせば、パートタイマーであっても厚生年金への加入ができ2階部分を増やせるようになった。

1階部分の国民（基礎）年金は、図3-3のように第1号～第3号被保険者に区分されている。60歳以降に任意加入することもできる。生活が苦し

社会保障
├ 社会保険：年金保険、医療保険、雇用保険、労働者災害補償保険、介護保険
├ 社会手当：児童手当、児童扶養手当、特別児童扶養手当、特別障害者手当等
├ 公的扶助：生活保護
├ 社会福祉：児童福祉・身体障害者福祉・知的障害者福祉・精神障害者福祉・老人福祉・母子及び寡婦福祉等
├ 公衆衛生及び医療・保健・環境衛生：公費負担医療、母子保健、学校保健、後期高齢者医療等
└ その他：戦争犠牲者援護、災害救助等

図3-2
社会保障の体系
出所：筆者作成。

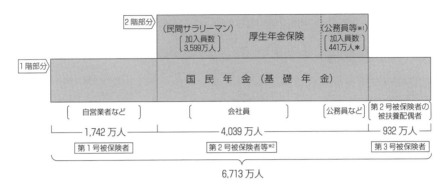

図3-3　年金保険の体系

注：＊1　被用者年金制度の一元化に伴い，平成27年10月1日から公務員および私学教職員も厚生年金に加入。また，共済年金の職域加算部分は廃止され，新たに年金払い退職給付が創設。ただし，平成27年9月30日までの共済年金に加入していた期間分については，平成27年10月以後においても，加入期間に応じた職域加算部分を支給。

　　＊2　第2号被保険者等とは，被用者年金被保険者のことをいう（第2号被保険者のほか，65歳以上で老齢，または，退職を支給事由とする年金給付の受給権を有する者を含む）。

出所：厚生労働省「公的年金の仕組み」（http://www.mhlw.go.jp/stf/seisakunitsuite/bunya/nenkin/nenkin/zaisei01/）（2017.11.1）。

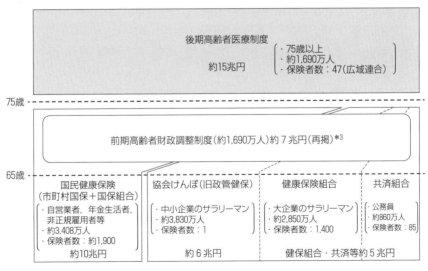

図3-4　医療保険制度の体系

注：1　加入者数・保険者数，金額は，平成29年度予算ベースの数値。
　　2　上記のほか，経過措置として退職者医療（対象者約90万人）がある。
　　3　前期高齢者数（約1,690万人）の内訳は，国保約1,300万人，協会けんぽ約220万人，健保組合約90万人，共済組合約10万人。

出所：厚生労働省（2017）「我が国の医療保険について」（2017.12.5）に筆者加筆。

第3章
高齢者を支える社会福祉制度の変遷と現状
第6節 社会保障の体系

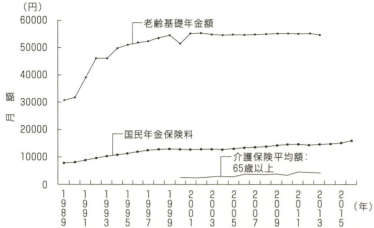

図3-5
老齢基礎年金額・国民年金保険料・介護保険料
出所：社会保障統計年報データベース（http://www.ipss.go.jp/ssj-db/ssj-db-top.asp）。日本年金機構「国民年金保険料の変遷」（https://www.nenkin.go.jp/service/kokunen/hokenryo-hensen/20150331.html）。厚生労働省「介護費用と保険料の推移」（http://www.mhlw.go.jp/topics/kaigo/zaisei/sikumi.html）を元に筆者作成（すべて2017.3.22閲覧）。

くて保険料が払えない場合には，各種免除や追納制度もある。保険給付には，老齢，遺族，障害の種類があり，被保険者が一定の要件を満たした時に受給できる。被雇用者であるか自営業・学生・主婦であるかにより，諸手続きや保険料拠出の方法等が異なるので，住所や職場等が変わった場合には手続きを忘れないようにすることが重要である。

医療保険は，**図3-4**のようなしくみになっている。職域で加入する健康保険と市町村が運営する国民健康保険制度がある。75歳以上の高齢者と65～75歳未満の障害認定者には，現在，後期高齢者医療制度が実施されている（第3章第3節参照）。

介護保険では，40歳以上65歳未満の医療保険加入者は医療保険と一緒に保険料を納め，特定疾病で要介護・要支援状態になった場合に介護保険給付が受けられる。65歳以上の高齢者で年金額が年額18万円以上の人は，年金からの天引きで，それ以外の人は市町村に納付し被保険者となる（第4・5章参照）。

社会保険費用の動向

社会保険の中で，特に高齢者にかかわりが深いものが，年金・医療・介護保険である。その3つの社会保険の給付費の年次推移を見ると，1965年から2015年の50年間で，年金は，約41倍に，医療は約157倍に，福祉その他は，約66倍に増えている[1]。

年金の給付費の伸びは，高齢者人口の伸びによるものである。しかし，医療費の伸びは，人口の高齢化をはるかに上回る勢いで伸びている。これは，医療技術等の進歩による結果でもあるが，医療費の多くが高齢者のために使われている。また，薬剤費も多くかかっている。第1章第3節に示したように，高齢者世帯では，家計に占める保健医療費が多い。つまり，日本の長寿は，このような高い医療費によって支えられてきた側面がある。しかし，社会的にも個人的にも医療費負担は大きい。このまま医療費が膨張しないようにするには，若い頃からの健康管理や良い生活習慣の維持が求められる。

高齢者が受け取る老齢基礎年金額と高齢者が

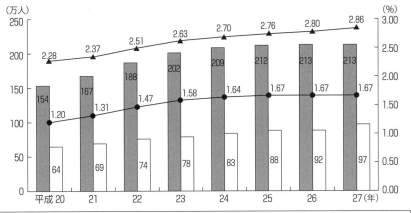

図3-6
被保護人員の変移
出所：内閣府編（2017）『平成29年版高齢社会白書』20頁。

支払う介護保険料と20～60歳の人が支払う国民年金保険料の平均額の年次推移をみると，介護保険・保険料の平均額は，2000年の開始時の2倍以上に増えており，国民年金保険料も上がっている。

一方で，高齢期の家計を支える老齢基礎年金の平均額は下がってきている。そのために，第1章第3節の**図1-6，1-7**のように，高齢者世帯の非消費支出（税・社会保険料等）が増え，可処分所得が減っている。その大きな要因は，少子高齢化である。社会保険財源を支える若い人口が減り，高齢者が増えているので，国全体の社会保障財源も高齢者の家計も厳しくならざるをえない。

生活保護

高齢期には年金が主たる収入源になるが，その年金を受給できなかったり，年金額が低くて生活ができない高齢者が最近増えている。近年の日本は終身雇用制でなくなり，現在，現役の労働者であってもリストラや倒産等により正規雇用の職を失ったり失業期間が長くなると，年金額が減ったり年金受給ができなくなることもある。

たとえ家族や子どもがいても，旧来のような家族扶養に頼りにくくなっており，また高齢期に単身世帯になる可能性もある。もし，生活に困窮した場合には，公的扶助である生活保護を申請することができる。**図3-6**のように，生活保護を受けている人の約半数が高齢者である。また年々高齢者の占める比率が高くなっている。高齢者の生活保護の受給率は，他の年齢層よりも多く，受給期間が長いのが特徴である。

公的扶助[1]である生活保護は，生活に困窮した人の健康で文化的な最低生活を公費で支える制度である。生活保護を受けるには，福祉事務所に申請する。扶助の種類は8種類あり（生活・教育・住宅・医療・介護・出産・生業・葬祭），それぞれの世帯ごとに必要に応じて最低生活費が計算される。生活保護は自立助長を目的としており，いつまでも受給し続けられるものではない。しかしながら高齢者の場合は，自立のために仕事を探しても職に就けないことが多く，受給期間が長期化しがちである。

◆1 公的扶助
生活困窮者に対して最低生活ができるよう生活費等を無拠出で公的支給する社会保障制度。受給するには資力調査が行われ，本当に困窮しているかどうか，他に使える資産はないか等が調べられる。日本では生活保護制度として行われている。

注
(1) 国立社会保障・人口問題研究所編・発行（2017）『社会保障費用統計』「第8表社会保障給付費の部門別推移（1950～2015年度）」（http://www.ipss.go.jp/ss-cost/j/fsss-h27/H27.pdf（2017.9.16））により筆者計算。

百瀬孝『日本老人福祉史』中央法規出版，1997年
高齢者福祉に特化した歴史書は多くはない。その中で，この書により学ぶところは大きい。読みやすく，わかりやすいので，高齢者福祉の歴史をより深く学ぶためには必須のテキストである。

新村拓『痴呆老人の歴史──揺れる老いのかたち』法政大学出版局，2002年
現在，認知症とよばれる病を担った高齢者に対して，人々はどう向き合い，どう対応して介護してきたかを文献を用いて，歴史的に論述している。現代の認知症に対する援助について考えていく上でも大いに参考になる。

芸術教育研究所編『映画のなかに福祉がみえる』中央法規出版，1994年
ヘレンケラーの「奇跡の人」のような有名な作品を始め，人権や貧困を扱った映画を数多く紹介している。高齢者分野では，「恍惚の人」「楢山節考」等の重要な作品や，高齢者の生き甲斐という視点からチャップリンの「ライムライト」を紹介している。高齢者編だけでも10編以上。すぐ観たくなる映画を満載している。

問：高齢者に関係する社会福祉制度・法律の年表を作ろう。

ヒント：章内の資料をもとに自分で書き加えていこう。

第4章

介護保険制度のしくみ

本章で学ぶこと

● なぜ介護保険制度がつくられたのかを理解する

● 介護保険制度のしくみについて理解する

● 介護保険制度の利用方法について理解する

● 介護保険制度の現在の状況を理解する

第1節 介護保険の概要

この節のテーマ
- 介護保険制度創設の背景と経過を知ろう。
- 介護保険の理念と目的を知ろう。
- 介護保険制度のしくみについて知ろう。

介護保険制度創設の背景

　介護問題が国民的課題となり本格的に検討され始めたのは1990年代前半であるが，それまでの国の高齢者対策は，老人福祉制度と老人医療（老人保健）制度で対応されてきた。

　1980年代から在宅福祉施策への転換が徐々に図られ，社会福祉士及び介護福祉士法（1987年制定，1988年施行）の成立，その直後には，高齢者保健福祉推進十か年戦略（ゴールドプラン）が策定され，翌1990年から施行されたことに伴い，さらに国民の介護問題への関心と国に対する要望が高まった。その背景には，次のような課題がある。

　① 急速な高齢化と要介護高齢者の増大

　わが国の高齢化は急速であり，さらに平均寿命の伸長とも相まって，誰でもが高齢化すれば介護が必要となり，要介護状態になった場合には，介護期間が長期化する等，介護問題が拡がり深刻化してきていた。

　② 家族の介護基盤の弱体化と家族への負担の増大

　かつて在宅介護は家族介護を中心に担われて

きたが，核家族が増加とともに独居高齢者や高齢夫婦世帯が増加しさらに女性の就労も増加してきたことから，家族が介護を継続的に行うことが困難になった。一方，医療の進歩等により，介護期間の長期化と重度化が進み要介護高齢者を抱える家族の心理的・肉体的・経済的負担が増えた。

　③ 介護対策のための財源確保の必要性

　1990年から実施された高齢者保健福祉推進十か年戦略（ゴールドプラン）において，高齢者対策の基盤整備が進められたが，バブル経済崩壊後の経済状況の中で国の財政も厳しくなり，膨張を続ける高齢者予算の確保の見込が立てにくく，介護予算については社会保険としてしくみを再編（保険料財源の確保）することが必要となった。

　以上のような理由から，介護保険制度の必要性が確認され，1997年12月に介護保険法が成立し，3年間の準備期間を経て2000年の4月から施行されることになった。

介護保険の趣旨・目的

　介護保険法の第1条には，介護保険制度の目的が掲げられている。

第1条　この法律は，加齢に伴って生ずる心身の変化に起因する疾病等により要介護状態となり，入浴，排せつ，食事等の介護，機能訓練並びに看護及び療養上の管理その他の医療を要する者等について，これらの者が尊厳を保持し，その有する能力に応じ自立した日常生活を営むことができるよう，必要な保健医療サービス及び福祉サービスに係る給付を行うため，国民の共同連帯の理念に基づき介護保険制度を設け，その行う保険給付等に関して必要な事項を定め，もって国民の保健医療の向上及び福祉の増進を図ることを目的とする。

　この法律の規定や，制度そのものが議論された経過をふまえると，その理念は，以下の3つである。

　① 自立支援

　高齢者が要介護状態になっても，本人の有する能力に応じて，自立した日常生活を過ごせるように支援する。

　② 利用者本位（個人の尊厳）

　利用者本人の人権やプライバシーが守られるよう，また自己決定に基づきサービスが提供されるように工夫する。具体的には，利用者が適切な介護サービスを受けられるよう介護支援サービス（**ケアマネジメント**◆1）を導入し，サービスの利用にあたっては措置制度を改めて利用契約制に変更する。

　③ 社会連帯（社会保険方式）

　国民的課題である介護の問題を社会全体で支

◆1　ケアマネジメント
利用者の抱えるケアニーズを調整・援助するサービスで「対象者の社会生活上での複数のニーズを充足させるため適切な社会資源と結びつける手続きの総体」（白澤政和）の定義がある。
ケアマネジメントのプロセスには，以下がある（本書第5章第2節参照）。
①インテーク
②アセスメント
③ケアプランの作成
④ケアの実行
⑤モニタリング
⑥評価（終結）
介護保険制度においては，介護支援専門員がケアマネジメント（介護支援サービス）を行うこととされている。

第4章
介護保険制度のしくみ
第1節　介護保険の概要

えるようにして，将来的に財源の調達が安定的に確保できるよう，また被保険者が共同連帯の理念で公平に保険料を負担するようにするため社会保険方式を採用する。

介護保険制度のしくみと財源

介護保険制度のしくみの概要については，図4-1のとおりである。

被保険者◆2が介護保険サービスを利用するには，**保険者**◆3である市町村に要介護認定を申請しなければならない。市町村は，要介護認定調査を実施し，介護認定審査会の審査を経て認定通知を出す。認定通知を受理した被保険者は，ケアプラン作成の上でサービス事業者にサービス利用を申し込み，契約の上でサービス提供を受ける。サービスの利用を受けたら1月ごとに，利用料の1割をサービス事業者に支払い，残りの9割は事業者が国民健康保険団体連合会を通じて市町村に請求し，支払いを受ける。

介護保険の給付費（総費用から自己負担分を除いたもの）の財源構成は，公費（税金）50％，保険料50％で構成されている。公費の内訳は，国25％，都道府県・市町村がそれぞれ12.5％を負担している。ただし，施設等給付については，国20％，都道府県17.5％となっている。

保険料は，第1号被保険者，第2号被保険者の人口比に基づき設定されることになっているが，

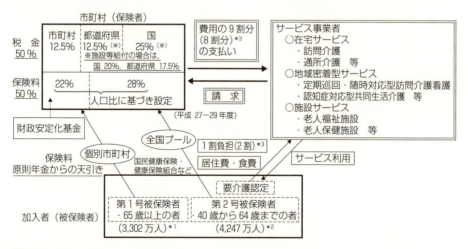

図4-1
介護保険制度のしくみ
注：＊1　第1号被保険者の数は，「平成25年度介護保険事業報告」によるものであり，平成26年度末現在の数である。
　　＊2　第2号被保険者の数は，社会保険診療報酬支払基金が介護給付費納付金額を確定するための医療保険者からの報告によるものであり，平成25年度内の月平均値である。
　　＊3　平成27年8月以降，一定以上所得者については，費用の8割分の支払いおよび2割負担である。
出所：厚生労働統計協会編（2017）『国民の福祉と介護の動向2017/2018』厚生労働統計協会，153頁。

平成27〜29年度は，第1号被保険者が22％を，第2号被保険者が28％を負担することになっている。

保険者・被保険者

介護保険制度の運営主体である保険者は，介護保険法第3条に「市町村及び特別区」と位置付けられており，介護保険に関して特別会計を設け，収入，支出について管理している。小規模な市町村においては，安定的な運営管理が難しくなることから，隣接市町村で広域連合として調整し特別地方公共団体となり保険者になることができる。

保険者には，主として下記の役割がある。

①介護保険事業計画の策定，②介護保険特別会計の管理，③第1号被保険者への保険料徴収，④被保険者の資格管理，⑤要介護認定の実施（介護認定審査会の設置），⑥地域包括支援センターの設置，⑦認定された被保険者への保険給付

介護保険は強制加入になっており，日本国内に

◆2 被保険者
保険に加入して保険料を納めている本人を被保険者といい，被保険者は当該保険の補償対象者となる。介護保険の場合，40歳以上の1人1人が介護保険に加入し被保険者となる。被保険者は，第1号被保険者が65歳以上の人，第2号被保険者が40歳以上65歳未満の人で，医療保険に加入している人のことを指す。

◆3 保険者
一般的に保険者とは，保険契約の当事者として，保険事故が発生した場合に保険金の支払いを行う者をいう。保険者は保険事業の運営にあたる。介護保険の場合，介護保険法に基づき市町村がその任にあたるが，基本的に給付金ではなく，介護サービスという現物給付に関する管理，運営にあたる。

表4-1
介護保険制度における被保険者・受給権者等（2015年度）

	第1号被保険者	第2号被保険者
対象者	65歳以上の者	40歳以上65歳未満の医療保険加入者
受給権者	・要介護者（寝たきりや認知症で介護が必要な者） ・要支援者（要介護状態となるおそれがあり日常生活に支援が必要なもの）	左のうち，初老期における認知症，脳血管疾患などの老化に起因する疾病（特定疾病）によるもの
保険料負担	所得段階別定額保険料（低所得者の負担軽減）	・健保：標準報酬×介護保険料率（事業主負担あり） ・国保：所得割，均等割等に按分（国庫負担あり）
賦課・徴収方法	年金額一定以上は特別徴収（年金天引），それ以外は普通徴収	医療保険者が医療保険料とともに徴収し，納付金として一括して納付

出所：図4-1と同じ。

第4章
介護保険制度のしくみ
第1節　介護保険の概要

表4-2
介護保険法で定める特定疾病（2006年4月〜）

特定疾病（16種類）
①　がん末期（医師が一般に認められている医学的知見に基づき回復の見込みがない状態に至ったと判断したものに限る）
②　関節リウマチ
③　筋萎縮性側索硬化症
④　後縦靱帯骨化症
⑤　骨折を伴う骨粗しょう症
⑥　初老期における認知症（アルツハイマー病，脳血管性認知症等）
⑦　進行性核上性麻痺，大脳皮質基底核変性症及びパーキンソン病
⑧　脊髄小脳変性症
⑨　脊柱管狭窄症
⑩　早老症（ウェルナー症候群等）
⑪　多系統萎縮症
⑫　糖尿病性神経障害，糖尿病性腎症及び糖尿病性網膜症
⑬　脳血管疾患
⑭　閉塞性動脈硬化症
⑮　慢性閉塞性肺疾患（肺気腫，慢性気管支炎等）
⑯　両側の膝関節または股関節に著しい変形を伴う変形性関節症

出所：表4-1と同じ。

居住する40歳以上の国民である。被保険者は65歳以上の第1号被保険者と40歳以上65歳未満の医療保険に加入している第2号被保険者に区分される（**表4-1**）。

第1号被保険者は，要介護認定を受け要介護状態または要支援状態と認定を受けた場合，第2号被保険者は老化に起因する特定疾病（**表4-2**）に罹患し，要介護状態または要支援状態となった場合に介護保険サービスを受けることができる。

なお，身体障害者療護施設の入所者等については，当分の間，被保険者から除外されている（介護保険法施行規則第170条）。

保険料（第1号被保険者の場合）

第1号被保険者の保険料の基準額は，住所地のある市町村の介護保険事業計画により算定される，1年間の介護給付の必要経費の22％相当額（平成27〜29年度の設定値）を，その市町村の第1号被保険者見込数で割った平均額から算出される。3年ごとに，介護保険事業計画とともに保険料の改定が行われ財政の均衡が保たれるよう調整されている。

各市町村により第1号被保険者の保険料基準額は異なる。第1号被保険者の保険料は，**表4-3**の所得に応じた保険料率が全国的に9段階で区分設定されている。ただし，各市町村の実情に応じ，各段階の基準額に対する割合を変更すること等の区分設定も可能となっている。

保険料の徴収方法は，特別徴収と普通徴収があり，特別徴収は，年額18万円以上の年金受給者を対象に，年金支給時に年金保険者が天引きし，保険者である市町村に納付する方法であり，普通徴収とは，年金が年額18万円未満の年金受給者もしくは無年金者を対象に，保険者が納付書を発行し，金融機関またはコンビニエンスストア等を通じて納付してもらう方法である。

表4-3
保険料の算定に関する基準（2015年度）

	対象者	保険料の設定方法
第1段階	生活保護被保護者 世帯全員が市町村民税非課税の老齢福祉年金受給者 世帯全員が市町村民税非課税かつ本人年金収入等80万円以下	基準額×0.45（公費による低所得者軽減により，基準額×0.45に軽減[*]
第2段階	世帯全員が市町村民税非課税かつ本人年金収入等80万円超120万円以下	基準額×0.75
第3段階	世帯全員が市町村民税非課税かつ本人年金収入120万円超	基準額×0.75
第4段階	本人が市町村民税非課税（世帯に課税者がいる）かつ本人年金収入等80万円以下	基準額×0.9
第5段階	本人が市町村民税非課税（世帯に課税者がいる）かつ本人年金収入等80万円超	基準額×1.0
第6段階	市町村民税課税かつ合計所得金額120万円未満	基準額×1.2
第7段階	市町村民税課税かつ合計所得金額120万円以上190万円未満	基準額×1.3
第8段階	市町村民税課税かつ合計所得金額190万円以上290万円未満	基準額×1.5
第9段階	市町村民税課税かつ合計所得金額290万円以上	基準額×1.7

注：＊具体的軽減幅は0.05以内で市町村が条例で規定。
出所：表4-1と同じ，162頁。

保険料（第2号被保険者の場合）

　第2号被保険者の保険料は，本人の加入する医療保険の種別ごとに医療保険料と合わせて，徴収されるしくみになっている。国民健康保険の場合は各市町村，被用者医療保険についても当該医療保険の独自の保険料算定ルールによって徴収される。

　医療保険者は，徴収した第2号被保険者保険料を，介護給付費・地域支援事業納付金として社会保険診療報酬支払基金の徴収に応じて納付し，支

第4章　介護保険制度のしくみ　73

第4章
介護保険制度のしくみ
第1節 介護保険の概要

払い基金はこれを市町村に対し介護給付費交付金，地域支援事業支援交付金として交付する。交付額は，各事業に必要な経費の28％相当額（平成27〜29年度の設定値）に調整されている。

介護保険事業計画等

介護保険は，3年を1期として運営されているが，その区切りごとに厚生労働大臣が以下①〜③の基本指針を示すことになっており，その指針に基づいて，市町村は市町村介護保険事業計画を，都道府県は都道府県介護保険事業支援計画を策定している。

① 介護給付等対象サービスを提供する体制の確保及び地域支援事業の実施に関する基本的事項

② 市町村介護保険事業計画で介護給付等対象サービスの種類ごとの量の見込みを定めるに当たって参酌すべき標準，その他当該市町村介護保険事業計画及び都道府県介護保険事業支援計画の作成に関する事項

③ その他介護保険事業に係る保険給付の円滑な実施を確保するために必要な事項

市町村介護保険事業計画

市町村は，上記の基本指針に即して，3年を1期とする当該市町村が行う介護保険事業に係る保険給付の円滑な実施に関する計画（以下「市町村介護保険事業計画」）を定める。

市町村介護保険事業計画においては，以下の事項を定めることになっている（介護保険法第117条）。

① 当該市町村が，その住民が日常生活を営んでいる地域として，地理的条件，人口，交通事情その他の社会的条件，介護給付等対象サービスを提供するための施設の整備の状況その他の条件を総合的に勘案して定める区域ごとの当該区域における各年度の認知症対応型共同生活介護，地域密着型特定施設入居者生活介護及び地域密着型介護老人福祉施設入所者生活介護に係る必要利用定員総数その他の介護給付等対象サービスの種類ごとの量の見込み

② 各年度における地域支援事業の量の見込み

③ 指定居宅サービスの事業，指定地域密着型サービスの事業又は指定居宅介護支援の事業を行う者相互間の連携の確保に関する事業その他の介護給付等対象サービス（介護給付に係るものに限る。）の円滑な提供を図るための事業に関する事項

④ 指定介護予防サービスの事業，指定地域密着型介護予防サービスの事業又は指定介護予防支援の事業を行う者相互間の連携の確保に関する事業その他の介護給付等対象サービス（予防給付に係るものに限る。）の円滑な提供及び地域支援事業の円滑な実施を図るための事業に関する事項

⑤ 認知症である被保険者の地域における自立した日常生活の支援に関する事項，居宅要介護被保険者及び居宅要支援被保険者に係る医療との連携に関する事項，高齢者の居住に係る施策と

の連携に関する事項その他の被保険者の地域における自立した日常生活の支援のため必要な事項

市町村介護保険事業計画は，当該市町村の区域における要介護者等の人数，要介護者等の介護給付等対象サービスの利用に関する意向その他の事情を勘案して作成されなければならない。また，老人福祉法に規定されている市町村老人福祉計画と一体的に作成されるものと位置付けられること，社会福祉法に規定されている市町村地域福祉計画やその他の法律の規定による計画とも調和が保たれたものでなければならないとされている。

都道府県介護保険事業支援計画

都道府県は，基本指針に即して，３年を１期とする介護保険事業に係る保険給付の円滑な実施の支援に関する計画（以下「都道府県介護保険事業支援計画」）を定める。

都道府県介護保険事業支援計画においては，以下の事項を定めることになっている（介護保険法第118条）。

①　都道府県介護保険事業支援計画においては，当該都道府県が定める区域ごとに当該区域における各年度の介護専用型特定施設入居者生活介護，地域密着型特定施設入居者生活介護及び地域密着型介護老人福祉施設入所者生活介護に係る必要利用定員総数，介護保険施設の種類ごとの必要入所定員総数その他の介護給付等対象サービスの量の見込みを定めるものとする。

②　介護保険施設その他の介護給付等対象サービスを提供するための施設における生活環境の改善を図るための事業に関する事項

③　介護サービス情報の公表に関する事項

④　介護支援専門員その他の介護給付等対象サービス及び地域支援事業に従事する者の確保又は資質の向上に資する事業に関する事項

⑤　介護保険施設相互間の連携の確保に関する事業その他の介護給付等対象サービスの円滑な提供を図るための事業に関する事項

都道府県介護保険事業支援計画は，老人福祉法に規定する都道府県老人福祉計画と一体のものとして作成されなければならない。さらに，都道府県介護保険事業支援計画は，医療法に規定する医療計画，社会福祉法に規定する都道府県地域福祉支援計画，高齢者の居住の安定確保に関する法律に規定する高齢者居住安定確保計画その他の法律の規定による計画に対して調和が保たれたものでなければならないと位置付けられている。

第2節 介護保険利用のプロセス

この節のテーマ
- 介護保険給付の手続きについて知ろう。
- 要介護認定の流れについて知ろう。

介護保険給付までの手続き

　介護保険の給付（サービス）が受けられるのは，第1号被保険者（65歳以上の者）は要介護認定を受け要介護状態または要支援状態と認定された場合で，第2号被保険者（40歳以上65歳未満の医療保険加入者）は，特定疾病（老化に起因する疾病）に該当する者でかつ要介護認定において要介護状態または要支援状態に認定された場合である。

　要介護状態とは，「身体上又は精神上の障害があるために，入浴，排せつ，食事等の日常生活における基本的な動作の全部又は一部について，厚生労働省令で定める期間にわたり継続して，常時介護を要すると見込まれる状態」（介護保険法第7条）で，最重度の要介護5から，比較的軽度の要介護1までの5段階がある。

　要支援状態とは，「身体上若しくは精神上の障害があるために，入浴，排せつ，食事等の日常生活における基本的な動作の全部若しくは一部について，厚生労働省令で定める期間にわたり継続して，常時介護を要する状態の軽減若しくは悪化の防止に特に資する支援を要すると見込まれ，又は身体上もしくは精神上の障害があるために厚生労働省令で定める期間にわたり継続して日常生活を営むのに支障があると見込まれる状態」を指す。要支援2と要支援1の2ランクがあり，要支援1が最軽度となっている。

　図4-2「介護サービス利用の手続き」のように，介護保険サービスを利用するには，市町村（保険者）の窓口で相談申請の上で要介護認定を受けることが前提になり，その結果，要介護もしくは要支援の判定を受けた者が，ケアプラン作成のもと介護給付，予防給付を受ける流れになる。また，非該当（要介護にも要支援にも該当しない）になった場合も地域支援事業を受けることが可能である。

要介護認定

　要介護認定を受けることが，介護保険サービスを受けるための前提になるが，そのためには，本人や家族（民生委員等の代行も可）が保険者である市町村に申請しなければならない（認定更新や区分変更申請も同様の手続き。ただし，地域包括支援センターでも受付している）。申請を受け付けた市町村は，認定調査員を申請者宅等へ派遣し訪問面接調査を行う。認定調査の内容については，**表4-4**のとおり74項目について行われる。

　記入された認定調査票は，コンピュータにデータ入力され，**表4-5**の要介護認定等基準時間をもとにした一次判定が行われる。

　要支援とは，生活機能が一部低下しているが，

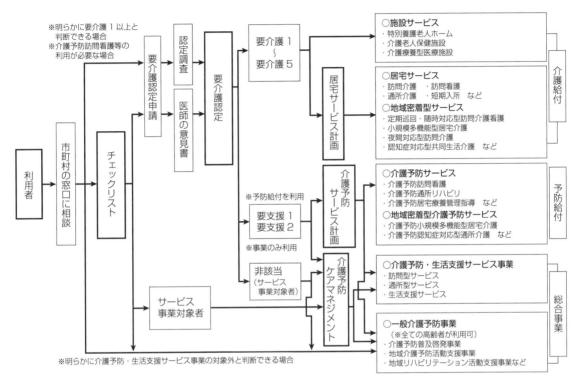

図4-2
介護サービス利用の手続き
出所：厚生労働省老健局振興課（2014）「介護予防・日常生活支援総合事業ガイドライン案（概要）」（http://www.mhlw.go.jp/file/05-Shingikai-12301000-Roukenkyoku-Soumuka/0000052668.pdf）（2016.1.6）。

表4-4
認定調査票の基本調査項目　74項目

項目	内容	質問数
認定アセスメント項目（62項目）	第1群　身体機能・起居動作	20項目
	第2群　生活機能	12項目
	第3群　認知機能	9項目
	第4群　精神・行動障害	15項目
	第5群　社会生活の適応	6項目
過去14日間に受けた特別な医療について（12項目）	処置内容	9項目
	特別な内容	3項目

出所：筆者作成。

第4章
介護保険制度のしくみ
第2節　介護保険利用のプロセス

表4-5
一次判定の状態像と要介護認定等基準時間

区分	状態	要介護認定等基準時間
自立	非該当	25分未満
要支援1	社会的な支援を要する状態	25分以上32分未満
要支援2		32分以上50分未満
要介護1	部分的な介護を要する状態	
要介護2	軽度な介護を要する状態	50分以上70分未満
要介護3	中等度の介護を要する状態	70分以上90分未満
要介護4	重度の介護を要する状態	90分以上110分未満
要介護5	最重度の介護を要する状態	110分以上

出所：図4-1と同じ，154頁，表4「要介護認定における一次判定」を修正。

介護予防サービスを利用すれば改善が見込まれる状態である。要介護1では，身辺ケアや見守り，立上り，歩行等で手助けが必要な状態である。要介護2とは食事，排泄等の身の回りの世話に見守り，手助けが必要な状態，要介護3とは，立ち上りが一人ではできず，入浴，排泄等の全般的な介助が必要な状態である。要介護4とは日常生活機能がかなり低下していて全面的な介護が必要な状態である。要介護5とは理解力や日常生活機能が著しく低下していて全面的な介護が必要な状態である。

　一次判定の後，保険者である市町村に設置されている介護認定審査会にて審議され二次判定を受けることになる。介護認定審査会は，医療，保健，福祉に関する学識経験者等から市町村長が任命するが，3～5名の合議体を構成して審査判定業務を行っている。審査にあたっては，コンピュ

ータによる一次判定を基本としながら，認定調査員の記入した認定調査票の特記事項，主治医の意見書の内容を検討し，最終の審査判定（二次判定）を行うことになる。また，介護認定審査会は，被保険者（要介護者）に対し要介護状態に対する留意点がある場合，利用するサービスに留意点がある場合などには，意見を付けることができる。

　介護認定審査会による審査判定結果通知を受けると，市町村は直ちに申請した被保険者に結果通知する。それは法令上，申請日から30日以内となっており，認定についても申請日にさかのぼり有効となる。このことから，申請者は認定結果が出ていなくてもサービス利用を控える必要はなく，申請後からすぐに介護保険サービスを受けることができるしくみになっている。

　新規の要介護認定については，市町村（公的責任）による認定調査が前提になるが，更新や区分

変更申請が出た際の認定調査の場合，介護支援専門員（担当ケアマネジャー）に委託できることになっている。

　要介護認定の有効期間は6か月が原則となっているが，介護認定審査会の意見により3〜5か月間にすることができる。また，更新や区分変更の場合で要介護から要支援または要支援から要介護に変更になり，市町村が特に認める場合は，3〜12か月間の範囲で期間を定めることが可能になった。さらに，更新の場合は，原則として12か月間を原則としているが，介護認定審査会の意見により3〜11か月間の設定や，要介護から要介護の更新継続であれば上限24か月間まで延長できるようになっている。

間違いやすい用語

「介護認定審査会」と「介護保険審査会」

介護認定審査会は，申請者（被保険者）が介護保険の給付を受けるのが適当かどうか，また，その範囲を審査・判定する機関である。一方，介護保険審査会は都道府県が設置している，要介護・要支援認定の結果や保険料の決定等の処分について不服がある場合の専門の第三者の審査請求機関である。

第3節 給付手続きと利用者負担

この節のテーマ
- サービス利用手続きの概要について知ろう。
- 介護給付と予防給付の違いについて知ろう。

サービス利用の手続き

　介護保険においては，要介護認定を受け要支援または要介護と認定された利用者は，自らの意思に基づき利用サービスを選択し，自己決定することができる。自ら居宅サービス計画（ケアプラン）を作成してサービスを調整・利用することもできる（これをセルフケアプランという）が，一般的に利用者は，居宅介護支援事業者に依頼して，自ら受けたいサービスの内容を介護支援専門員（ケアマネジャー）に相談し，居宅サービス計画（ケアプラン）を立ててもらい，利用するサービスを調整してもらうことになる。
　施設入所を希望する利用者の場合は，施設の介護支援専門員（ケアマネジャー）により施設サービス計画（ケアプラン）が立案され，介護予防サービスの場合は，地域包括支援センターにより介護予防サービス計画（介護予防ケアプラン）が作成される。

介護給付と予防給付

　介護給付は，介護が必要と認められた者（要介護者），予防給付は，支援が必要と認められた者（要支援者）に給付される介護保険の保険給付である。介護給付の対象者は要介護1～要介護5，予防給付の対象者は要支援1および要支援2と認定された者である。それぞれに給付が可能なサービスは，**表4-6**「サービス等の種類」のとおりである。
　介護給付は，14種類，予防給付については，12種類がある（**表4-7**）。要介護状態が軽度の者が対象になるため施設サービス費はない。給付の流れは，それぞれ介護予防サービス費は居宅介護サービス費，介護予防支援は居宅介護支援と同じであり，地域密着型サービス費も同様である。
　介護保険の給付は，現物給付（介護サービス）であり，要支援・要介護状態区分に応じて，1か月の支給基準限度額が設定されている。

利用者負担

　居宅介護サービス費は，原則それぞれのサービスに設定された基準額の9割が支給される。ただし一定以上の所得のある利用者は2割負担となる場合もある（2015年7月より）。基準額は，指定居宅サービスごとの介護給付費単位数表の単位数に，地域・サービス区分の単価を乗じた額を算定する。居宅介護サービス費は保険者からサービス提供事業者に対して直接9割が支払われる。サービスを受けた利用者はサービス事業者に対して1割分を負担する（法定代理受領方式による現物給付）。

表4-6
サービス等の種類（2017年4月）

	予防給付におけるサービス	介護給付におけるサービス
都道府県が指定・監督を行うサービス	● **介護予防サービス** 【訪問サービス】 ・介護予防訪問入浴介護 ・介護予防訪問看護 ・介護予防訪問リハビリテーション ・介護予防居宅療養管理指導 【通所サービス】 ・介護予防通所リハビリテーション 【短期入所サービス】 ・介護予防短期入所生活介護 ・介護予防短期入所療養介護 ・介護予防特定施設入居者生活介護 ・介護予防福祉用具貸与 ・特定介護予防福祉用具販売	● **居宅サービス** 【訪問サービス】 ・訪問介護 ・訪問入浴介護 ・訪問看護 ・訪問リハビリテーション ・居宅療養管理指導 【通所サービス】 ・通所介護 ・通所リハビリテーション 【短期入所サービス】 ・短期入所生活介護 ・短期入所療養介護 ・特定施設入居者生活介護 ・福祉用具貸与 ・特定福祉用具販売 ● **居宅介護支援** ● **施設サービス** ・介護老人福祉施設 ・介護老人保健施設 ・介護療養型医療施設
市区町村が指定・監督を行うサービス	● **介護予防支援** ● **地域密着型介護予防サービス** ・介護予防小規模多機能型居宅介護 ・介護予防認知症対応型通所介護 ・介護予防認知症対応型共同生活介護（グループホーム）	● **地域密着型サービス** ・定期巡回・随時対応型訪問介護看護 ・小規模多機能型居宅介護 ・夜間対応型訪問介護 ・認知症対応型通所介護 ・認知症対応型共同生活介護（グループホーム） ・地域密着型特定施設入居者生活介護 ・地域密着型介護老人福祉施設入所者生活介護 ・看護小規模多機能型居宅介護 ・地域密着型通所介護
その他	・住宅改修	・住宅改修

市村町が実施する事業	● 地域支援事業 ・介護予防・日常生活支援総合事業 (1)介護予防・生活支援サービス事業 　訪問型サービス，通所型サービス，生活支援サービス，介護予防ケアマネジメント	(2)一般介護予防事業 　介護予防把握事業，介護予防普及啓発事業，地域介護予防活動支援事業，一般介護予防事業評価事業，地域リハビリテーション活動支援事業
	・包括的支援事業（地域包括支援センターの運営） 総合相談支援業務，権利擁護業務，包括的・継続的ケアマネジメント支援業務	・包括的支援事業（社会保障充実分） ・在宅医療，介護連携推進事業 ・生活支援体制整備事業 ・認知症総合支援事業 ・地域ケア会議推進事業
	・任意事業	

出所：図4-1と同じ，154頁。

第4章
介護保険制度のしくみ
第3節　給付手続きと利用者負担

表4-7
予防給付と介護給付

予防給付	介護給付
1　介護予防サービス費の支給	1　居宅介護サービス費の支給
2　特例介護予防サービス費の支給	2　特例居宅介護サービス費の支給
3　地域密着型介護予防サービス費の支給	3　地域密着型介護サービス費の支給
4　特例地域密着型介護予防サービス費の支給	4　特例地域密着型介護サービス費の支給
5　介護予防福祉用具購入費の支給	5　居宅介護福祉用具購入費の支給
6　介護予防住宅改修費の支給	6　居宅介護住宅改修費の支給
	7　居宅介護サービス計画費の支給
7　介護予防サービス計画費の支給	8　特例居宅介護サービス計画費の支給
	9　施設介護サービス費の支給
8　特例介護予防サービス計画費の支給	10　特例施設介護サービス費の支給
9　高額介護予防サービス費の支給	11　高額介護サービス費の支給
9-2　高額医療合算介護予防サービス費の支給	11-2　高額医療合算介護サービス費の支給
10　特定入所者介護予防サービス費の支給	12　特定入所者介護サービス費の支給
11　特例特定入所者介護予防サービス費の支給	13　特例特定入所者介護サービス費の支給

出所：筆者作成。

　また居宅サービスについては，要介護度により区分支給限度基準額が設定してある（**表4-8**）。サービスの利用が限度額を超えた場合は，限度額を超えた分の額は全額（10割）利用者の負担になる。ただし，福祉用具の購入の場合は1人あたり年10万円を上限とし，住宅改修は通常1家屋につき20万円を上限とする（→第5章第3節参照）。

　居宅介護サービス計画費（ケアプラン作成料）については，基準額全額が支給され，利用者の負担は課せられない。

　施設介護サービス費については，対象は介護保険施設である3種類の施設（介護老人福祉施設，介護老人保健施設，介護療養型医療施設）であり，給付費は保険者から施設に対して施設サービスごとの基準額の9割が支払われる。サービスを受

けた利用者は施設に1割の利用料を支払う。居宅サービスと同様に**法定代理受領方式**による現物給付となっている。なお，施設入所者の居住費，食費は保険の対象外であり，利用者の負担となっている。この居住費と食費の利用者負担の費用設定については，利用者と施設の契約により定められる。

　地域密着型介護サービス費については，居宅介護サービス費，施設介護サービス費と同様の内容・手続きで給付が行われている。

高額介護サービス費

　要介護状態の程度から多くのサービスを受け，1割負担が高額負担になる場合，利用者負担に上

表4-8
居宅サービスにおける区分支給限度基準額

区分に含まれるサービスの種類	限度額の管理期間	区分支給限度基準額	
訪問介護，訪問入浴介護 訪問看護，訪問リハビリ 通所介護，通所リハビリ 短期入所生活介護 短期入所療養介護 福祉用具貸与 介護予防サービス	1か月 （暦月単位）	要支援1 要支援2 要介護1 要介護2 要介護3 要介護4 要介護5	5,003単位 10,473単位 16,692単位 19,916単位 26,931単位 30,806単位 36,065単位

注：1　1単位は10〜11.26円（地域やサービスにより異なる）（「厚生労働大臣が定める1
　　　　単位の単価」（平成12.2.10厚告22））。
　　　2　経過的要介護は6,150単位である。
出所：図4-1と同じ，157頁。

表4-9
高額介護サービス費の自己負担限度額（1か月）

対象者		自己負担額
• 生活保護受給者 • 世帯全員が住民税非課税で老齢福祉年金受給者		15,000円
• 世帯全員が住民税非課税	• 本人の所得金額＋年金収入が80万円以下の者	15,000円
	• 上記以外の者	24,600円
• 住民税課税世帯の者		44,400円

注：住民税課税世帯の者のうち，課税所得145万円以上（ただし，同一世帯内の第1号被保
　　険者の収入が，1人のみの場合383万円，2人以上の場合520万円に満たない場合は，除
　　外）の者は，平成27（'15）年8月から，自己負担限度額が44,400円となった。
出所：図4-1と同じ，158頁。

限額が設定されており，**表4-9**のように支払能力
に応じて基準が定められ高額介護サービス費が
支給される。

◆1　法定代理受領方式
保険者がサービスを利用した被保険者（利用者）に代わって，サービス提供事業者にサービスに要した費用を支払うことにより，被保険者に保険給付を行ったとみなす方式をいう。このことにより，被保険者（利用者）は，最初から1割の費用負担で済むことになる。

第4節 介護報酬

この節のテーマ
- 介護報酬について知ろう。
- 介護報酬請求の流れについて知ろう。

介護報酬とは

　介護報酬とは，介護保険サービスを提供する事業者が利用者（要介護者または要支援者）に介護サービスを提供した場合に，対価として事業者に支払われるサービス費用である。介護報酬は，サービスごとに設定されており，各サービスの基本的なサービス提供に係る費用に加えて，各事業所のサービス提供体制や利用者の状況等に応じて加算・減算されるしくみになっている。

　なお，介護報酬は，3年ごとに見直されているが，介護保険法上，厚生労働大臣が社会保障審議会（介護給付費分科会）の意見を聴取し定めることになっている。

　また，介護報酬は図4-3のとおり，保険者が**国民健康保険団体連合会（国保連）**を通じて，事業者に対してその9割を直接支払うが，残りの1割はサービスを受給した利用者から利用料として徴収することになっている。2019（平成27）年8月以降，一定以上の所得者については，費用の8割分の支払い及び2割負担となった。さらに，平成30年8月以降は，3割負担も導入される予定となっている。

介護給付費単位数表

　サービスに要する費用の額を算定するために，指定居宅サービス介護給付費単位数表，指定居宅介護支援介護給付費単位数表，指定施設サービス介護給付費単位数表がある。

　介護給付費単位数表の単位数の1単位は単価10円であるが，サービス提供事業所の所在地（地域加算），またはサービスの種類，事業所の加算減算の届け出状況により，最終的なサービス提供事業所への支払内容は変わってくる。

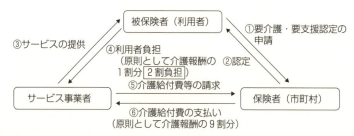

図4-3
介護報酬支払いの流れ
出所：厚生労働省。

Close up 1

介護職員処遇改善加算について

介護従事者の離職率が高く，人材確保が困難な情勢を受けて，2008（平成20）年に，「介護従事者等の人材確保のための介護従事者等の処遇改善に関する法律」が成立し，平成21年度の介護報酬改定に反映された。介護職員処遇改善交付金は，介護職員1人あたり月額約1万5千円を介護報酬に上乗せするもので，事業所としては事前申請が必要で，介護職員を長期的に確保・定着させるため，キャリアパス制度（能力，資格，経験等に応じて処遇する）等を義務付けた。この制度は時限措置であったため，国は2012（平成24）年度からは，介護報酬改定に合わせ，介護職員処遇改善加算として同レベルの処遇内容で移行させた。なお，介護職員処遇改善加算という名称からもわかるように，対象は介護職に限られ，看護職や介護支援専門員，事務職，管理者等は該当しない。

◆1　国民健康保険団体連合会（国保連）

国保連は国民健康保険法に基づき各都道府県に1か所設置されている公法人で，国民健康保険等に係る診療報酬等の審査支払業務をはじめ，国保被保険者に対する保険事業，広報事業等，また介護保険法に基づく介護給付費の審査支払業務及び保険者支援業務並びに苦情処理業務等を担っている。

Check

空欄をうめなさい。

介護予防訪問介護の介護報酬の算定は（①　　）単位の（②　　　）制で，訪問回数によって3段階に区分されている。

答：①月，②定額
（第21回社会福祉士国家試験問題15より）

第4章　介護保険制度のしくみ　85

第5節 介護予防

この節のテーマ
- 介護予防の主旨とその内容について知ろう。
- 介護予防が重視されるようになった経過について知ろう。

介護予防とは

　厚生労働省が発表した介護予防マニュアル（改訂版：平成24年3月）によると、介護予防とは「要介護状態の発生をできる限り防ぐ（遅らせる）こと、そして要介護状態にあってもその悪化をできる限り防ぐこと、さらには軽減を目指すこと」と定義されている。

　介護保険法第4条（国民の努力及び義務）では、「国民は、自ら要介護状態となることを予防するため、加齢に伴って生ずる心身の変化を自覚して常に健康の保持増進に努めるとともに、要介護状態となった場合においても、進んでリハビリテーションその他の適切な保健医療サービス及び福祉サービスを利用することにより、その有する能力の維持向上に努めるものとする」と規定されている。

　介護予防では、利用者ができる限り住み慣れた地域において、自立した生活が続けられるような支援が必要である。具体的な取り組みとして、運動機能の向上や栄養状態の改善、口腔機能向上、閉じこもり予防、認知機能低下予防、うつ予防等あるが、個々の高齢者等が自らの生きがいや自己実現を見出していけるような、側面的な援助も必要である。とりわけ、介護予防ケアマネジメントが重要であり、高齢者等の生活機能の向上に対する意欲を促し、サービス利用後の生活をわかりやすくイメージしてもらうことが大切である。

介護予防という考え方の誕生

　介護予防という考え方が示されたのは、厚生労働省が、介護保険制度施行後3年で設置した「高齢者介護研究会」により、「2015年の高齢者介護」においてである。内容を見ると、その当時の課題として、①要介護認定者の増加・軽度者の増加、②在宅サービスの脆弱性、③居住型サービスの伸び、④施設サービスでの個別ケアへの取り組み、⑤ケアマネジメントの質の問題、⑥認知症ケアモデルの必要性等が指摘され、今後「尊厳を支えるケアの確立」が求められるとして、以下4つの方向性を示している。

① 介護予防・リハビリテーションの充実
② 生活の継続性を維持するための新しい介護サービス体系
- 在宅で365日・24時間の安心を提供する
- 新しい住まい
- 高齢者の在宅生活を支える施設の新たな役割
- 地域包括ケアシステムの確立
③ 新しいケアモデルの確立
- 認知症高齢者ケア
④ サービスの質の確保と向上

特に要介護状態になることを予防することが高齢者本人，家族のためにもまた介護保険財政のためにも求められるようになった。

さらにもう一つ，介護予防の考え方に大きな影響を与えたものとして，2004（平成18）年の高齢者リハビリテーション研究会の「高齢者リハビリテーションのあるべき方向」がある。

これらの報告書の内容を踏まえつつ「介護予防」は，2005（平成17）年の制度改正に反映された。厚生労働省は，予防重視型システムに転換する必要性を打ち出し，中でも介護保険の理念である自立支援を徹底する意味から介護予防について大きなサービス再編を行った。

空欄をうめなさい。

平成（　）年の介護保険法の改正において，介護予防マネジメント事業，総合相談・支援事業及び包括的・継続的マネジメント事業等を実施する施設として，地域包括支援センターが新たに設置された。

答：17

● 2017（平成29）年度改正のポイント

2017年6月，地域包括ケアシステムのさらなる推進，高齢者の自立支援および要介護状態の重度化防止，地域共生社会の実現，制度の持続可能性の確保のために，「地域包括ケアシステムの強化のための介護保険法等の一部を改正する法律」（地域包括ケア強化法）が成立した。本法案は，介護保険法をはじめとして，老人福祉法，医療法，高齢者虐待防止法など，計31本の法改正を束ねるものであるが，これにより介護保険制度においては主に以下の項目が改正されることになった。

- 一定所得以上の高齢者への3割負担の導入（平成30年8月施行）
- 介護療養病床の受け皿である「介護医療院」の創設（介護療養病床は平成30年3月末廃止）
- 被用者保険の介護納付金への総報酬割の導入（平成29年8月より段階的に開始）
- 共生型サービスの創設（平成29年度現在，運営基準等協議中）
- 高齢者の自立支援・重度化予防に向けた保険者機能の強化とインセンティブの付与（自立支援や介護予防について成果をあげている市町村・都道府県を評価し，達成状況により交付金が増加される）

第6節 地域支援事業

この節のテーマ
- 地域支援事業の概要について知ろう。
- 地域包括支援センターの位置づけと役割について知ろう。

地域支援事業とは

地域支援事業は，地域の高齢者が要支援・要介護状態にならないように介護予防の取り組みを推進するのと同時に，各地域の包括的支援・継続的マネジメント機能の強化の視点から2005（平成17）年に制定された（施行は18年度から）。当初は各市町村は，介護予防事業と包括的支援事業の取り組みが義務化され，その他，任意事業との3種類で構成されていた。その後介護保険法の2011（平成23）年改正で，各市町村の判断で実施する介護予防・日常生活支援総合事業が加わった。

そして2014（平成26）年の同法改正で，今までの介護予防給付（要支援1，2）での給付も一部含む，新しい「介護予防・日常生活支援総合事業」を中心に大幅に編成し直された。新しい地域支援事業は，居宅要支援被保険者等に対し，2017（平成29）年4月までに全ての市町村で行う，と定められた。それまでの間は市町村により新旧の事業構成が混在する。新旧事業の構成は，**図4-4**の通りである。

改正後の地域支援事業は，介護予防・日常生活支援総合事業（新しい総合事業），包括的支援事業，任意事業の3つで構成される。以下各事業の内容を説明していく。⁽¹⁾

介護予防・日常生活支援総合事業（新しい総合事業）

2011（平成23）年の介護保険法改正で，地域支援事業に新しく加わったが，2014（平成26年の同法改正で，その位置づけが大きく変わった。①介護予防・生活支援サービス事業，②一般介護予防事業の2つで構成される（**図4-5**）。

① 介護予防・生活支援サービス事業

対象者は，2014年介護保険改正前の，要支援（1，2）に相当する者（要支援認定を受けた者と，「基本チェックリスト該当者」）。事業は以下4つある。

- 訪問型サービス：要支援者等に対し，掃除，洗濯等の日常生活上の支援を提供。
- 通所型サービス：要支援者等に対し，機能訓練や集いの場など日常生活上の支援を提供。
- 生活支援サービス：要支援者に対し，栄養改善を目的とした配食や一人暮らし高齢者等への見守り等を提供。
- 介護予防支援事業（ケアマネジメント）：要支援者等に対し，総合事業によるサービス等が適切に提供できるようケアマネジメントする。

② 一般介護予防事業

対象者は，第1号被保険者の全ての者および，その支援のための活動に関わる者。事業は以下5

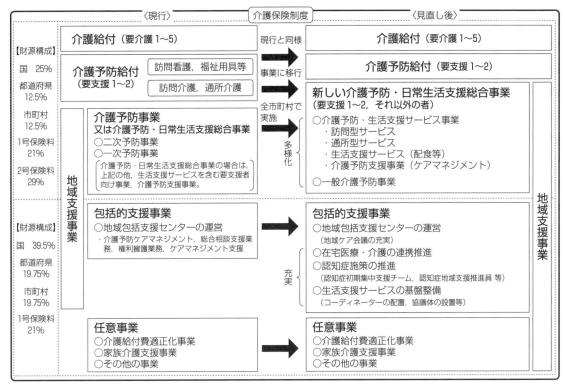

図4-4 地域支援事業の構成
出所：図4-2と同じ，一部加筆。

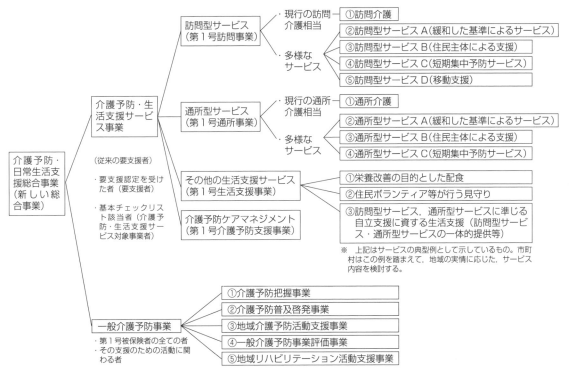

図4-5 介護予防・日常生活支援総合事業（新しい総合事業）の構成
出所：図4-2と同じ。

第4章
介護保険制度のしくみ
第6節　地域支援事業

つある。

- 介護予防把握事業：収集した情報等の活用により，閉じこもり等の何らかの支援を要する者を把握し，介護予防活動へつなげる。
- 介護予防普及啓発事業：介護予防活動の普及・啓発を行う。
- 地域介護予防活動支援事業：住民主体の介護予防活動の育成・支援を行う。
- 一般介護予防事業評価事業：介護保険事業計画に定める目標値の達成状況等を検証し，一般介護予防事業の評価を行う。
- 地域リハビリテーション活動支援事業：介護予防の取組を機能強化するため，通所，訪問，地域ケア会議，住民主体の通いの場等へのリハビリ専門職等による助言等を実施。

包括的支援事業

①　地域包括支援センターの運営
- 介護予防ケアマネジメント：アセスメント，目標の設定，事業評価等。
- 総合相談支援業務：地域の高齢者の実態把握，介護以外の生活支援サービスとの調整等。
- 権利擁護業務：虐待の防止、権利擁護のために必要な支援等。
- 包括的・継続的ケアマネジメント支援業務：支援困難事例に関する介護支援専門員への助言，地域の介護支援専門員のネットワークづくり等。
- 地域ケア会議の推進：地域包括支援センター等において，多職種協働による個別事例の検討等を行い，地域のネットワーク構築，ケアマネ

ジメント支援，地域課題の把握等を推進する。

②　在宅医療・介護連携の推進
③　認知症施策の推進
- 認知症初期集中支援チーム：個別の訪問支援。
- 認知症地域支援推進員：専任の連携支援・相談等。

④　生活支援サービスの体制整備
- 生活支援コーディネーター（地域支え合い推進員）の配置。
- 協議体の設置等。

任意事業

①　介護給付費費用適正化事業
真に必要なサービス提供の検証，制度趣旨や良質な事業展開のための情報提供等。

②　家族介護支援事業
家族介護教室，認知症高齢者見守り事業，家族介護継続支援事業等。

③　その他の事業
成年後見制度利用支援事業，福祉用具・住宅改修支援事業，地域自立生活支援事業等。

地域包括支援センター

地域包括支援センター（**図4-6**）は，「地域住民の心身の健康の保持及び生活の安定のために必要な援助を行うことにより，その保健医療の向上及び福祉の推進を包括的に支援することを目的とする。」（介護保険法第115条の46第1項）として，市町村がその設置責任者となり適切に関与す

90　第Ⅱ部　高齢者に対する制度とサービス

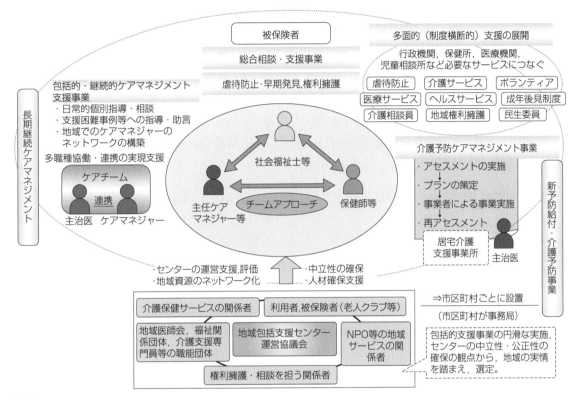

図4-6
地域包括支援センター(地域包括ケアシステム)のイメージ
出所:図4-1と同じ,159頁。

ることが位置付けられている。

　センターの職員体制は,保健師(または地域ケアの経験のある看護師),主任介護支援専門員,社会福祉士の3つの専門職から構成される。

　地域包括支援センターは公正・中立な立場から,以下4つの基本機能を持つ。[2]

- 共通的支援基盤構築
- 総合相談支援権利擁護
- 包括的・継続的ケアマネジメント支援
- 介護予防ケアマネジメント

注　(1) 厚生労働省老健局振興課 (2014)「介護予防・日常生活支援総合事業ガイドライン案(概要)」(http://www.mhlw.go.jp/file/05-Shingikai-12301000-Roukenkyoku-Soumuka/0000052668.pdf)(2016.1.6)。
　　(2) 厚生労働統計協会編(2015)『国民の福祉と介護の動向2015/2016』160頁。

第7節 苦情対応・サービスの質確保のためのしくみ

この節のテーマ
- 苦情対応の主旨と内容について知ろう。
- 苦情対応のしくみとながれについて知ろう。
- サービスの質の確保のためのしくみについて知ろう。

苦情対応の目的

　介護保険法は，介護保険の保険給付にあたって，利用者の選択に基づき，適切な保健医療サービスおよび福祉サービスが総合的かつ効率的に提供されることを基本理念としている。この理念のもと，利用者は提供された介護サービスに不満がある場合は，苦情を申し立てることができその苦情に対応することは以下の2つの目的をもつ。

　① 権利擁護

　介護保険制度のもとでは，「措置」（行政が与える）から「契約」（利用者が自ら選ぶ）へとサービス提供のしくみが転換し，利用者とサービス事業者が対等の立場になった。利用者等からの苦情を受け付けるための窓口設置が義務化され，苦情がある場合の対応がスムーズになった。しかし，一般的に利用者は得られる情報量が少なく，サービス事業者に比べ圧倒的に弱い立場に置かれるため，苦情処理には，利用者が介護サービスを適切に利用できるように，権利を擁護する重要な役割がある。

　② 介護サービスの質の維持・向上

　介護保険への移行に伴い，サービスの利用はサービス事業者と利用者の契約により成り立つこととなったが，一方，サービスの質については，一定の水準が確保されている必要がある。サービス事業者は，利用者等からの苦情を，サービス改善のきっかけとして有効活用し，サービスの質の維持・向上に活かすことが求められている。このように，苦情処理にはサービスの「質」のチェック機能としての役割がある。

苦情対応のしくみ

　介護保険では，サービス等についての苦情を処理するしくみが位置付けられており，サービス事業者，居宅介護支援事業者，市町村，地域包括支援センター，国保連合会等が利用者からの苦情への対応を行っている（図4-7）。

　① 事業者

　(1)介護サービス事業者　介護サービスを提供する事業者は，提供した介護サービスに係る利用者及びその家族からの苦情に迅速かつ適切に対応するために，苦情を受け付けるための窓口を設置する等の必要な措置を講じなければならない。

　また，利用者およびその家族からの苦情に関して区市町村・国保連が行う調査に協力し，指導および助言を受けた場合には，これに従って必要な改善を行い，さらに求めがあった場合には，その改善内容を報告しなければならない（平成11年厚

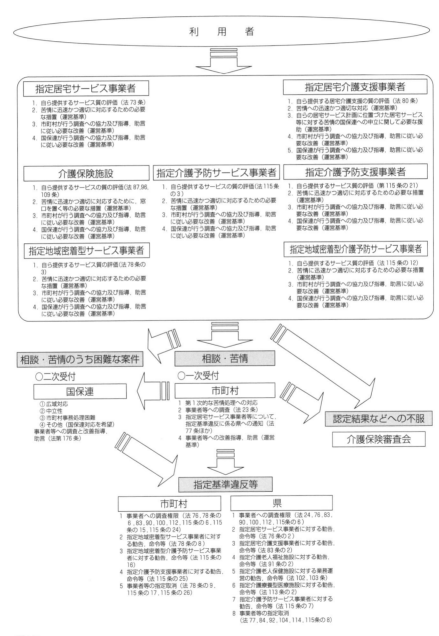

図4-7
苦情処理に関する各関係機関の役割と権限（法的位置付け）
出所：山梨県（2012）「介護保険サービス相談苦情対応要領（平成20年度2月版）」9頁。

第4章 介護保険制度のしくみ | 93

第4章
介護保険制度のしくみ
第7節 苦情対応・サービスの質確保のためのしくみ

生省令第37号第36条他)。

(2)居宅介護支援事業者 居宅介護支援事業者は,自ら提供した居宅介護支援又は自らが居宅サービス計画に位置付けた指定居宅サービス等に対する利用者およびその家族からの苦情に迅速かつ適切に対応しなければならない。また,居宅サービス計画に位置付けた,指定居宅サービス等に対する苦情の国保連への申立に関して,利用者に対し必要な援助を行わなければならない(平成11年厚生省令第38号第26条)。

② 区市町村

区市町村は,最も身近な苦情相談の窓口であるとともに,事業者に対する調査,指導助言を行う(介護保険法第23条,平成11年厚生省令第37号第36条他)。

③ 地域包括支援センター

地域包括支援センターは,地域における高齢者の身近な総合相談窓口として位置付けられている。利用者から介護サービスに関する苦情があった場合,介護保険制度及び苦情対応のしくみの説明を行い,必要に応じて市区町村等へ情報提供するなど,関係機関と連携して解決を図る役割を担う。

④ 国保連(国民健康保険団体連合会)

介護サービス等の質の向上に関する調査並びに指定事業者等に対する必要な指導及び助言(苦情処理業務)を行う(介護保険法第176条,平成11年厚生省令第37号第36条他)。

⑤ 都道府県

都道府県は,事業者指定・報告聴取等の事業者に対する指導権限を有しており,場合によっては指定取消などの処分を行う(介護保険法第24, 70, 75, 77, 78, 92条他)。

▌サービスの質確保のためのしくみ

① 介護サービス情報の公表

介護保険法の改正により,2006(平成18)年4月から設けられた制度で,利用者が適切・円滑にサービスの利用機会を確保できるよう,介護サービスや事業所・施設を比較・検討して適切に選ぶための情報を都道府県が提供するしくみである。これらの情報は,各都道府県による指定情報公表センターによる「介護サービス情報公表システム」を使うことで,インターネットでいつでも誰でも気軽に情報を入手することができる。

なお,2011(平成23)年の介護保険法改正により,介護事業者の負担を軽減する観点から年1回の調査義務を廃止し,都道府県知事が必要と認める場合に調査を行えるこことしている。

② 運営適正化委員会

運営適正化委員会は,2000(平成12)年4月介護保険制度が導入された同年6月に社会福祉法の改正により,福祉サービスに関する利用者の苦情について適切に解決し利用者の権利を擁護する目的で,都道府県の社会福祉協議会に設置された。具体的な機能としては,福祉サービスの利用者が,事業者とのトラブルを自力で解決できないとき,専門知識を備えた委員が中立な立場から解決に向けた仲介や,「福祉サービス利用援助事業(地域福祉権利擁護事業)」で,サービスや利用者の財産管理が適切に運営されているかを調査し,

助言・勧告をする。委員会の構成は，社会福祉，法律または医療に関し学識経験を有する専門家で構成されている。

③　国民健康保険団体連合会（国保連）

国保連は，国民健康保険法の第83条に基づき，会員である保険者（市町村及び国保組合）が共同して，国保事業の目的を達成するために必要な事業を行うことを目的にして設立された公法人である。国保連の業務内容は，国民健康保険等に係る診療報酬等の公正・適正な審査支払業務等幅広く，その役割も多岐にわたっている。介護保険についても介護保険請求に関する審査と支払い事務等担っており，苦情処理の機能も併せ持っている。国保連の苦情処理については，利用者やその家族から提出される介護保険サービスに関する苦情申立書に基づき，公正・中立な立場で介護サービスを提供した事業者（施設）を調査し，その結果改善が必要と認められた場合は，当該介護サービス事業者（施設）に対して指導や助言を行い，介護サービスの改善・質の向上を求めるというものである。

④　介護保険審査会

介護保険審査会は，要介護・要支援認定の結果や保険料の決定等の処分について不服がある場合の専門の第三者の審査請求機関として，都道府県が設置している。審査会は，行政不服審査法に基づく審査を行う地方自治法上の都道府県の附属機関と位置付けられており，その構成は，被保険者代表委員，市町村代表委員，公益代表委員からなり，また審査請求された案件によって，審理や裁決を行う合議体が異なる。

なお，審査請求できる人は原則として処分（決定）を受けた被保険者本人で，審査請求は処分（決定）が通知された日の翌日から数えて60日以内に行うことが必要である。

Check

空欄をうめなさい。

運営適正化委員会は，（　　　　　）に設置される。

答：都道府県社会福祉協議会

結城康博『日本の介護システム――政策決定過程と現場ニーズの分析』岩波書店, 2011年
2000年から導入された介護保険制度に関して, その創設時から現在に至るまでの日本の介護システムを多角的に分析し, 現在の介護保険が抱える問題点を浮き彫りにしている。

厚生労働統計協会編『国民の福祉と介護の動向』各年版
本書は, 介護保険の最新資料に基づき介護の動向だけでなく, 社会保障全体の動向も網羅しており, 統計も多種多様なデータがちりばめられており, 非常に読み進めやすい内容になっている。国の介護の動向を知る必携の一冊である。

問：介護保険制度創設の背景と理念について述べなさい。

ヒント：創設の背景については, 介護問題が深刻になった社会的要因について考えてみよう。介護保険の理念については, 介護保険法第1条にその内容が明記されている。

第 **5** 章

介護保険サービス利用
の実際

本章で学ぶこと

- ●介護保険制度で給付される居宅サービス，施設サービス，地域
  密着型サービスの具体的な内容を学習する
- ●介護支援専門員の業務内容とそのあり方について理解する

第 1 節 介護保険で提供されるサービスの種類

この節のテーマ

● 介護保険サービスの概要について知ろう。
● 介護保険サービスの種類と具体的な内容について知ろう。

介護保険法における給付サービスには、居宅サービス、施設サービス、地域密着型サービスがある。

居宅サービス

介護保険法における居宅サービスは、「訪問サービス」である訪問介護（ホームヘルプサービス），訪問入浴介護，訪問看護，訪問リハビリテーション，居宅療養管理指導，「通所サービス」である通所介護（デイサービス），通所リハビリテーション（デイケア），「短期入所サービス」である短期入所生活介護（ショートステイ），短期入所療養介護（ショートステイ），「その他サービス」である特定施設入所者生活介護，福祉用具貸与，特定福祉用具販売，住宅改修，居宅介護支援を指す。具体的なサービスの内容については，**表5-1**「介護保険制度における居宅サービス等」のとおりである。

施設サービス

介護保険法における施設サービス（「介護保険施設」）には，**表5-2**「介護保険制度における施設サービス」のとおり，指定介護老人福祉施設，介護老人保健施設及び，指定介護療養型医療施設の3種類がある。介護療養病床は2017年度末に廃止

され，2023年度までに「介護医療院」などに移行する。

施設サービスの利用にあたっては，要介護状態（要介護度1～5）の者が対象になる。ただし，指定介護老人福祉施設の新規入所者は，原則要介護3以上とされている。なお，介護保険施設の人員及び基準の違いについては**表5-3**「介護保険施設の比較」のとおりである。

地域密着型サービス

地域密着型サービスは，認知症高齢者，独居高齢者の増加をふまえ，要介護状態になっても高齢者が住み慣れた地域での生活が継続できることを目的として，2005年の介護保険法改正により新規に創設されたサービスである。市町村が事業者を指定し指導，監督するしくみになっており，地域の実情を反映して計画的に整備することが可能である。具体的には，**表5-4**「介護保険制度における地域密着型サービス」のとおり8種類のサービスがある。

表5-1
介護保険制度における居宅サービス等

サービスの種類	サービスの内容
訪問介護 （ホームヘルプサービス）	ホームヘルパーが要介護者の居宅を訪問して，入浴，排せつ，食事等の介護，調理・洗濯・掃除等の家事，生活等に関する相談，助言その他の必要な日常生活の世話を行う
訪問入浴介護	入浴車等により居宅を訪問して浴槽を提供して入浴の介護を行う
訪問看護	病状が安定期にあり，訪問看護を要すると主治医が認めた要介護者について，病院，診療所または訪問看護ステーションの看護師等が居宅を訪問して療養上の世話または必要な診療の補助を行う
訪問リハビリテーション	病状が安定期にあり，計画的な医学的管理の下におけるリハビリテーションを要すると主治医等が認めた要介護者等について，病院，診療所または介護老人保健施設の理学療法士または作業療法士が居宅を訪問して，心身の機能の維持回復を図り，日常生活の自立を助けるために必要なリハビリテーションを行う
居宅療養管理指導	病院，診療所または薬局の医師，歯科医師，薬剤師等が，通院が困難な要介護者について，居宅を訪問して，心身の状況や環境等を把握し，それらを踏まえて療養上の管理および指導を行う
通所介護 （デイサービス）	老人デイサービスセンター等において，入浴，排せつ，食事等の介護，生活等に関する相談，助言，健康状態の確認その他の必要な日常生活の世話および機能訓練を行う
通所リハビリテーション （デイ・ケア）	病状が安定期にあり，計画的な医学的管理の下におけるリハビリテーションを要すると主治医等が認めた要介護者等について，介護老人保健施設，病院または診療所において，心身の機能の維持回復を図り，日常生活の自立を助けるために必要なリハビリテーションを行う
短期入所生活介護 （ショートステイ）	老人短期入所施設，特別養護老人ホーム等に短期間入所し，その施設で，入浴，排せつ，食事等の介護その他の日常生活上の世話および機能訓練を行う
短期入所療養介護 （ショートステイ）	病状が安定期にあり，ショートステイを必要としている要介護者等について，介護老人保健施設，介護療養型医療施設等に短期間入所し，その施設で，看護，医学的管理下における介護，機能訓練その他必要な医療や日常生活上の世話を行う
特定施設入居者生活介護 （有料老人ホーム）	有料老人ホームや軽費老人ホーム等に入所している要介護者等について，その施設で特定施設サービス計画に基づき，入浴，排せつ，食事等の介護，生活等に関する相談，助言等の日常生活上の世話，機能訓練および療養上の世話を行う
福祉用具貸与	在宅の要介護者等について福祉用具の貸与を行う
特定福祉用具販売	福祉用具のうち，入浴や排せつのための福祉用具その他の厚生労働大臣が定める福祉用具の販売を行う
居宅介護住宅改修費 （住宅改修）	手すりの取付けなど他の厚生労働大臣が定める種類の住宅改修費の支給
居宅介護支援	在宅の要介護者等が在宅介護サービスを適切に利用できるよう，その者の依頼を受けて，その心身の状況，環境，本人及び家族の希望等を勘案し，利用するサービス等の種類，内容，担当者，本人の健康上・生活上の問題点，解決すべき課題，在宅サービスの目標およびその達成時期等を定めた計画（居宅サービス計画）を作成し，その計画に基づくサービス提供が確保されるよう，事業者等との連絡調整等の便宜の提供を行う。介護保険施設に入所が必要な場合は，施設への紹介等を行う

出所：厚生労働統計協会編（2017）『国民の福祉と介護の動向2017/2018』155頁。

第5章
介護保険サービス利用の実際

第1節　介護保険で提供されるサービスの種類

表5-2
介護保険制度における施設サービス

施設の種類	サービスの内容
介護老人福祉施設 （特別養護老人ホーム）	要介護者に対して，施設サービス計画に基づいて，入浴，排せつ，食事等の日常生活上の世話，機能訓練，健康管理及び療養上の世話を行う
介護老人保健施設 （老人保健施設）	要介護者に対して，施設サービス計画に基づいて，看護，医学的管理下における介護及び機能訓練，その他必要な医療や日常生活上の世話を行う
介護療養型医療施設	要介護者に対して，施設サービス計画に基づいて，療養上の管理，看護，医学的管理下における介護等の世話及び機能訓練，その他必要な医療を行う
介護医療院	主として長期にわたり療養が必要である要介護者に対し，療養上の管理，看護，医学的管理の下における介護および機能訓練その他必要な医療ならびに日常生活上の世話を行う

表5-3
介護保険施設の比較

		介護療養病床	介護医療院		介護老人保健施設	特別養護 老人ホーム
			Ⅰ　型	Ⅱ　型		
概　要		療養病床を有する病院・診療所であって，長期療養を必要とする要介護者に対し，医学的管理の下における介護その他の世話，必要な医療等を提供するもの	要介護高齢者の長期療養・生活施設		要介護者にリハビリ等を提供し，在宅復帰を目指す施設	要介護者のための生活施設
設置根拠		医療法 （病院・診療所）	医療法（医療提供施設）		介護保険法 （介護老人保健施設）	老人福祉法 （老人福祉施設）
			介護保険法（介護医療院）			
配置	医　師	48対1 （3名以上）	医師：48対1 （3名以上）	医師：100対1 （1名以上）	100対1 （常勤1名以上）	健康管理および療養上の指導のための必要な数
	看護職員	6対1 （うち看護師2割以上）	看護職員：6対1 （うち看護師 2割以上）	看護職員：6対1	3対1 （うち看護職員を 2／7程度を基準）	3対1
	介護職員	6対1～4対1 （療養機能強化型では 5対1～4対1）	介護職員： 5対1～4対1	介護職員： 6対1～4対1		
面　積		6.4m²以上	8.0m²以上		8.0m²以上	10.65m²以上
設置期限		平成35年度末	―	―	―	―

注：多床室の場合でも，家具やパーテーション等による間仕切りの設置など，プライバシーに配慮した療養環境の整備を検討。大規模改修まで6.4m²以上で可。

出所：厚生労働統計協会（2019）『国民の福祉と介護の動向』171頁。

表5-4
介護保険制度における地域密着型サービス

サービスの種類	サービスの内容
定期巡回・随時対応型訪問介護看護	重度者を始めとした要介護高齢者の在宅介護を支えるため，日中・夜間を通じて，訪問介護と訪問看護が密接に連携しながら，短時間の定期巡回型訪問と随時の対応を行う
小規模多機能型居宅介護*	要介護者に対し，居宅またはサービスの拠点において，家庭的な環境と地域住民との交流の下で，入浴，排せつ，食事等の介護その他の日常生活上の世話および機能訓練を行う
夜間対応型訪問介護	居宅の要介護者に対し，夜間において，定期的な巡回訪問や通報により利用者の居宅を訪問し，排せつの介護，日常生活上の緊急時の対応を行う
認知症対応型通所介護*	居宅の認知症要介護者に，介護職員，看護職員等が特別養護老人ホームまたは老人デイサービスセンターにおいて，入浴，排せつ，食事等の介護その他の日常生活上の世話および機能訓練を行う
認知症対応型共同生活介護*（グループホーム）	認知症の要介護者に対し，共同生活を営むべく住居において，家庭的な環境と地域住民との交流の下で，入浴，排せつ，食事等の介護その他の日常生活上の世話および機能訓練を行う
地域密着型特定施設入居者生活介護	入所・入居を要する要介護者に対し，小規模型（定員30人未満）の施設において，地域密着型特定施設サービス計画に基づき，入浴，排せつ，食事等の介護その他の日常生活上の世話，機能訓練および療養上の世話を行う
地域密着型介護老人福祉施設入居者生活介護	入所・入居を要する要介護者に対し，小規模型（定員30人未満）の施設において，地域密着型施設サービス計画に基づき，可能な限り，居宅における生活への復帰を念頭に置いて，入浴，排せつ，食事等の介護その他の日常生活上の世話および機能訓練，健康管理，療養上の世話を行う
看護小規模多機能型居宅介護	医療ニーズの高い利用者の状況に応じたサービスの組み合わせにより，地域における多様な療養支援をおこなう
地域密着型通所介護	老人デイサービスセンター等において，入浴，排せつ，食事等の介護，生活等に関する相談，助言，健康状態の確認その他の必要な日常生活の世話および機能訓練を行う（通所介護事業所のうち，事業所の利用定員が19人未満の事業所。原則として，事業所所在の市町村の住民のみ利用）

注：「看護小規模多機能型居宅介護」は，従来，「複合型サービス」と称していたが，平成27年度介護報酬改定において名称が変更された。
*のついているサービスは予防給付の対象となる。
出所：表5-1と同じ，156頁。

第2節 介護支援専門員とケアマネジメント

この節のテーマ
- ケアマネジメントの過程について知ろう。
- 介護支援専門員の位置付けと業務内容について知ろう。
- 介護支援専門員の倫理について知ろう。

ケアマネジメントとは

　介護保険制度では，社会保険方式が採用され，利用者となる高齢者自身がサービスを選択し，自立した生活を継続することができるように体系化が図られている。中でも，利用者の自立支援のための利用者本位のサービス提供を実現できるようケアマネジメント（居宅支援サービス）が位置付けられている。

　ケアマネジメントは，利用者のニーズや心身の状態をふまえた総合的な援助方針の下に，利用者にとって必要なサービスを介護サービス計画（ケアプラン）に基づき提供していく援助手法である。

　介護保険制度においては，介護支援専門員（ケアマネジャー）が，ケアマネジメントを進める役割を担い高齢者の相談にあたっているが，ケアマネジャーに依頼しなくても自分自身で介護サー

表5-5
ケアマネジメントの過程

過程	内容	実務
①インテーク	ケース発見後の受理面接を行い，適切な相談窓口，契約を検討・調整する段階	ケースの発見，相談・面接，要介護認定，契約
②アセスメント	利用者の心身状況や社会関係等を詳しく調査し，利用者のニーズを課題分析する段階	訪問調査，課題分析（利用者のニーズ把握）
③ケアプラン作成	課題分析されたニーズを適切なサービスや支援で解決できるよう計画案を作成し，担当する利用者本人・家族，サービス担当者等に確認し計画を確定する段階	居宅サービス計画（原案）の作成，サービス担当者会議，居宅サービス計画確定
④ケアの実行	利用者本人の自己決定のもとサービス事業者によるサービス提供が実施される段階	サービス提供事業者によるサービス提供及び相談・調整
⑤モニタリング	ケアプランにもとづいて提供されているサービスが円滑かつ効果的に行われているか点検・確認する段階	サービス実施状況の把握，利用者の状態把握
⑥評価（終結）	モニタリングの状況から再アセスメントを行いサービスの見直しが必要か評価する段階（施設入所や病院への長期入院，死去の場合は終結となる）	評価，サービスの見直し等

出所：筆者作成。

ビス計画（ケアプラン）を作成することも可能である。

ケアマネジメントの過程は，①インテーク，②アセスメント，③ケアプラン作成，④ケアの実行，⑤モニタリング，⑥評価（終結）となるが，その内容と介護支援専門員（ケアマネジャー）の業務の流れについては**表5-5**のようになる。

居宅介護支援及び
介護支援専門員の位置付けと業務内容

居宅介護支援について，介護保険法では，要介護者の依頼を受けて以下のことを行うことを規定している（第8条第21項抜粋）。
- その置かれている環境・その心身の状況
- 当該要介護者等及びその家族の希望等を勘案し，
- 利用する指定居宅サービス等の種類及び内容について，
- 居宅サービス計画の作成を行い，
- 居宅サービス計画に基づく指定居宅サービス等の提供が確保されるよう，
- 連絡調整その他便宜の提供を行い，
- 施設入所を要する場合は，施設の紹介その他便宜を提供することをいう。

また，介護支援専門員（ケアマネジャー）の業務について，介護保険法では以下のとおり示されている（第69条の34第1項抜粋）。
- 担当する要介護者等の人格を尊重し，
- 常に要介護等の立場に立って，
- 提供される居宅サービス，地域密着型サービス

第5章
介護保険サービス利用の実際
第2節　介護支援専門員とケアマネジメント

表5-6
ケアマネジャー業務の流れ

ケアマネジャー（介護給付）	過　程	利　用　者
1　インテーク　介護保険制度の説明 2　契約　利用者と居宅介護支援契約の締結 3　申請代行（認定申請書・認定調査連絡票・居宅サービス計画作成届出・かかりつけ医意見書依頼）・介護保険資格者証を必要に応じて手渡し	申　請 ↓ 調　査 ↓ 審　査 ↓	1　相談⇒居宅介護支援事業所の選択 2　居宅介護支援契約の締結 3　介護保険代行申請・訪問調査 　※緊急度，必要度が高ければ暫定ケアプランによりサービスを利用する
4　アセスメント 　ニーズ把握・かかりつけ医と連絡調整	認　定	4　要介護認定通知の受理 　（区分支給限度額決定）
5　ケアプラン原案作成と利用者への提示・調整 　サービス提供事業者と事前調整 6　サービス担当者会議 　利用者及び関係機関担当者とケアプラン確認 　ケアプランの交付 　①利用者等へケアプラン説明し同意を得て交付 　②サービス提供事業者へケアプランを交付	ケアプラン原案の作成 ↓ サービス担当者会議 ↓ ケアプラン確定 ↓	5　ケアプランをケアマネジャーと相談 　サービス選択 6　サービス担当者会議への参加 　①ケアプランの受理 　②サービス事業所との契約
7　相談・調整 　サービスの管理・調整〜モニタリング（サービス評価と見直し）→毎月実施 　※必要に応じ，ケアプランの修正，区分変更等の手続きをおこなう	サービスの実施 モニタリング ↓	7　サービス利用開始 　必要に応じて担当ケアマネジャーに相談
8　サービス実績の管理 　サービス提供事業者に実績確認 　※翌月のサービス利用（提供）票・別表の作成と交付	実績管理 ↓	8　—
9　給付管理票の作成→国保連へ報告	給付管理 ↓ 利用料精算	9　— 10　各サービス提供事業者に利用料支払い
必要に応じて（事象が生じた場合に）対応 ・住宅改修　・福祉用具購入 ・入退院時の相談 ・緊急ショートステイ利用の相談 ・苦情・クレーム対応 ・行政への報告と対応依頼 ・事故発生時の情報提供の対応 ・地域包括支援センターとの連携	要介護認定の更新 包括移管の手続き 入所関連手続き 事業所の変更（転居など）	・高額介護サービス費の事務手続き ・介護保険負担限度額認定申請 ・家族介護用品の申請 ・緊急通報システム ・日常生活用具の給付申請 ・配食サービス ・徘徊高齢者安心サービス　等

出所：京都福祉サービス協会（2012）『ケアマネジャー業務マニュアル　2012年度版』。

104 │ 第Ⅱ部　高齢者に対する制度とサービス

（予防を含む），施設サービス等が特定の事業者もしくは施設に不当に偏ることがないよう，
・公正かつ誠実にその業務を行わなければならない。

介護支援専門員（ケアマネジャー）業務の具体的な流れは**表5-6**のとおりである。

介護支援専門員の基本姿勢と倫理

省令[1]「指定居宅介護支援等の事業の人員及び運営に関する基準1条の2」に，指定居宅介護支援の基本方針について，以下のとおり示されている。

① 要介護状態になった場合においても，その利用者が可能な限りその居宅において，その有する能力に応じ自立した生活が営めるよう配慮して行わなければならない。

② 事業は，利用者の心身の状況，その置かれている環境等に応じて，利用者の選択に基づき，適切な保険医療サービス及び福祉サービスが，多様な事業者から，総合的かつ効率的に提供されるよう配慮して行わなければならない。

③ 指定居宅介護支援の提供に当たっては，利用者の意思及び人格を尊重し，常に利用者の立場に立って，利用者に提供されるサービスが特定の種類又は特定の事業者に不当に偏することがないよう，公正中立に行わなければならない。

④ 事業の運営に当たっては，市町村，地域包括支援センター，老人介護支援センター，他の指定居宅介護支援，指定介護予防支援事業者，介護保険施設等との連携に努めなければならない。

これらから，①利用者の自立支援，②利用者の

◆1 **省令**
省令とは，各省（行政）の大臣が制定する当該省の命令のこと。各省大臣の名で公布される。内閣が定めるものを政令というが，優先順位は「法律」「政令」「省令」「通達」の順になる。

Close up

介護支援専門員は都道府県に届け出をして登録を行うことが必要である。その際，有効期間5年の「介護支援専門員証」を交付され，その有効期間は申請により更新することができる。ただし，更新のためには有効期間内に更新研修を受講するか，有効期間の満了後に「再研修」を受講する必要がある。実務従事者になると，5年間の間に，実務従事者基礎研修（就業後1年未満），更新研修（専門研修課程Ⅰ…就業後6か月以上，専門研修課程Ⅱ…就業後3年以上）を受講しなければならない。また，実務5年以上になると主任介護支援専門員研修というスーパーバイザークラスをめざす研修も受講が可能になる。

第5章 介護保険サービス利用の実際 | 105

第5章
介護保険サービス利用の実際
第2節　介護支援専門員とケアマネジメント

資料5-1
介護支援専門員倫理綱領

日本介護支援専門員協会
平成19年3月25日採択

介護支援専門員　倫理綱領

前　文

私たち介護支援専門員は，介護保険法に基づいて，利用者の自立した日常生活を支援する専門職です。よって，私たち介護支援専門員は，その知識・技能と倫理性の向上が，利用者はもちろん社会全体の利益に密接に関連していることを認識し，本倫理綱領を制定し，これを遵守することを誓約します。

条　文

（自立支援）

1．私たち介護支援専門員は，個人の尊厳の保持を旨とし，利用者の基本的人権を擁護し，その有する能力に応じ，自立した日常生活を営むことができるよう，利用者本位の立場から支援していきます。

（利用者の権利擁護）

2．私たち介護支援専門員は，常に最善の方法を用いて，利用者の利益と権利を擁護していきます。

（専門的知識と技術の向上）

3．私たち介護支援専門員は，常に専門的知識・技術の向上に努めることにより，介護支援サービスの質を高め，自己の提供した介護支援サービスについて，常に専門職としての責任を負います。また，他の介護支援専門員やその他専門職と知識や経験の交流を行い，支援方法の改善と専門性の向上を図ります。

（公正・中立な立場の堅持）

4．私たち介護支援専門員は，利用者の利益を最優先に活動を行い，所属する事業所・施設の利益に偏ることなく，公正・中立な立場を堅持します。

（社会的信頼の確立）

5．私たち介護支援専門員は，提供する介護支援サービスが，利用者の生活に深い関わりを持つものであることに鑑み，その果たす重要な役割を自覚し，常に社会の信頼を得られるよう努力します。

（秘密保持）

6．私たち介護支援専門員は，正当な理由なしに，その業務に関し知り得た利用者や関係者の秘密を漏らさぬことを厳守します。

（法令遵守）

7．私たち介護支援専門員は，介護保険法及び関係諸法令・通知を遵守します。

（説明責任）

8．私たち介護支援専門員は，専門職として，介護保険制度の動向及び自己の作成した介護支援計画に基づいて提供された保健・医療・福祉のサービスについて，利用者に適切な方法・わかりやすい表現を用いて，説明する責任を負います。

（苦情への対応）

9．私たち介護支援専門員は，利用者や関係者の意見・要望そして苦情を真摯に受け止め，適切かつ迅速にその再発防止及び改善を行います。

（他の専門職との連携）

10．私たち介護支援専門員は，介護支援サービスを提供するにあたり，利用者の意向を尊重し，保健医療サービス及び福祉サービスその他関連するサービスとの有機的な連携を図るよう創意工夫を行い，当該介護支援サービスを総合的に提供します。

（地域包括ケアの推進）

11．私たち介護支援専門員は，利用者が地域社会の一員として地域での暮らしができるよう支援し，利用者の生活課題が地域において解決できるよう，他の専門職及び地域住民との協働を行い，よって地域包括ケアを推進します。

（より良い社会づくりへの貢献）

12．私たち介護支援専門員は，介護保険制度の要として，介護支援サービスの質を高めるための推進に尽力し，より良い社会づくりに貢献します。

選択，③公正中立，④包括ケア，のキーワードが導き出せる。介護支援専門員（ケアマネジャー）が利用者に関わる際に，常に留意しておかなければならない専門職としての責任であり基本姿勢である。

ケアマネジャーは，その業務内容の過程で利用者の生活・生命・人生・生き方に深く関わるがゆえに，専門職として遵守すべき倫理がある。**資料5-1**「介護支援専門員倫理綱領」は，日本介護支援専門員会が定めたものである。

間違いやすい用語

「介護支援専門員」と「相談支援専門員」

介護保険制度でケアマネジメントを担うのは介護支援専門員であるが，相談支援専門員は，障害者総合支援法でケアマネジメントを担う職種である。

ちなみに，介護保険サービスである訪問介護は，障害者総合支援法では居宅介護となっている。どちらもホームヘルプサービスのことであるが，法律用語としては，位置付けがわかるよう区別されている。

第3節 事例から学ぶサービス利用

この節のテーマ

- サービス利用のプロセスを事例をとおして理解しよう。
- 在宅の週間サービス計画表について把握しよう。
- 介護保険で利用できる福祉用具について学ぼう。
- 介護保険で利用できる住宅改修について知ろう。

ある高齢者の例

Ａさん（84歳女性）は，3か月前に自宅で脳梗塞で倒れたため近くの市民病院に緊急入院，手術をした。腰痛もあり，自分で歩行できる状態に戻るには時間がかかったが，1か月後に回復期リハビリテーション病院に転院し，リハビリ訓練を続けてきたことで，何とか自宅へ戻れる見通しが立つ状態まで回復した（**表5-7**）。

Ａさんは商店街の中の自宅で夫と二人暮らしである。以前は主婦業の傍ら夫が営む自転車店を手伝っていた。10数年程前に閉店してからは年金暮らしである。以前から家事や買い物は夫がしてくれており，本人は手伝う程度である。夫も足腰が弱ってきており，日常の生活をするのが精一杯で，Ａさんの介護をできる状態ではない。電車で30分程離れた地区に住む長男が月に数回は来訪してくれているが，企業の役員としての仕事が忙しく，日常の介護を手伝える状況ではない。夫は昔から真面目で几帳面な性格であり，Ａさんの入院中の訓練などにも自分の主張を通す一面もあった。このためＡさんは夫の過干渉にストレスも感じている。

今回，Ａさんも夫も退院後の生活について不安を感じていたため，入院中の病院で医療相談室に相談したところ，介護保険のサービスを利用すること等を勧められた。退院後に介護保険のサービスがスムーズに受けられるよう，あらかじめ要介護認定を受ける手続きを行い訪問調査を受けた。また，居宅介護支援事業所についても紹介をしてもらった。

退院の見通しが立った頃に，Ａさんは夫とともに自宅へ一時外出をし，介護支援専門員（ケアマネジャー）と退院後のサービス調整について相談をした。

ケアプランの作成

ケアマネジャーは，Ａさん自身の意向や心身の状態，夫の介護負担，住宅の状況，地域との関係性の継続等を考慮しながら，退院後のサービスの必要性について**表5-8**のような提案をした。

Ａさんは，室内の伝い歩きが何とか可能な状態であるが，つかまる場所が少ないため，必要な場所に手すりを設置する。移動に必要な福祉用具のレンタル，購入を検討する。動作時の疲労があることや，その他の既往歴などから，定期的な受診が必要であるが，通院は困難なため当分の間，往診による健康管理が適当と思われる。入浴は一部

表5-7
A さんの状態

要介護状態	要介護2
現病・既往歴	脳梗塞後遺症　右片不全麻痺 高血圧症　変形性腰椎症　乳癌術後
退院時のADL等	食事：自立。準備は夫が行うことができる。 排泄：見守り。トイレまでの廊下に25cm程の段差があり，移動は手すりにつかまる。 入浴：一部介助。洗身の一部と，浴槽の跨ぎは介助が必要。 移乗：手すりや家具建具につかまり伝い歩き。 移動：室内は伝い歩き可能。 　　　股関節の可動域制限と，すり足ぎみに歩くため不安定。 　　　腰痛もあり，長距離の歩行や屋外歩行は困難。 意思疎通：可能であるが，時々思い違いなどがある。 認知症の有無：問題なし。年齢相応の物忘れは時々ある程度。 趣味や好きなこと：若いころに洋裁をしていた。商店街の婦人会では友人も多く，月に2回，手芸サークルで人形作り等を楽しんでいた。 性格：穏やかで温厚，面倒見が良い。 家屋：持家2階建て。2階はほとんど使用していない。1階の道路に面した部屋は店舗スペースであったため，物置になっている。1階の奥が居住スペースで，トイレ，風呂もすべて1階にある。以前から家具調のベッドを使用している。

表5-8　週間サービス計画表（案）

	月	火	水	木	金	土	日
早朝							
午前		通所介護 （入浴・レクリエーション他）		訪問看護 （入浴・全身状態の観察など）		通所介護 （入浴・レクリエーション他）	
午後	往診（1/2w）						
夜間							
深夜							
週単位以外のサービス	婦人会のサークル（第2・第4水曜の午後，婦人会Tさんの自家用車で行く） 福祉用具貸与（歩行器・設置型手すり（ベッド横）），福祉用具購入（入浴用椅子・浴槽用手すり・浴槽内椅子）						

※その他　住宅改修…手すり（廊下・トイレ・浴室）

介助が必要だが，夫が手伝う体力はないため，サービスを導入する。入院前に通っていた婦人会の手芸サークルは，自宅から徒歩で行くことは難しくなったが，同じサークル仲間のTさんが自家用車で一緒に行ってくれることになった。

ケアマネジャーは，以上のようなサービスの活用で，Aさんが，退院時の身体機能の維持・向上をめざすことができ，以前からの友人との交流や趣味活動を楽しめる生活を再開できるという提案をした。また，このケアプランの実施により，

第5章　介護保険サービス利用の実際　109

第5章
介護保険サービス利用の実際
第3節　事例から学ぶサービス利用

表5-9　福祉用具貸与（レンタル）の対象品目

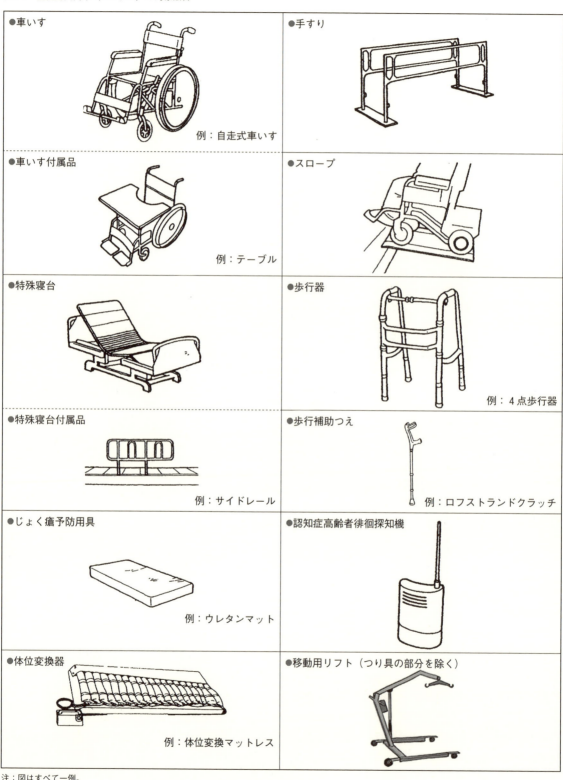

注：図はすべて一例。

表5-10 福祉用具購入の対象品目

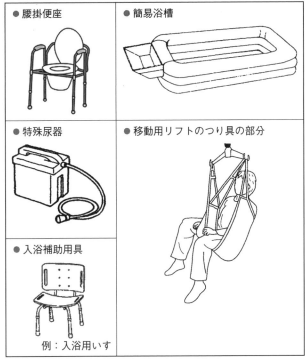

注：図は一例。

表5-11 介護保険でできる住宅改修

①手すりの取付け
②段差の解消（＊）
③滑りの防止及び移動の円滑化等のための床又は通路面の材料の変更（＊）
④引き戸等への扉の取替え
⑤洋式便器等への便器の取替え
⑥その他前各号の住宅改修に付帯して必要となる住宅改修

注：＊は，法施行当初は，屋外における段差解消，床材の変更及び手すりの取付けなどの工事については，玄関ポーチの工事を除き，住宅改修費の支給対象としていなかったが，告示改正により，2000（平成12）年12月以降，玄関から道路までの（建物と一体ではない）屋外での工事も住宅改修の支給が可能となった。

出所：厚生労働省「介護保険における住宅改修」厚生労働省ホームページ。

Aさんの機能が維持，改善できることやAさんが外出の機会を作り楽しむこと自体が，夫の負担感の軽減につながるということも説明をした。

あらかじめAさんと夫は，このような計画案にそって，費用面についてもケアマネジャーと相談し，毎月の自己負担額がどれくらいになるのかを確認した。福祉用具はカタログを見ながら，ケアマネジャーのアドバイスを受けて，候補をいくつかに絞り込み，サービス担当者会議に合わせて見本を持って来てもらうことにした。福祉用具は，実際に風呂場などに設置して，使い方や注意事項を事業者から聞くことができるということもわかった（表5-9，表5-10）。廊下やトイレなどの手すりの取り付けは，退院までに工事を完了してもらえるとわかり，安心した（表5-11）。

ケアプラン作成後

その後，関係者が集まり，サービス担当者会議を開きケアプランを確定した。サービス担当者会議では，通所介護事業所から，利用時に身体を動かすプログラムを多く取り入れることで，自宅内での移動・移乗動作が少しでも楽になるようにという提案も出された。Aさんは初めて介護保険サービスを利用する不安について，それぞれの事業所の担当者から具体的な説明を聞くことで，安心することができた。また，入院前に通っていた商店街の婦人会に，以前と同じように参加できることがわかり，再び友人と会えることもとても楽しみにしている。

このように，ケアマネジャーは，具体的なサービスの提案だけではなく，ケアプランの実施を通してどのような生活ができるのかという目標を明確に伝え，本人と共有する必要がある。また，介護保険サービスの活用だけでなく，インフォーマルなサービスや地域の資源を取り入れることで，Aさんの暮らしが地域や社会との関係性の継続を図れるような視点も重要である。

東京都福祉保健財団『介護支援専門員養成研修教本〈基礎編〉』2012年
2012年の法改正を踏まえ，また，国の大きな方向である地域包括ケアシステムを前提にして，その中でのケアマネジャーの位置付けと役割をわかりやすく示している。約500ページのボリュームで，豊富な資料集もあり，研修教本ではあるが，ケアマネジャー業務の手引き・ノウハウともなる内容が満載である。

日本社会福祉士会編『改訂 地域包括支援センターのソーシャルワーク実践』
　中央法規出版，2012年
本書は，地域包括支援センターに勤務する社会福祉士の業務のあり方をベースに編集・構成されている。総合相談のあり方，ネットワーク構築，権利擁護，高齢者虐待の予防と対応法等，地域包括支援センターに求められる業務がソーシャルワーク実践の観点でまとめられている。

 第5章

問：ケアマネジメントの過程について，簡潔に説明しなさい。

　ヒント：介護保険サービスを受ける利用者が，要介護認定を受けてサービスを受けるまでの介護支援専門員の関わり方について説明する。手続きに関わるキーワード（専門用語）を活用すること。

第 **6** 章

高齢期を支える環境づくり

本章で学ぶこと

● 福祉用具は,高齢者の生活を支える重要な道具であることを知る：第1節

● 住環境は,高齢者の生活を支える基盤であることを知る：第2節

● 住宅改修に関する制度,高齢者向けの施設の種類と内容を知る：第2節

● 福祉のまちづくりを支える法制度と事例を知る：第3節

● ユニバーサルデザインの概念と事例を知る：第3節

第1節 日常生活動作を支える道具

この節のテーマ

- 福祉用具関係施策の歴史を知ろう。
- 福祉用具は，高齢者の生活を支える重要かつ有効な道具であることを知ろう。
- 福祉用具の制度と供給システムを把握しよう。
- 福祉用具専門相談員について知ろう。

福祉用具関係施策の歴史

日本における福祉用具は，1950年の身体障害者福祉法において，身体機能の代行・補完を目的とした「補装具」の給付が始まったことで確立された。補装具とは，「身体の欠損又は損なわれた身体機能を補完・代替する用具」と定義され，義肢，杖，車椅子，補聴器，重度障害者用意思伝達装置などを含む。1969年からは，「老人日常生活給付等事業」「重度身体障害者日常生活用具給付等事業」「重度障害児・者日常生活用具給付等事業」により，車椅子や特殊寝台などの給付・貸与が行われてきた。その後，1981年の国際障害者年を契機に，国は民間事業者に対して，福祉用具の研究開発や普及への参入を積極的に進めてきた。

1993年には「福祉用具の研究開発及び普及の促進に関する法律（福祉用具法）」が制定され，福祉用具は「心身の機能が低下し日常生活を営むのに支障のある老人又は心身障害者の日常生活上の便宜を図るための用具及びこれらの者の機能訓練のための用具並びに補装具」と定義された。2000年には，介護保険制度において福祉用具貸与・購入サービスが始まり，福祉用具は高齢者にとって生活を支える身近な道具となった。

福祉用具は高齢者の生活を支える重要かつ有効な道具

福祉用具は，利用者の生活活動を楽にし，自立できる範囲を広げ，安全な生活を続けるための道具である。また，介護する人の介護負担を軽減し，安全な介護を行うための道具である。要介護認定を受けた高齢者は，介護保険制度により，福祉用具を簡単に利用できるようになった。しかし，福祉用具は高齢者の生活を支える道具・手段であり，福祉用具を使うこと自体が目的ではないことを，高齢者，支援者ともに正しく理解する必要がある。高齢者がどのような生活を希望しているかを把握した上で，それを支えるのにふさわしい福祉用具を選定することが重要である。

現在，福祉用具の種類はかなり多く，すべてを把握することは難しい。車椅子を例にあげると，その種類は標準型（自走式，介助式），6輪型，低床タイプ，モジュラー式，リクライニング機能付，ティルト機能付，アシスト機能付，電動型など多数ある。これに加えて身体機能に応じて座幅，座面高，駆動輪径などを選択する必要がある。

利用者の身体機能や住環境に適合した福祉用具の選定は，専門知識と経験を要する。福祉用具

と身体機能が適合していない場合，操作負担の増加や身体の変形，事故やけがにつながる恐れがある。しかし，社会福祉士だけで身体機能を見極めて福祉用具の適合を行うことは難しい。

福祉用具の選定については，医師や看護師，理学療法士・作業療法士など身体機能を把握することのできる専門職と，福祉用具専門相談員などの福祉用具を理解している専門職と共に，チームで関わることが重要である。また，介護方法や住環境にも大きく影響するため，家族や介護職の意見を聞くことも必要である。介護保険制度を利用する場合はケアマネジャーが，それ以外の場合は社会福祉士が専門職チームのコーディネートを担うことが多い。

福祉用具の供給システム

要介護認定を受けた高齢者は，介護保険制度の福祉用具貸与・購入サービスにより，福祉用具を利用することができる。

ケアマネジャーは，利用者やその家族の要望，利用する環境を把握した上で，サービス担当者会議にて専門職の意見を聞き，居宅サービス計画に福祉用具の利用を位置づける。その後，ケアマネジャーより委託を受けた福祉用具貸与・販売サービス事業所の福祉用具専門相談員が利用者宅を訪問，福祉用具サービス計画書を作成する（2012年度より義務化）。この計画書に基づき，利用者のもとに福祉用具が搬入される。2014年4月，厚生労働省は，質の高いサービス提供を目指し，「福祉用具サービス計画作成ガイドライン」を作

Close up

2012年度の診療報酬改定により，回復期リハビリテーション病院に在宅復帰支援を担当する社会福祉士（医療ソーシャルワーカー）が配置されるようになった。病院における社会福祉士の役割は，患者のその後の人生を決めると言っても過言ではない。病院では，備品として用意した福祉用具しかない場合が多く，患者の身体機能に適合していない福祉用具を使わざるを得ない場合もある。社会福祉士は，退院時に福祉用具の種類や制度などの情報を患者に提供すべきである。

間違いやすい用語

「福祉用具」と「補装具」

- -

福祉用具は，利用者の生活活動を楽にし，自立できる範囲を広げ，安全な生活を続けるための道具の総称である。

補装具とは，身体の欠損又は損なわれた身体機能を補完・代替する用具であり，義肢，重度障害者用意思伝達装置などを含む。

第6章
高齢期を支える環境づくり
第1節　日常生活動作を支える道具

成した。福祉用具専門相談員[1]は，搬入時に身体への適合判断や，利用者やその家族に対して使い方指導を行う。その後，モニタリングにより，不具合の調整や福祉用具の見直しが行われる。

老人福祉法においても，要援護高齢者および単身高齢者に対し，特殊寝台や入浴補助用具の給付や，車椅子などのレンタルを行う日常生活用具給付等事業がある。事業主体は市町村である。

障害者は，障害者総合支援法に基づく補装具費支給制度により，補装具費が支給される。しかし，65歳以上の高齢障害者は，原則介護保険制度の利用が優先される。ただし，貸与される福祉用具が身体機能に適合せず，個別に対応することが必要であると判断される場合は，補装具費の支給を受けることができる。

また，障害者総合支援法の地域生活支援事業の必須事業として，**日常生活用具**[◆1]給付等事業がある。重度障害者等の日常生活がより円滑に行われるための用具を給付又は貸与することにより，福祉の増進に資することを目的とした事業である。具体的な対象品目や利用者の負担額は，市町村判断で決めることができる。

福祉用具に関する専門職

2000年にスタートした介護保険制度の中に，「福祉用具専門相談員」が位置づけられた。福祉用具専門相談員は，都道府県知事が指定する研修を修了すれば取得できる資格である。福祉用具専門相談員は，福祉用具を必要とする高齢者等に対して，その選定の援助，適合状況の確認，その後

のモニタリング効果等の評価まで行う専門職である。介護保険の指定福祉用具貸与・販売サービス事業所には，常勤で2名以上の配置が義務づけられている。すでに社会福祉士・介護福祉士，保健師・看護師・准看護師・理学療法士・作業療法士・義肢装具士および介護職員初任者（前・ホームヘルパー2級以上）の資格を有する人は，その資格自体が福祉用具専門相談員の要件として認められている。

その他，福祉用具専門相談員の資格を有する人が，さらに取得できる資格として「福祉用具プランナー」（**公益財団法人テクノエイド協会**[◆2]）がある。また，第2節で詳しく述べるが福祉用具と住宅改修に関する資格「福祉住環境コーディネーター」（東京商工会議所主催）などもある。

福祉用具に触れる機会を

高齢者に適合した福祉用具を選定するためには，福祉用具に関する知識，情報を得る必要がある。それらは，テキストやカタログによって得ることもできるが，実物を触り体験して理解することが必要である。各地で行われる福祉用具の展示会（東京：国際福祉機器展，名古屋：ウェルフェア，大阪：バリアフリー展，小倉：西日本国際福祉機器展など）や，自治体によっては福祉用具センターがあるので，そこへ出向き，自ら体験して新しい福祉用具の情報を入手することが重要である。展示会では，同じ福祉用具を複数の種類見ることができるため，比較検討することも可能である。自らが体験して，操作方法，安全性を理解

した上で，利用者に提案することが望ましい。

介護現場へのロボット導入

　経済産業省が，ロボット産業を日本の基幹産業の一つに成長させようと，様々な産業への導入を進めている。生産現場における組立や搬送にロボットを導入することは，費用対効果が高くメリットが大きいとされている。さらに，介護現場におけるロボット導入の可能性をめぐり，2011年から厚生労働省も加わり，介護ロボットの実用化に関する研究が始まった。[2]

　介護ロボットは，「移動・移乗支援」「見守り支援」「コミュニケーション」「リハビリ支援」「排泄支援」などに分類されている。「移動・移乗支援」には，介助者が着用すると介助を行う際に筋力補助を行うもの，もしくは脚部に装着歩行を支援するものなどがある。「コミュニケーション」には，人の動きや会話に反応する動物や人の形をしたものがあり，これらは認知症予防や不安な気持ちを和らげる効果があるとされている。

　介護する家族の高齢化，介護従事者の不足，離職者の増加など，介護現場は多くの問題に直面している。近い将来，介護ロボットの実用化により，これらの問題が解消されるのだろうか。

1

◆1　日常生活用具
障害者総合支援法における地域生活支援事業で決められている用具は，介護・訓練支援用具，自立生活支援用具，在宅療養等支援用具，情報・意思疎通支援用具，排泄管理支援用具，居宅生活動作補助用具（住宅改修費）の6項目である。具体的な対象品目は，地域の実情に応じて市町村が決める。
　また従来からあった「老人日常生活用具給付等事業」は2000年以降，対象品目の多くが介護保険制度に移行したが，介護保険制度の福祉用具の給付対象とならない火災警報機，自動消火器，電磁調理器，老人用電話は残っていた。しかし2006年度から一般財源化され，地方自治体により品目は異なり，地域差が生じている。

2

◆2　公益財団法人テクノエイド協会
福祉用具に関する調査研究及び開発の推進，福祉用具情報の収集及び提供，福祉用具の臨床的評価，福祉用具関係技能者の養成，義肢装具士に係る試験事務等を行うことにより，福祉用具の安全かつ効果的な利用を促進し，高齢者及び障害者の福祉の増進に寄与することを目的として，1987年に設立された。協会ホームページにある「福祉用具情報システム（TAIS）」は，国内の福祉用具メーカー又は輸入事業者から，「企業」及び「福祉用具」に関する情報を収集したシステムである。

注
(1)　一般社団法人全国福祉用具専門相談員協会「福祉用具専門相談員の質の向上に向けた調査研究事業報告書」（https://www.zfssk.com/sp/1302_chosa/abc.html）。
(2)　経済産業省「介護ロボットポータルサイト」（http://robotcare.jp/）。公益財団法人テクノエイド協会「福祉用具・介護ロボット実用化支援事業報告書」（http://www.techno-aids.or.jp/robo2012.05.28.pdf）。

第2節 高齢期の住まい

この節のテーマ
- サービス付き高齢者向け住宅について知ろう。
- 住環境整備に関わる制度について理解しよう。
- 高齢者の施設の種類と内容を知ろう。

高齢者の住まい：住宅

1980年代になって，高齢化が問題となり，介護が社会問題としてとらえられ，在宅福祉の重要性が認識されはじめた。それまでは，子世帯と同居する高齢者が多く，住宅政策は，高齢者のみの世帯を想定してこなかった。しかし，高齢者のみ世帯，独居高齢者の増加により1980年に公営住宅への高齢者（男性60歳以上，女性50歳以上）に単身入居資格が認められた。

その後，1990年には，**生活援助員（LSA：ライフサポートアドバイザー◆1）**を配置した高齢者向けのシルバーハウジングを，住宅・都市整備公団（現・UR都市機構）・住宅供給公社が供給した。1998年には，高齢者向け優良賃貸住宅制度（高優賃）が創設され，2001年には，高齢者円滑入居賃貸住宅（高円賃）が制度化された。さらに2005年には，高円賃の中でも高齢者のみを対象とした高齢者専用賃貸住宅（高専賃）が制度化された。

その後，2011年の「**高齢者の居住の安定確保に関する法律（高齢者住まい法◆2）**」の改正により，これら3つの高齢者向け住宅は，サービス付き高齢者向け住宅（サ高住）に統合された。サービス付き高齢者向け住宅は，賃貸住宅としての契約となるので，一時入居金などは不要である。老後の住まいの選択肢の一つとなっている。建設補助，税制優遇，融資を国が行うため，民間事業者の参入が急増している。しかし，サービス付き高齢者向け住宅には，規模・設備の基準とバリアフリー化，安否確認と生活相談サービスの提供のみが条件とされ，任意の介護サービスに関する条件はない。福祉施設には職員配置比率が決まっているが，サービス付き高齢者向け住宅にはその基準がない。また夜間の職員常駐の義務もない。これらの状況から，サービスの質の格差や過剰なサービス提供などが心配されている。当初，自立した高齢者の入居を想定していたが，入居者の高齢化，要介護が進み，介護施設化している実態がある。

2007年，「住宅確保要配慮者に対する賃貸住宅の供給の促進に関する法律（住宅セーフティネット法）」が制定された。高齢者など住宅確保要配慮者の入居を拒まない住宅の登録制度が創設されるなど入居支援が行われている。

住宅改修費に対する補助

介護保険制度では，住宅改修工事にかかる費用に対し20万円を上限として（利用者は所得に応じて1〜3割負担）支給される（第5章参照）。20万円では大がかりな工事は難しいが，手すりの取り付けや段差解消などを行うことは可能である。

上限があるために，20万円以内に収まる住宅改修を行いたいと依頼する高齢者は多い。専門職としては，金額ありきではなく身体機能に応じた必要な改修を提案すべきである。生活を自立させる，介護を軽減させることが目的であり，住宅改修を行うこと自体が目的ではない。

　地方自治体は，介護保険制度の始まる前から独自の住宅改造に対する助成制度を持っていた。それは，1971年に長野県が実施した「寝たきり老人住宅等整備事業」が最初だと言われている。その後，1993年度に始まった「住宅改良（リフォーム）ヘルパー制度」により，全国の自治体において住宅改造助成事業が行われるようになった。介護保険制度が始まってからも，介護保険と併用する形で助成されているものもある。

住環境整備に関わる職種

　住宅改修や福祉用具の選定など住環境整備に関する資格として，福祉住環境コーディネーターがあげられる。この資格は，建築・福祉・医療の領域を超えた人材育成を目的として，1999年から東京商工会議所が主催する民間検定試験である。

　介護保険制度における住宅改修費の支給を受ける場合，住宅改修費の支給の申請に係る理由書を作成する必要がある。主に介護支援専門員が作成するが，厚生労働省は「介護支援専門員又は作業療法士，福祉住環境コーディネーター検定試験2級以上その他これに準ずる資格等を有する者など」と明記している。福祉住環境コーディネーターは，民間資格ではあるものの公的に認められ

◆1　生活援助員（LSA：ライフサポートアドバイザー）

2006年の介護保険制度改正により，地域支援事業の中の任意事業「高齢者の安心な住まいの確保に資する事業」に位置づけられた。これにより，生活相談員がシルバーハウジングだけでなく，市町村の委託により，高齢者向け優良賃貸住宅，登録住宅等に居住している高齢者に対して，必要に応じて日常の生活指導，安否確認，緊急時における連絡等のサービスを行うことになった。

◆2　高齢者の居住の安定確保に関する法律（高齢者住まい法）

「高齢者の居住の安定の確保を図り，もってその福祉の増進に寄与することを目的とした」法律である。これにより，サービス付き高齢者向け住宅の供給の促進，高齢者の入居を拒まない賃貸住宅の登録制度，終身建物賃貸借制度（賃借人が死亡した時まで賃貸契約を継続する）などの対策が講じられた。

◆3　小規模多機能型居宅介護

1980年代半ばから全国各地で草の根的に始まった「宅老所」という取組みがある。宅老所の多くは民家などで，高齢者にとってかつて暮らしていた住まいに近い環境である。大規模施設では問題行動のある認知症高齢者が，宅老所では落ち着いて過ごすことができるなど，その有効性が認められ，2006年の介護保険制度改正により，地域密着型サービスの中に小規模多機能型居宅介護として位置づけられた。「通い（デイサービス）」を中心として，随時「訪問（訪問介護）」や「泊まり（ショートステイ）」を組み合わせたサービス提供により，在宅生活が継続できるように支援するものである。

第6章

高齢期を支える環境づくり

第2節　高齢期の住まい

表6-1

高齢者の入所（居）施設

施設種別		入居対象者	概要	介護保険の利用など	備考
養護老人ホーム		心身，環境，経済的理由による居宅生活困難者	施設と利用者の利用契約ではなく，原則は行政による措置入所	特定施設入居者生活介護の「外部サービス利用型」の指定が可能	
介護保険施設	介護老人福祉施設（特別養護老人ホーム）	要介護認定者	居住，介護サービスの提供	介護老人福祉施設	2002年全室個室・ユニット型とする決定がされる
	介護老人保健施設	治療を終え症状が安定している要介護認定者	看護，介護サービス，日常生活訓練サービスの提供	介護老人保健施設	
	介護療養型医療施設	長期療養が必要な要介護認定者	医療・看護等の提供	介護療養型医療施設	2017年度での廃止決定，順次，介護医療院に転換
	介護医療院	要介護者であって，主として長期にわたり療養が必要である者	要介護者の長期療養・生活施設	介護医療院	介護療養型医療施設より順次転換
認知症高齢者グループホーム		認知症高齢者	5～9名を1ユニットとし，共同生活の中で認知症ケアを提供	「認知症対応型共同生活介護」「介護予防認知症対応型共同生活介護」の認定を受けることができる	
ケアハウス（軽費老人ホーム）		身体機能が低下したり独立して生活するのに不安を感じる高齢者または高齢者夫婦要支援・要介護認定者	食事サービス，健康管理サービスを低料金で提供	「特定施設入居者生活介護」「介護予防特定施設入居者生活介護」「地域密着型特定施設入居者生活介護」の認定を受けることができる	
介護付有料老人ホーム		自立高齢者要支援・要介護認定者	食事サービス，健康管理サービス，介護サービスの提供など，施設によって異なる	「特定施設入居者生活介護」「介護予防特定施設入居者生活介護」「地域密着型特定施設入居者生活介護」の認定を受けることができる	
住宅型有料老人ホーム		自立高齢者要支援・要介護認定者	食事サービス，健康管理サービスの提供を行う	外部介護サービスを個人で契約	
健康型有料老人ホーム		自立高齢者		要介護時には退去	
住宅	シルバーハウジング	60歳以上の自立高齢者	ライフサポートアドバイザーが安否確認・緊急時対応等を行う	外部介護サービスを個人で契約	
	サービス付き高齢者向け住宅	自立高齢者要支援・要介護認定者	高齢者に配慮した住環境と，安否確認，緊急通報サービスを提供	「特定施設入居者生活介護」の認定を受けることができる	高優賃，高円賃，高専賃は，これに一元化
	生活支援ハウス（高齢者生活福祉センター）	高齢単身者・夫婦世帯	独立して生活することに不安を感じる人に介護支援・居住・交流機能を総合的に提供	外部サービスを利用	

出所：山本美香（2009）『高齢者の住環境』ぎょうせい；厚生労働省ホームページなどから筆者作成。一部編者が加筆。

た資格として認知されている。

高齢者の住まい：施設

　1963年の老人福祉法の制定により，高齢者に対する福祉施策がはじまり，特別養護老人ホーム（以下「特養」）をはじめとする居住施設が整備された。1980年代中頃以降，社会情勢に応じて多くの種別の高齢者施設が制度化されてきた。1986年に制度化された老人保健施設は，介護や機能訓練等の必要な医療を受けて在宅復帰を目指す高齢者のための施設である。

　1961年に軽費老人ホームが制度化され，1971年にA型，B型に分化した。1989年には食事・入浴サービス等を提供するケアハウス（C型）がこれに加えて制度化された。今後は軽費老人ホームは，ケアハウスに一元化される。1992年に長期の療養を必要とする高齢者のための施設として療養型病床群が，1997年に認知症高齢者グループホームが制度化された。

　2006年には，「通い」を中心に，希望に応じて「訪問」「宿泊」を組み合わせてサービスを提供する**小規模多機能型居宅介護**◆3が制度化され，在宅生活継続を支援するものとして期待されている。また，施設で暮らす高齢者が，地域で借りた民家に日中通う逆デイサービスがいくつかの施設で試みられている。

　現在の高齢者の入所（居）施設を**表6-1**にまとめた。

Close up

住環境整備によって活動的な生活を

　重度な障害がある人でも，自分の意思で動かせる福祉用具を使用し，安全に移動できる住宅に暮らしていれば，自立した生活を送ることができる。入口に段差があり，手すりのないトイレで全介助による排泄を行っていた車椅子使用者が，段差を解消し，扉幅を広くし，必要なところに手すりを付けることで，排泄を自立できるようになった。環境次第で，人の活動量は大きく変化するのである。環境は重要である。

Close up

すこやか住まい助成制度

　自治体の住宅助成制度のなかでも，東京都江戸川区の「すこやか住まい助成制度」（1990年開始）は，所得制限なし，助成金額の上限なしという点で注目を集めた。江戸川区では，建築士だけでなく，理学療法士，保健師などがチームで住宅改造に関わり，必要かつ効果的な改造を行ってきた。その後，介護保険制度を優先することや，2012年度より工事費総額の1割が自己負担となったものの，現在も所得制限，助成金額の上限なしで行っている。

第6章　高齢期を支える環境づくり　121

第3節 まちづくりとユニバーサルデザイン

この節のテーマ
- 福祉のまちづくりの歴史について理解しよう。
- 福祉のまちづくりに関する法制度を知ろう。
- ユニバーサルデザインの概念を理解しよう

日本における福祉のまちづくり

　障害のある人の社会参加を妨げる物理的・社会的障壁をバリアと呼び，これを取り除く活動をバリアフリーと呼ぶようになったのは，1974年に開催された「国際連合専門家会議」からである。

　わが国では，それに先立ち1969年に宮城県仙台市にて，ボランティアグループを中心に「車椅子で街へ出よう」という運動が始まり，歩道と車道の段差解消という具体的なバリアフリーにつながった。この運動は，「福祉のまちづくり」運動として全国に広がった。

　1976年には神戸市が「神戸市民の福祉を守る条例」を制定し，公共建築物のバリアフリー化を推進した。1970年代は車椅子使用者が利用できる道路と公共建築物が関心の中心となり，歩車道段差の解消や，建築物の出入り口段差へのスロープ設置，車椅子使用者専用トイレの設置といった環境整備が行われた。また，このような改善が行われた建築物の存在を示すガイドブックが各地で発行された。

　一方，視覚に障害のある人には，歩車道段差の解消によって歩道と車道の区別が難しくなるという問題が生じた。このため，歩道と車道の境目に凸状の突起を設け，白杖や足で触知できる工夫が点字ブロック（後に**視覚障害者誘導用ブロック**[◆1]とされた）として発明され，全国に普及していった。

福祉のまちづくりに関する法制度

　1993年には兵庫県と大阪府が「福祉のまちづくり条例」を制定し，一定規模以上の公共建築物に対して誰もが利用できる環境整備を求めた。翌1994年には「高齢者・身体障害者等が円滑に利用できる特定建築物の建築の促進に関する法律（ハートビル法）」が施行され，規模要件が床面積2000 m^{2}以上という制約はあるものの，バリアフリー建築の必要性を認識させる契機となった。

　2000年には「高齢者，身体障害者等が公共交通機関を利用した移動の円滑化の促進に関する法律（交通バリアフリー法）」が制定された。これは，駅や鉄道車両，バスなどの公共交通機関と，旅客施設周辺の歩行空間のバリアフリー化の促進を図ることを目的とした法律である。1日の乗降客5000人（2011年より3000人）以上の駅にはエレベーター等の垂直移動の確保が義務付けられた。

　これら2つの法律により，日本のバリアフリー化は着実に進んだ。しかし，建築物（点）と交通関連（線）のバリアフリー化に対する法律が別々

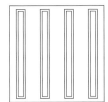 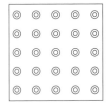

図6-1
視覚障害者誘導用ブロック（左：線状，右：点状）
線状ブロックは経路を，点状ブロックは警告を示す。

写真6-1
ホームに敷設された視覚障害者誘導用ブロック
左側の線状ブロックが内方線。

1

◆1　視覚障害者誘導用ブロック（通称：点字ブロック）
各地域で大きさ，高さが異なっていた視覚障害者誘導用ブロックが，2001年に突起の形状・寸法及びその配列を統一したJISに制定された。また，ホームに立ったときに，どちらが線路側であるかをわかるようにするために，ホームに平行に敷設される視覚障害者誘導用ブロックのホーム側に線状のブロック（内方線）を追加することで，安全なホーム側を示すことになった（図6-1，写真6-1）。

2

◆2　ロナルド・メイス（Ronald Mace）
ロナルド・メイス（1941-1998）は，ポリオを患い子どものころから車椅子を利用していた。アメリカのノースカロライナ大学で建築を学んだロナルド・メイスは，車椅子使用者のために住宅を改造する仕事に携わるうちに，後から費用をかけて車椅子使用者が使えるようにするのではなく，作る前から車椅子使用者もそうではない人も使えるような設計とすることはできないのかと考えるようになり，ユニバーサルデザインを提唱することになったと言われている。

間違いやすい用語

「バリアフリーデザイン」と「ユニバーサルデザイン」

バリアフリーデザインは，高齢者や障害者を対象とし，現在ある障壁（バリア）をなくすためのデザインである。たとえば，段差の解消としてスロープを付けることである。これに対し，ユニバーサルデザインは，設計段階からあらゆる年齢層・能力を持つ人々を対象とし，使いやすさを追求したデザインである。これは，最初から段差もスロープも不要であるような設計を行うことである。しかし，インクルーシブデザイン，デザイン・フォー・オールなど各国で異なる言葉が多く使われている。これらは，広義においてすべて同義語であるととらえてよい。

第6章
高齢期を支える環境づくり
第3節　まちづくりとユニバーサルデザイン

につくられていたために，連続したバリアフリー空間（面）となっていないこと，それが移動する者にとって問題であることが指摘されるようになった。

そこで2005年に国が「ユニバーサルデザイン政策大綱」をまとめ，ユニバーサルデザインの概念で社会を見直すことを打ち出した。そして2006年に「高齢者，障害者等の移動等の円滑化の促進に関する法律（バリアフリー法）」が制定された。

バリアフリー法における新しい視点としては，「身体障害者等」となっていた法律名を「障害者等」とすることで，身体障害者のみならず，知的障害者，精神障害者，発達障害者を含むすべての障害者を対象としたこと，これまで対象ではなかった駅周辺以外の地域や都市公園など，日常生活で利用される施設等へ対象を拡大したこと，基本構想策定に当事者参加を義務付けたことなどである。

ユニバーサルデザインの概念

ユニバーサルデザインとは，1985年にアメリカのノースカロライナ州立大学ユニバーサルデザインセンター所長の**ロナルド・メイス**[◆2]が提唱した概念である。性別，年齢，能力の多寡にかかわらず，すべての人にとって使いやすいものとなるよう，デザインの段階で最大限の努力をすることが，ユニバーサルデザインの基本概念である。これは，「すべての人に何らかの障害がある」＝「健常者など存在しない」という考えが基本にあり，障害者だけが対象ではないことが特徴である。

ユニバーサルデザインセンターでは，1995年にユニバーサルデザインを「最大限可能な限り，あらゆる年齢層・能力を持つ人々にとって使いやすい製品・環境を追求したデザイン」とし，以下にあげる7つの原則を定義した[(1)]。

1　すべての人に公平に利用できること
2　使う上で選択肢があり自由度が高いこと
3　使い方が簡単ですぐわかること
4　必要な情報がわかりやすいこと
5　危険やミスを最小限にすること
6　無理の無い姿勢、力で使用できること
7　使用に適した大きさや空間であること

ユニバーサルデザインの事例：案内表記

初めて訪れる街や建物で，目的の場所がどこにあるのかがわからないことは不安である。特に移動やコミュニケーションに障害のある人は，目的地を探しまわることに大きなエネルギーを消耗してしまう。必要な情報を的確にわかりやすく提供することは，誰にとっても重要なことである。

案内表記（以下，サイン）には，文字で表すものや図記号（以下，ピクトグラム）で表すものなどがある。ピクトグラムは従来それぞれの建物やイベントなどで独自にデザインされてきた。しかし，2001年に「標準案内用図記号」として125種類が提案され，2002年にはそのうちの10種類がJISとして制定された。ピクトグラムは，子どもや海外から来た人など，言語を理解しにくい人にとっても情報を得ることができるものであるという点でユニバーサルデザインの原則に適って

124　第Ⅱ部　高齢者に対する制度とサービス

図6-2
温泉を表すピクトグラムの例(左がJIS,右がISO)
出所:経済産業省ホームページより。

いる。最近では2020年の東京オリンピック・パラリンピックに向け国際規格(ISO)との整合性をはかるため,温泉などを表すピクトグラムは,JISとISOのどちらも使えるようにした(**図6-2**)。文字表記については,日本語,英語,中文,ハングルの4か国語が併記されることが多くなった。

また最近では,地下鉄や私鉄の駅で,出口方向のサインは黄色とし,入り口方向は青や緑系統で揃えるということが採用されている。これは,非常事態に視認性が高く注意喚起の意味をもつ黄色に従わせる目的もあり,ユニバーサルデザインの原則に適っている。

バリアフリーデザインの事例:公共交通

最近注目されている交通網として,路面電車(LRT:Light Rail Transit)がある(**写真6-2**)。これまでの車両と異なり,超低床式車両を導入している。車両に合わせた低い電停とすることで,道路から電停までの段差は10〜20センチメートル程度であり,道路からのゆるやかなスロープでアクセスできる。階段やエレベーター,エスカレーター,改札口等の大掛かりな設備は必要ない。ローコストであり,すべての人にとって移動が楽であるという点でユニバーサルデザインの原則

Check

「バリアフリー法」に関する次の記述のうち,正しいものを一つ選びなさい。

1 「バリアフリー法」は,国や地方公共団体の責務に加え,「国民の責務」を定め,法の対象となる高齢者等の自立した日常生活・社会生活を確保することの重要性の理解と,円滑な移動・施設利用への協力を努力義務とした。
2 「バリアフリー法」は,高齢者や障害者が移動のために車いす等の用具を使用したまま乗車できる車両(福祉タクシー)を,「交通バリアフリー法」に引き続き対象としている。
3 「バリアフリー法」は,「高齢者,障害者等」として障害を身体障害に限らない表現となったが,実質的には円滑な移動に障害のある身体障害者のみが対象とされている。
4 「バリアフリー法」では,都道府県が策定する「移動等円滑化基本構想」の作成に当事者である住民が参加したり,提案したりすることができるようになり,住民参加が前進した。
5 「バリアフリー法」は,市町村の責務として,教育活動や広報活動を通じて移動等円滑化の促進に関する住民の理解を深め,住民の協力を求めることを規定している。

(注) 1 「バリアフリー法」とは,「高齢者,障害者等の移動等の円滑化の促進に関する法律」のことである。
2 「交通バリアフリー法」とは,「高齢者,身体障害者等の公共交通機関を利用した移動の円滑化の促進に関する法律」のことである。

答:1
(第22回社会福祉士国家試験問題128)

第6章
高齢期を支える環境づくり
第3節　まちづくりとユニバーサルデザイン

に適っている。2013年に国土交通省が発表したデータによると，北は札幌から南は鹿児島まで全国17都市20事業者でLRTが導入されている。

鉄道事業者の発行するICカードは，切符を買う労力や改札機を通す労力を省く，非常に便利なものである。しかし，相互利用ができなかったため何枚ものカードを持ち歩く必要があった。それが2013年3月より10種類のICカードの相互利用が可能となり，労力・時間の短縮，利便性の高さなどユニバーサルデザインの原則に適うシステムとなった。

ユニバーサルデザインの事例：トイレの操作パネル

2007年，「高齢者・障害者配慮設計指針——公共トイレにおける便房内操作部の形状，色，配置及び器具の配置」として日本工業規格（JIS S0026）に制定された。これは，複雑になる公共トイレの操作部が，視覚障害者や高齢者にとって使いにくいという声から始まった。設備機器メーカー各社がメーカーの枠を超え共同で検証実験を進め，ようやく配置と形状が決定された。ペーパーホルダーのすぐ上が流すボタン，その隣が非常呼出しボタンという逆L型の配置とした（**写真6-3**）。これらは，機種を特定するものではなく配置のルールのみであるので，メーカーを問わず実施可能で普及しやすいという点で，ユニバーサルデザインの原則に適っている。

2015年12月，このトイレの操作パネルの基準が，国際標準化機構（ISO）の企画として承認・発行された。「ISO 19026　アクセシブルデザイン公共トイレの壁面の洗浄ボタン，呼出しボタンの形状及び色並びに紙巻器を含めた配置」[(2)]という名称で，ペーパーホルダー，流すボタン，非常呼び出しボタンの配置と，ボタン類の色使いに配慮することなどが定められている。日本で生まれたアイデアが世界基準となった。

写真6-2
岡山のＬＲＴ

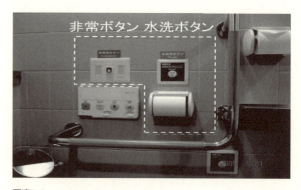

写真6-3
公共トイレの操作部の器具の配置

Close up

駅名横の数字は何？

地下鉄の駅を中心に，駅固有の番号をアルファベットと数字で表示されている。これは，現地語を理解できない人や駅名を正しく読めない人などが間違えないように識別を容易にしたもので，駅番号制（駅ナンバリング）というシステムである（写真6-4）。北海道から沖縄まで多数の鉄道事業者が実施している。数字だけでなく色や形を変えるという工夫もある。

日本だけでなく，韓国，中国，台湾などでも見られ，海外からの旅行者にとって，非常にわかりやすく便利なものである。

写真6-4
駅番号制の例

Close up

ライターもユニバーサルデザイン？

ライターは，戦争で片手などを失った傷痍軍人が使えるように開発された福祉用具であった。その後，使いやすいデザインやファッションアイテムとして改良を加えられ，今では無料でもらえる広告品から高級ブランドのものまで幅広く普及している。ライターはユニバーサルデザインなのである。しかし，幼児の操作事故による火事が多発し，幼児の使用を制御するチャイルドレジスタンス機能を付けたライターしか販売できないようになった。これは力のない高齢者には使いにくいものとなってしまった。

注　(1) 経済産業省ホームページより（http://www.meti.go.jp/policy/economy/hyojun/AD/toilet.html）。
(2) copyright 1997 N. C. State University, The Center for Universal Design.

東京商工会議所編『福祉住環境コーディネーター検定試験2級公式テキスト』
　東京商工会議所
　毎年7，11月に行われる資格試験の公式テキストである。社会福祉士を目指す人にはぜひ2級を取得してほしい。受験しない人にとっても，福祉用具と住環境整備を学び，実務で活かせるテキストである。

岡村英樹『OT・PT・ケアマネにおくる建築知識なんかなくても住宅改修を成功させる本』三輪書店，2007年
　建築を専門的に学んでいない人たちが，住宅改修に関わる時に知っておきたいことがすべて書かれている。設計者，工務店への要望の伝え方，住宅改修を行う上で最も大切なことが，読みやすい文章やイラストで書かれている。

関根千佳『ユニバーサルデザインのちから――社会人のためのUD入門』生産性出版，2010年
　社会人1年目の主人公の経験を通して，ユニバーサルデザインがあらゆる場面に取り入れられていることを学ぶ。また，社会人としてユニバーサルデザインの概念を持つことは重要であり，必要であることを学ぶことができる。

『ユニバーサルデザインハンドブック』丸善，2003年
　アメリカに始まり世界のユニバーサルデザインの取組みについて，建築，都市，交通，プロダクト，情報，法律・規制等を多面的に紹介している。

第6章

問：なぜ高齢者，障害者にとって福祉用具や住環境整備が必要なのか述べなさい。

ヒント：身体機能の低下，介護者不足，高齢化など，高齢者・障害者を取り巻く環境から考えよう。

第Ⅲ部

高齢者に対する支援

第7章

社会福祉専門職の行う高齢者支援

本章で学ぶこと

- ●高齢者を支える援助の基本的な考え方を学ぶ：第1節
- ●高齢者を支える様々な専門職の働きを理解する：第2節
- ●高齢者を支えるソーシャルワーク援助を学ぶ：第3節
- ●高齢者を援助するためのネットワークの重要性を知る：第3節
- ●高齢者を支える介護の理論と技術について知る：第4節

第1節 高齢者の生活を支える援助の視点

この節のテーマ

- 高齢者の生活困難をいかに把握するかについて知ろう。
- 高齢者の一人ひとりの生活史を理解し尊重する援助について知ろう。
- 高齢者の長所や強みを活かした援助について知ろう。
- 高齢者を中心とした多職種連携に基づく援助の重要性について知ろう。

高齢期になると，加齢や疾病，障害によって，長い人生において培ってきた自分らしい生活を自力で維持することが困難になる場合がある。今までできていたことができにくくなり，他人の手に頼らねばならず自信を失う。

援助者は，高齢期における喪失のプロセスを受けとめつつも生活の全体性，個別性，継続性に着目し，高齢者本人のできること，長所や強みを活かした援助を行うことが重要である。

高齢者の生活困難の把握

高齢者の生活上の問題は，身体的側面のみによって生じるのではなく，精神心理的側面，社会環境的側面が全体として相互に密接に関連しあって生ずる。これらの側面のどこかに不都合がおこり，あるいは，各側面が相互に関連し，悪循環をおこして，日常生活が困難になっていく。

たとえば，ある一人暮らしの女性高齢者は，リウマチによって手指の強ばりがひどくなり，そのため料理がおっくうになってしばしば欠食し，栄養バランスも崩れて体調をさらに悪化させ，外出する機会も少なくなって人と会わない日々が続き，気分が沈むようになった。

また，ある男性高齢者は，長年連れ添った配偶者との死別という，喪失体験をきっかけに，生きる気力が萎えて家に閉じこもりがちになった。また，家事全般を妻に依存していたため，食事，洗濯，掃除が疎かになって，不衛生な生活環境となり，さらに孤独感からつい過度の飲酒に走り，アルコール依存になって心身をむしばんでいった。

このように高齢者の生活上の困難は，身体的側面，精神心理的側面，社会環境的側面が密接に関係し合い，ある原因が結果を生み，またその結果があらたな原因となって悪循環しやすい。すなわち，複合的，連鎖的な喪失のプロセスを高齢者の生活の全体性に関連付けて把握していくことが重要である。

生活史からみた高齢者の理解

高齢期に至る個人の生活の信条，価値観，生活様式は，長い時間を経て築き上げられたもので，きわめて個別性が高い。人は，誕生から保護者の世話を受けつつ基本的な日常生活習慣を身につけていく。そしてその後の生活環境，社会や時代の影響を受けて，独自の生活の考え方とスタイルを獲得していく。このように自分らしい生活へのこだわりを形成し，継続してきたのがその高齢者の高齢期の生活の姿である。一方，長年かかって

132 | 第Ⅲ部 高齢者に対する支援

形成してきた生活のスタイルが，喪失のプロセスによってなくなっていくこともしばしば高齢期の生活にみられることである。

　高齢期の生活は，これまでの人生の個別性，継続性による産物であるが，特に，後期高齢期以降，これらを保持することが難しくなり，喪失してしまうこともある。したがって，援助者は高齢者各自の生活史をていねいにフォローしながら理解し，その高齢者固有の価値観や信条，従来の生活スタイルを尊重して，現在の生活状態に応じてアレンジしていくことが，必要となる。

　ただし，長い年月による，言わば人生の堆積物は言葉で簡単には言い表せないものであり他者に伝わりにくい。したがって，援助者には，目では見えにくい部分，言葉では伝えにくい部分を理解する姿勢が求められる。たとえば，日常生活の中で高齢者本人がふと語る過去の関心事を傾聴したり，かつての時代の写真や映像から本人を理解するためのヒントを得たり，家族や親しい友人から本人の歩みを聞き取ることも有効である。このようなアプローチを用いて，高齢者がこれまでの生活史を理解し，現在の生活の実態に位置付けて，さらにこれから高齢者本人がどのように生きたいと望んでいるのか，過去，現在，未来の時間軸の流れの中で，高齢者の生活を理解し，援助計画を検討していく必要がある。

高齢者の長所や強みを活かした援助

　高齢期は喪失のプロセスではあるが，高齢者の肯定的な能力に注目することが重要である。高齢

間違いやすい用語

**「ケアカンファレンス」と
「サービス担当者会議」**

利用者に対して，様々な専門職がどのように協力して援助していくか，どのような対応が必要かなどについて，検討会議を開くことを「ケアカンファレンス」という。事例検討会やケア会議などと呼ばれることもある。介護保険では，「サービス担当者会議」といわれ，介護支援専門員が介護サービス計画に位置付けられたサービス事業者を招集して開催するものである。

第7章
社会福祉専門職の行う高齢者支援
第1節　高齢者の生活を支える援助の視点

者はまだまだ潜在的な能力を有している。個人差はあるが，身体的側面では今日の高齢者の身体能力はかつての高齢者と比較すると格段に向上しており，また，たとえ障害を抱えてもリハビリテーション医学の発達や福祉用具の開発によって相当の機能回復が可能になった。

また，精神心理的側面においても，長い人生で培われた自負心や自尊感情を持ち合わせて，生活意欲が旺盛な高齢者が少なくない。

そして社会環境的側面では介護保険制度開始以降，利用可能な社会資源が整備されており，バリアフリー化も進んでいる。

そのような状況にある現在，援助者は高齢者の生活上の問題点にばかりに対応するのではなく，高齢者の有する強みや長所である，**ストレングス**◆1に焦点を当てて，高齢者本人の潜在的な意欲や能力を引き出し，伸ばしていく視点をもつ必要がある。これは，高齢者本人が自身を内的な資源として活用していくという肯定的な考え方に基づいた援助の方法である。

また，ソーシャルワーク実践の原理では，人の生活は，個人と環境との相互作用において現出するものとしている。したがって，その高齢者を取り囲む社会環境的側面におけるストレングスにも注目して，長所や強みを具体的に援助計画にとりいれていくことも大切である。

■ 多職種連携の重要性

高齢期における生活の様相は多面的である。また今日，一人暮らし高齢者の急増や認知症高齢者

への対応等，高齢者の抱えるニーズは複雑で多様である。それらの高齢者のニーズに対応するためには，複数の専門職による複数のサービスが提供される必要がある。しかし，一人の高齢者が，すべてのサービス内容を理解し，自己選択し，自らサービス事業者に連絡して，適切にサービスを受けることはかなりの負担である。そこで，援助者が高齢者の自己決定を尊重しつつ，複数のニーズとサービスを結びつける手続きが，ケアマネジメントである。

介護保険制度でケアマネジメントを担当するのは介護支援専門員であるが，ケアマネジメント過程においては，高齢者の意向を中心に，関連する専門職がケアカンファレンスなどにより，連携してチームアプローチで援助を実施していくことが求められる。

たとえば，在宅生活の高齢者に対して援助を行う際には，その高齢者が受けている訪問介護，通所介護などの各サービス事業者との連携に基づきサービスが提供される。その高齢者が何らかの疾病で病院に入院すると，医療機関の担当者との連携も必要になる。さらに退院時には在宅生活に向けて継ぎ目のないサービスのコーディネートが求められる。

また，介護保険制度におけるケアマネジメントに限らず高齢者のために多職種連携を必要とする場面もある。たとえば，高齢者が虐待を受けている場合には，地域包括支援センターや市町村の担当者との連携が必須となる。施設入所の高齢者に対しても，入所者の心身の変化をモニターし，効果的なケアを継続していくために，施設に配置

されている各専門職がケアカンファレンスなど
で情報を共有し，連携する必要がある。

　このように多職種連携は，連絡・調整やサービ
ス利用のための協力にとどまらず，一人の高齢者
の生活の質の向上のために行われる総合的な援
助の方法である。また，多職種連携に基づくケア
カンファレンスは，様々な専門職種が自らの専門
性を発揮し，また他の専門職の専門性を尊重しな
がら高齢者の自立生活に向かって対応を協議す
るための場として位置付けられる。

1

◆1　ストレングス
高齢者が有する強み，長所。1992年，サリー
ベイ（Saleebey, D.）『ソーシャルワーク実践
におけるストレングス視座』などによって提
唱された。人を病理・欠陥的に見る視点を批
判する立場をとる。ストレングス視点は，利
用者の病理・欠陥に焦点を当てるのではなく，
長所，強さ，たくましさ，潜在的な内的資源
などに焦点をあてることを強調する視点，援
助観である。

第2節 高齢者を支える専門職の種類と仕事

この節のテーマ
- 高齢者への援助を行う組織や機関に所属する専門職について考えよう。
- 福祉関係の専門職以外の専門職の仕事について知ろう。

　高齢者が抱える生活上のニーズは多面的であり、それらに対応するためには様々な分野の専門職の支援が結集される必要がある。

　各専門職は、それぞれ固有の教育体系、当該職業に従事するための審査基準をもち、一定の価値基盤に依拠しながら専門的な知識と技術を用いて援助活動を展開している。高齢期におけるその人らしい自立生活に向けて支援するという、基本的な支援の考え方を専門職間で共有しながら、各専門職との連携や協働を効果的に進める必要がある。ここでは、高齢者への支援に携わる可能性のある主な専門職の働きについて、事例を通して紹介してみよう。

様々な専門職によるAさんに対する援助

　Aさん（80歳、男性）は、半年前に脳梗塞を発症し、右半身に少し麻痺が残り、歩行がやや困難となり、物忘れもみられる。妹夫婦が近くに住んでいるため、妹がAさんの世話をしてきた。しかし、妹の介護負担が重く、Aさんとの関係も悪化してきた。このことを妹が近隣の民生委員に相談し、民生委員から地域包括支援センターへ連絡した。Aさんはサービスを受けることには否定的で、民生委員が訪問したときも「他人の世話にはなりませんから」と拒否的な態度であった。

　地域包括支援センターの**社会福祉士**[1]は、Aさんの生活の実態を明らかにすべく、詳細な実態把握を行うこととした。はじめは「福祉の世話にはならない」などと玄関先で拒否することもあったが、地域包括支援センターの社会福祉士はくりかえし訪問し、Aさんに多くの人がサービスを利用していること、今後Aさんが在宅で自立した生活を継続していくために地域包括支援センターが関わっていきたいことなどを説明し、ようやく居室に上がることが許された。

　居室は掃除もされず、ほこりがたまり、布団は敷いたままであった。Aさんは義歯が合わないため使用しておらず、食事はレトルトの粥に味噌汁程度の食事で低栄養状態であることがわかった。脳梗塞後遺症により両下肢の筋力低下も見られ、右半身の麻痺も残っており、まったく外出していない。

　社会福祉士は、Aさんから義歯がないことに不便を感じていることを聞いた。そこで、**保健師**[2]と話し合い、健康管理のために口腔内のケアが大切であることを確認し、保健師が**歯科衛生士**[3]とともに訪問し、口腔ケアを行った。また、歯科受診をすすめ、**歯科医師**[4]による説明を受け、義歯が作られ咀嚼力が増すようになった。

　また、Aさんには、認知症の可能性があると判断し、保健師は認知症疾患医療センターが設置されている総合病院に同行受診することになった。**医師**[5]（精神科医）による受診の結果、血管性認知

症との診断であった。また，保健師が認知症疾患医療センターの医師や**精神保健福祉士**[◆6]などともカンファレンスを持ち，在宅サービスを提供しながらＡさんの在宅生活をサポートしていくことになった。

　その後，Ａさんは介護保険の認定を受け，要介護１と判定された。地域包括支援センターの紹介により，Ａさんを担当する**介護支援専門員**[◆7]が決まり，Ａさんの介護サービス計画を立てるために，Ａさんの希望を聞き，どのようなサービス計画にするか話し合った。その結果，服薬管理や食事などの生活全般にも目配りできるように通所介護や訪問介護を中心にサービスを利用することになった。また，住環境については，**理学療法士**[◆8]が訪問指導でアセスメントし，Ａさんが不自由に思っている場所に手すりをつけ，生活環境を整備した。

　Ａさんは義歯をはめることで表情が明るくなり，「他人に頼りたくない」というかたくなな気持ちが徐々にほぐれていった。また，**栄養士**[◆9]との連携のもと，訪問介護では**訪問介護員**[◆10]がＡさんの身体状態にあった食事を提供し，メニューも多彩になり，栄養面での充実も図られた。通所介護では，**介護福祉士**[◆11]がＡさんに親身にかかわり，通所介護になじめるように支援を行った。さらに，Ａさんの趣味が囲碁であることを聞きだし，共通の趣味をもつ他の利用者とのかかわりを促進することで，Ａさんに友人ができ，生活の楽しみを味わい，妹とも以前のような良好な関係が戻りつつある。

1

◆1　社会福祉士
社会福祉士は，「社会福祉士及び介護福祉士法」に規定された国家資格。専門的知識及び技術をもって，身体上もしくは精神上の障害があること又は環境上の理由により日常生活を営むのに支障がある者の福祉に関する相談に応じ，相談，指導，福祉サービスを提供する者又は医師その他の保健医療サービスを提供する者その他の関係者との連絡及び調整その他の援助を行う。

2

◆2　保健師
保健師は，「保健師助産師看護師法」に規定された国家資格。保健指導に従事する。

3

◆3　歯科衛生士
歯科衛生士は，「歯科衛生士法」に規定された国家資格。歯科医師の直接の指示の下に，歯科予防処置，歯科診療補助および歯科保健指導等を行う。

4

◆4　歯科医師
歯科医師は，「歯科医師法」に規定された国家資格。歯学に基づいて傷病の予防，診断および治療，そして公衆衛生の普及を責務とする医師である。

5

◆5　医師
「医師法」に規定された国家資格。医療及び保健指導を掌ることによって公衆衛生の向上及び増進に寄与し，もって国民の健康な生活を確保する。
精神科医は，精神医学を専門とする医師であり，精神障害・精神疾患・依存症の治療を専門的に診察する医師免許を持つ。

第7章
社会福祉専門職の行う高齢者支援
第2節　高齢者を支える専門職の種類と仕事

高齢者を支える様々な専門職

　紹介したように，Aさんへの支援には，社会福祉士だけではなく，保健師，歯科衛生士，精神科医師，精神保健福祉士，介護支援専門員，理学療法士，栄養士，訪問介護員，介護福祉士など多くの専門職がそれぞれの立場からかかわっていることがわかる。前節で述べたように，各専門職が密接に連携する必要がある。また，Aさんの事例では登場しなかったが，**看護師**[12]，作業療法士，言語聴覚士なども高齢者ケアに携わる重要な専門職である。

　Aさんの事例では，社会福祉士は地域包括支援センターに勤務していたが，他にも社会福祉士が従事する現場がある。介護保険施設，介護保険法上の居宅サービス事業所，老人福祉法上の老人福祉施設，行政機関等があり，主に相談援助業務にかかわっている。その他，社会福祉協議会のコミュニティワーカー，病院の医療ソーシャルワーカー，個人で開業している独立型社会福祉士など，高齢者領域における社会福祉士の活躍の場は拡大している。

　介護福祉士は，介護保険施設，介護保険法上の居宅サービス事業所，老人福祉法上の老人福祉施設などであり，主に介護職員として従事している。介護技術だけではなく，高齢者の日常生活の中で感じるニーズを最も身近な生活場面で把握できる立場にあり，コミュニケーション能力，総合的な判断力，高齢者の変化を察知する感受性なども介護福祉士に求められる素養である。

6

◆6　精神保健福祉士

精神保健福祉士は，「精神保健福祉士法」に規定された国家資格。精神障害者の保健及び福祉に関する専門的知識及び技術をもって，精神科病院その他の医療施設において精神障害の医療を受け，又は精神障害者の社会復帰の促進を図ることを目的とする施設を利用している者の地域相談支援の利用に関する相談その他社会復帰に関する相談に応じ，助言，指導，日常生活への適応のために必要な訓練その他の援助を行う。

7

◆7　介護支援専門員

介護支援専門員は，「介護保険法」に規定された資格である。要介護者等からの相談に応じ，および要介護者等がその心身の状況等に応じ適切な介護保険サービスが利用できるよう，居宅サービス事業者や介護保険施設等との連絡調整を行う者であって，要介護者等が自立した日常生活を営むのに必要な援助に関する専門的知識および技術を有するものとして介護支援専門員証の交付を受けた者である。

8

◆8　理学療法士

理学療法士は，「理学療法士及び作業療法士法」に規定された国家資格。医師の指示の下に，理学療法を行う。

9

◆9　栄養士

栄養士は，都道府県知事の免許を受けて，栄養士の名称を用いて栄養の指導に従事することを業とする者とされている。

10

◆10　訪問介護員

訪問介護員とは，訪問介護を行う者の資格の一つで，都道府県知事の指定する訪問介護員養成研修の過程を終了したものをいう。訪問介護員は，要介護者等の居宅を訪問して，入浴，排せつ，食事等の介護その他の日常生活上の世話，相談や助言などを行う専門職である。一般に，ホームヘルパーと呼ばれている。2013年より，介護職員の養成課程が大幅に見直され，「介護職員初任者研修」が担当することになった。

11

◆11　介護福祉士

介護福祉士は，「社会福祉士及び介護福祉士法」に規定された国家資格。専門的知識及び技術をもって，身体上又は精神上の障害があることにより日常生活を営むのに支障がある者につき心身の状況に応じた介護を行い，並びにその者及びその介護者に対して介護に関する指導を行う。

12

◆12　看護師

「保健師助産師看護師法」に規定された国家資格。傷病者若しくはじよく婦に対する療養上の世話又は診療の補助を行う。

間違いやすい用語

「介護サービス計画」と「介護計画」

高齢者の生活を支えるためには医療・保健・福祉サービス全てを盛り込む必要が出てくる。一人の要介護者にかかわるすべての支援計画を記したものを「介護サービス計画」という。そして，介護サービス計画に基づいて，要介護者に提供される様々な支援のうち，介護福祉士などの介護職によって担当・提供される支援計画を「介護計画」という。

第3節 高齢者を支えるソーシャルワークの方法

この節のテーマ
- 高齢者を支援する際に援助技術がどのような意味を持つのかを学ぼう。
- 直接援助技術であるケースワークとグループワークについて知ろう。
- 間接援助技術であるコミュニティワーク、ソーシャルリサーチ、ソーシャルプランニング、ソーシャルアクション、ソーシャルアドミニストレーションについて知ろう。
- ネットワークの重要性を学ぼう。

ソーシャルワークとはなにか

ソーシャルワークとは、人と環境との間に生じた諸問題を解決したり緩和するために、人と環境の両者にアプローチしながら援助実践を展開することである。高齢期になり、老いのプロセスでさまざまな生活問題が発生した時に、高齢者やその家族、地域住民自らが個別的あるいは組織的に解決するように援助する社会福祉の専門技術である。

ソーシャルワークの対象者は、健康な高齢者から終末期を迎えた高齢者に至るまで幅広い。また、高齢者本人だけでなく、家族、グループ、地域社会なども対象となる。援助の内容は、地域活動の参加、在宅での生活困難の相談、介護保険サービス利用、施設の入退所を巡る相談、終末期の支援など多岐にわたっている。

以下、高齢者本人や家族、グループを対象にした直接援助技術や高齢者の生活している地域を対象とした間接援助技術など、高齢者の生活を支えるソーシャルワークの方法について解説する。

直接援助

直接援助は、援助者がクライエントに直接かかわることによってソーシャルワーク援助を行う形態であり、ケースワークとグループワークが含まれる。

高齢者や家族と直接的な対面関係を通じて社会資源を活用しながら、多様な生活問題を解決する援助技術がケースワークである。主に相談面接を通して行われ、高齢者や家族と援助者の間に信頼関係を構築することが重要である。援助関係の最も基本的な原則が**バイスティックの7原則**である。

これを高齢者への援助に求められる原則として具体的に説明すると以下のようなことであろう。援助者は、個別の人生を歩んできた高齢者一人ひとりを個人としてとらえ、高齢者の否定的な感情をも表現できるように援助する。高齢者の発する感情に沿いながらかかわりを持つために、援助者自身の感情をコントロールする必要がある。そして高齢者本来の姿を批判することなく、ありのまま受け止め高齢者の決めたことを尊重しながら援助を展開する。また、援助過程でもたらさ

れた高齢者とその関係者に関する秘密は守られる。

　なお，ケースワークは，①インテーク（受理面接），②アセスメント，③支援計画の立案，④支援計画の実施，⑤再評価，⑥終結とフォローアップ，というプロセスで実施される。

　グループワークは，グループを活用してグループメンバー個々人やグループ全体が直面している問題解決のために側面的援助をする援助技術である。

　自立度が比較的高い高齢者には，老人福祉センターなどで，共通の趣味や生きがい活動を通して，人間関係を豊かにするための援助が行われる。身体的自立度が低い高齢者や認知症高齢者に対しては，介護老人福祉施設や通所介護などで，グループワークの考え方を用いながら回想法や音楽療法などのアプローチが行われる。グループワークは集団を扱うが，対象となる高齢者一人ひとりの性格や身体状態などを考慮しながら進めていく必要がある。プログラムは，参加している高齢者の希望に沿って決定し，グループの主体性を最大限発揮したものにすることが大切である。

▎間接援助

　間接援助には，コミュニティワーク，**ソーシャルリサーチ**[◆2]，**ソーシャルプランニング**[◆3]，**ソーシャルアクション**[◆4]，**ソーシャルアドミニストレーション**[◆5]があげられる。

　ケースワーク，グループワークが一人から数十人までを対象にしてきた方法に対して，コミュニ

1

◆1　バイスティックの7原則
①クライエントを個人としてとらえる。②クライエントの感情表現を大切にする。③援助者は自分の感情を自覚して吟味する。④受け止める。⑤クライエントを一方的に非難しない。⑥クライエントの自己決定を促して尊重する。⑦秘密を保持して信頼感を醸成する。

2

◆2　ソーシャルリサーチ
標準化された客観的な技術に基づき信頼性の高いデータ収集と分析を行い，事象の一般性・不変性や法則性，結果の正確性に力点を置く統計的・量的調査と，個別の事象を深めることに力点を置く記述的・質的調査に分けられる。

3

◆3　ソーシャルプランニング
福祉問題の解決を図り，到達目標を設定し，その達成を組織的・合理的・戦略的に果たしていく技術。

4

◆4　ソーシャルアクション
個人・集団・地域住民のニーズに合う社会福祉制度やサービスの改善・創設を促す技術。

5

◆5　ソーシャルアドミニストレーション
施設・設備の管理，支援活動内容の改善，事務や財務の管理，職員間のチームワーク，人事管理や職員の研修などといった諸課題を検討して政策形成につなげる組織管理運営過程である。

第7章
社会福祉専門職の行う高齢者支援
第3節　高齢者を支えるソーシャルワークの方法

ティワークは地域を対象としている。コミュニティワークは，地域社会の中でおこる住民の共通の福祉課題を地域住民自らが主体的に問題解決していくプロセスを援助していくものである。

　地域でどのようなことが切実な福祉課題として受け止められるかを把握し，住民の参加による討議を経て優先順位をつけ，その解決のための計画を立案する。調査活動や広報活動などによって一般住民の参加を促し，必要な社会資源がなければ開発していく。この一連のプロセスにおいて，ソーシャルリサーチ，ソーシャルプランニング，ソーシャルアクションなどの技術と密接にかかわっている。

　たとえば，地域の住民が地域の問題を話し合い，いくつかの問題の中から認知症高齢者への支援を切実な福祉課題として取り上げたとする。実際，認知症高齢者の家族が何を不安に感じているのか，地域住民はどのようなことを働きかければよいと考えているかなど，ソーシャルリサーチによって明らかにする。そして，認知症高齢者を支援する具体的なものとして，認知症高齢者が徘徊した時に，警察だけでなく，コンビニ，ガソリンスタンド，タクシーの無線などを活用して，徘徊高齢者の情報を発信し，発見するシステムを構築したり，認知症高齢者について住民がさらに理解を深めるための啓発プログラムを地域住民主体で年間計画を立てることをサポートする。これらの技術は，ソーシャルプランニングである。計画の実施の段階で，行政にもそのシステムの協力体制を作るよう働きかけるなど，ソーシャルアクションが行われることもある。

┃ ネットワーク

　ソーシャルワークにおけるネットワークの種類として以下の3つがある。(1)

　①　専門職の連携のみならず，ボランティア・友人・隣人・近親者などのインフォーマル・ネットワークを含む**ソーシャル・サポート・ネットワーク**◆6

　②　**セルフヘルプグループ**◆7への注目とその活動を支援するネットワーキング及びセルフヘルプグループが行うソーシャルアクションを支援するソーシャルアクション・ネットワーキング

　③　地域福祉を推進するための総合的なネットワークの形成

◆6　ソーシャル・サポート・ネットワーク
ソーシャル・サポート・ネットワークとは，「個人を取り巻く家族，友人，近隣，ボランティアなどによる援助（インフォーマル・サポート）と公的機関や様々な専門職による援助（フォーマル・サポート）に基づく援助関係の総体」[2]を示している。また，フォーマルな援助を提供する立場にある専門職が「専門職でない素人」によるインフォーマル・サポートを確認し，活用しながら実践活動を展開することをソーシャル・サポート・ネットワーク・アプローチという。

◆7　セルフヘルプグループ
認知症高齢者を介護しているなど，同じ問題をかかえている人たちが思いや体験を話したり聞いたりすることで悩みや苦しみを分かち合い，自分らしく生きていく力を得ようという目的で集まるグループのこと。「自助グループ」または「当事者組織」「本人の会」ともいう。

間違いやすい用語

「ケースワーク」と「ケアワーク」
- -
個人や家族がかかえる生活問題を，主に相談面接を通して，社会資源を活用しながら解決を図る援助技術を「ケースワーク」という。直接援助を担う仕事や社会福祉生活施設で働く人の仕事を「ケアワーク」と表現することがある。一般的には介護という言葉でいわれている。

注
(1)　山手茂（1996）『福祉社会形成とネットワーキング——社会学・社会福祉学論集2』亜紀書房，39-41頁。
(2)　渡辺晴子（2006）「ソーシャルサポートネットワークづくり」日本地域福祉学会編『新版　地域福祉事典』中央法規出版，422-423頁。

Close up

ソーシャルワークのグローバル定義

　2014年7月に，国際ソーシャルワーカー連盟（IFSW）と国際ソーシャルワーク学校連盟（IASSW）の総会・合同会議において，ソーシャルワーク専門職のグローバル定義が採択された。この定義については，日本では，社団法人日本社会福祉教育学校連盟と社会福祉専門職団体協議会との共同日本語訳が示されている。
　「ソーシャルワークは，社会変革と社会開発，社会的結束，および人々のエンパワメントと解放を促進する，実践に基づいた専門職であり学問である。社会正義，人権，集団的責任，および多様性尊重の諸原理は，ソーシャルワークの中核をなす。ソーシャルワークの理論，社会科学，人文学，および地域・民族固有の知を基盤として，ソーシャルワークは，生活課題に取り組みウェルビーイングを高めるよう，人々やさまざまな構造に働きかける」

第4節 高齢者を支える介護の方法

○ この節のテーマ

- ●介護過程の意味とプロセスについて知ろう。
- ●介護技術とボディメカニクスの重要性を知ろう。
- ●施設で介護職が医療的ケアの一部を担うことになったことを知ろう。

介護とはなにか

介護は，病気や老い，障害等によって，高齢者が今まで普通にできていた食事，入浴，排泄などの身の回りの生活動作や意思決定等ができなくなっていく辛さや悩みに関わり，その高齢者の生活が今までと同じように継続されるように本人や家族，周囲の関係する人たちと共に考え，支援する活動である。

ここでは，その人の抱えている生活課題を解決に近づけるための段階的で具体的な介護過程と介護過程を展開する介護技術について説明する。

介護過程

介護過程とは，論理的な思考過程を元に，介護をどのような方法で提供するか，その根拠とそれに基づくプロセスを明らかにしていくことをいう。一人ひとりの高齢者のよりよい生活を目標として，以下の流れに従い実施される。

① 出会い，相談と面接

介護を必要とする高齢者・その家族とケアワーカーが最初に顔を合わせる場面である。最初の出会いを有効な場面とするために，援助者は，バイスティックの7原則（141頁参照）を基本にお

きながら，高齢者との信頼関係を築いていかなければならない。

② アセスメント

アセスメントで利用する情報には，主観的情報と客観的情報の2つがある。主観的情報とは，高齢者や家族が主観的に感じている希望等の意見を中心とした本人や家族から得られる情報のことであり，客観的情報とは，医師の診断書や介護認定による介護度や認定審査会意見書など誰が見てもわかる情報である。

高齢者の主観的情報の収集については，見てわかること，聞いてわかること，ふれてわかることなど五感を十分に活用しながら行い，足りない情報は介護の提供場面で徐々に関係性を構築しながら引き出さねばならない。

収集した情報は入念に分析し，そこから高齢者の生活課題（ニーズ）を導き出さなければならない。

③ 介護計画

アセスメント結果をもとに，高齢者の意思を尊重しながら具体的に明らかとなった生活課題の解決のための目標を立て，どのような方法で介護を提供していくかを計画する。介護計画は，介護サービス提供の総合的な支援方針と，一つひとつの生活課題に対する長期及び短期目標，具体的な介護サービス内容，サービス提供機関，担当者等

の内容について作成していく。

④　介護の実施

サービス内容は個別性を尊重したものであり，介護の基本である安全・安楽・自立支援等を踏まえて実施しなければならない。

高齢者の意向や意欲は日々変化し，一定ではないため，介護の実施後には必ず介護サービス提供記録等を作成し，関係者が情報を共有できるように心掛けなければならない。また介護サービス提供中の触れ合いや会話の中で行われる生活場面面接から得られる情報なども重要になる。

⑤　評価と修正

介護の実施後，評価の期日を決めて評価・修正作業を行う。実際に行われたサービスの方法や内容が高齢者にどのような変化を与えたか，介護計画は課題解決のために適切であったか，解決できない課題は何かなどを次につなげる。修正が必要になった場合には変更をしなければならない。また高齢者の入院や転居したり，自立に向かいサービスを必要としなくなることもある。

このような過程の中で重要なのは援助者の専門性，援助者と高齢者との信頼関係があって成り立つということである。

介護技術

高齢者のそれまでの生活を継続するためには，介護過程を展開する介護技術が必要になる。介護者が自分自身の体を使って介護するため，身体介護の提供には，介護者と高齢者双方の安全性に配慮した体の動き「**ボディメカニクス**」について理

◆1　ボディメカニクス

人体力学や身体力学のことである。つまり，日常生活において，人間の骨格や筋肉，内臓などの身体の部位や身体部位に作用する力を有効活用して人体の移動や動作を変換することである。理想的な身体力学とは，身体的な性質の活用が十分に行われて，介護の職業病の一つである腰痛を予防することである。

ボディメカニクスのポイントには以下のことがあげられる。

①支持基底面を広くとる。介護者は足を前後左右に広げ，高齢者を支える面積を広げる。

②重心の位置を低くする。介護者はひざを曲げて腰を落とす。

③高齢者に近づく。重心を高齢者に近づける。

④高齢者の体を小さくまとめる。摩擦の抵抗を少なくし，移動する際に介護者の身体への負担を軽減する。

⑤高齢者を水平に動かす。高齢者を持ち上げるのではなく，下から支え，水平に動かす。

⑥てこの原理を応用する。てこの原理を応用することで小さな力で移動ができる。

第7章
社会福祉専門職の行う高齢者支援
第4節　高齢者を支える介護の方法

解し，活用することが重要である。

　また，食事，入浴，排せつは，三大介護とも言われている。

　①　食事介護

　食事介護とは，単に食事を口に運ぶ介護ではなく，食べることを通して，その人らしい生活へ近づくための援助を行うことである。私たちの生活において，食事とは，生命活動維持に必要な栄養分の摂取以外にも，食べる楽しみ，生活のうるおい，コミュニケーションや団らんなどといった多様な目的がある。食事の目的を大切にしつつ，安全面にも配慮しなければならない。

- 寝る場所と食事をとる場所を可能な限り分けること（寝食分離）
- 食事を終えるまで良い姿勢を保てるように配慮すること
- 高齢者から食事が認識できるように配慮すること（見えるところに置く，視覚に問題があり，見えない場合は声かけ等が必要である）
- 摂食・嚥下に注意を払うこと

　②　入浴介護

　入浴は，身体の汚れを洗い流し爽快感を得るだけではなく，湯につかり，精神的身体的な疲れを癒している。高齢者にとって，快適かつ安全に入浴介護する必要がある。

- 浴室は石鹸などで滑りやすいため転倒しないよう安全に注意すること
- 消化や吸収機能の低下を避けるために，食前，食後の1時間は入浴は避けること
- 血圧の急激な変化を避けるために脱衣所や浴室の温度差に注意すること

- プライバシーに配慮すること
- 入浴後は脱水を予防するために水分補給を勧めること

　③　排せつの介護

　一般的に，排せつは個室で行い，その行為や排せつ物は人に見られるものではない。やむを得ず，他人に頼ることになる場合，羞恥心が伴うため，プライバシーに配慮しなければならない。

- 羞恥心や自尊心に配慮すること
- 不要な露出を避けたり，排せつ時の音や臭いに対する配慮をすること

　また，介護技術には，基本介護と個別介護がある。基本介護とは，生活に必要な移動，食事，排せつ，入浴，衣類の着脱などで心得なければならない基本原則である。たとえば，片麻痺の高齢者の衣服の着脱には，脱ぐときには麻痺のない腕（健側）から脱ぎ，着るときは麻痺のある腕（患側）から袖を通す脱健着患という原則がある。

　個別介護とは，基本介護の原則をもとに高齢者の障害の程度や関節可動域など個別性に配慮し，その人にあった衣服の着脱や介護を提供することである。

医療的ケア

　医療ニーズの高い重度の高齢者が増加してきたため，2012年4月から在宅や施設において，医療や看護との連携による安全確保が図られていることなど一定の条件の下で，介護職のたんの吸引と経管栄養の**医行為**◆2が認められるようになった。2015年4月以降に資格取得した介護福祉士または所定の研修を終了し認定を受けた介護職がその医行為を行える。

◆2　医行為
医療的な行為のこと。医師法第17条には「医師でなければ，医業をなしてはならない」と規定されている。医師以外の者に禁止されている「医業」は「医行為」を業として行うこととされている。

Check

右片麻痺の高齢者に対する介護の方法に関する次の記述のうち，正しいものを1つ選びなさい。

1　利用者が浴槽へ入る際，右足から入れるようにする。
2　上着は，右手から脱いでもらう。
3　杖歩行の際は，左後方から支える。
4　食事介助は，右口角から食べ物を入れる。
5　端座位から車いすへの移乗の際，車いすは左側に置く。

答：5
（第26回社会福祉士国家試験問題130より）

バイステック，F. P.／尾崎新・福田俊子・原田和幸訳『ケースワークの原則 援助関係を形成する技法』誠信書房，2006年
援助者の面接の基礎ともなるバイスティックの7つの原則が一つひとつ詳しく説明されている。将来，高齢者分野にかかわらず，相談援助職をめざす人にとっては必読書である。

渡部律子『高齢者援助における相談面接の理論と実際　第2版』医歯薬出版，2011年
高齢者援助における相談面接業務の全プロセスについて，事例を用いながら詳細な解説を加えている。また，高齢者介護のために相談面接だけでは乗り越えられない課題，援助職者の「燃えつき」への対処などを含めて，理論や研究，調査結果を盛り込んだ実践版である。

問：なぜ高齢者の生活史を理解することが必要なのか述べなさい。

ヒント：自分の価値観，生活習慣，生活へのこだわりについて考えてみよう。

第8章

認知症高齢者に対する支援

本章で学ぶこと

● 認知症の原因となる主な病気について知る：第1節

● 認知症の症状の特徴について理解する：第1節

● 認知症の人を中心にした支援の視点を理解する：第2節

● 認知症の支援を人生や生活全体でとらえることの重要性：第2節

● 今後の認知症支援で求められる社会のしくみについて知る：第3節

第1節 認知症とはどのような病気か

この節のテーマ
- 認知症は原因となる病気があるということを知ろう。
- 認知症には「中核症状」があることを知ろう。
- 認知症の「行動・心理症状」は，周辺環境に大きく影響されることを理解しよう。

私たちは，生まれてから社会の中で生活をし，教育を受けながら知的機能が発達する。認知症とは，そうして「いったん正常に獲得・成立した脳の知的機能が，何らかの後天的，器質的な障害によって慢性的に低下し，日常生活に支障をきたした状態」(1)を言う。

認知症の原因となる病気は様々であり，その病気によって，脳の神経細胞がどのように障害されているのかも違い，症状の現れ方も違う。認知症の原因疾患を知っておくことは，認知症の人とその行動の背景を理解する上で重要な情報の一つである。

認知症の主な原因疾患

認知症の状態になる原因とされる病気の主なものには，①アルツハイマー型認知症，②血管性認知症，③レビー小体型認知症，④前頭側頭葉型認知症などがある。以下に，その代表的な疾患の特徴を簡単にみてみよう。

① アルツハイマー型認知症

脳の神経細胞の中に神経原線維変化と呼ばれる異常な物質がたまることにより，神経細胞が死んでしまい徐々に脳の委縮が進むために認知症の状態になる。いつともなく物忘れが多くなり，ゆっくりと進行していく（緩徐型）ことや比較的会話能力は保たれ，話しかけには打てば響くような反応ができるのも特徴である。

② 血管性認知症

脳の血管が詰まる脳梗塞や，脳出血などのいわゆる脳卒中発作が原因で脳の神経細胞が死んでしまい認知症の状態になる。脳卒中発作はくりかえし起きることが多いので，その発作ごとに認知症の症状が階段のように進むのが特徴である。

③ レビー小体型認知症

「レビー小体」という物質がたまって神経細胞が死んでしまい，認知症の症状が現れる。レビー小体型認知症では，ありありとした鮮やかな幻視と，小刻み歩行などのパーキンソン症状が特徴である。また，精神科の薬物に対する副作用が出やすいので，注意が必要である。

④ 前頭側頭型認知症（ピック病）

初老期に発症することが多い。アルツハイマー型認知症のように脳の全体が委縮していくのではなく，脳の前頭葉と側頭葉と呼ばれる部分の委縮が顕著に現れる。この部分は，人の思考や感情，性格，理性，行動の抑制などを司っているため，障害されると，それまでとは人が変わったような行動をとることがある。たとえば，万引きをしたり，急にだらしなくなったり，周りに無頓着で注意されても同じ行動をくりかえすなどである。また，初期には記憶や生活の障害は軽いため，周囲

は認知症とは気づかないこともある多い。

その他の認知症

　認知症は現在，根本的な治療方法や薬は開発されていないが，原因となる病気を特定した場合に，治療可能な認知症もある。その代表的なものが慢性硬膜下血腫，正常圧水頭症などである。

　① 慢性硬膜下血腫

　転倒などで頭を強く打った場合に，打撲直後は異常が発見できないが，実は脳の硬膜の血管などが破れて，じわじわと出血し，脳を圧迫して神経細胞に障害を起こす。そのため，物忘れがひどくなるなどの認知症状を呈するが，徐々に起きるのですぐに気づかないことも多い。

　② 正常圧水頭症

　脳内の髄液が何らかの原因で正常に循環せず，脳内に溜まって脳全体を圧迫する。このため，歩行障害，排尿障害，認知障害などの症状がみられるのが特徴である。これらの疾患の場合には早期に発見し，治療すれば治る可能性があるので，周囲が異常に気づき，医療につなぐことが重要である。

　このように，認知症には原因となる疾患があり，その特徴を知ることで私たちが支援する際の注意点がわかる。たとえば，治療可能な認知症なのかどうか判断するために適切な医療と連携することや，レビー小体型認知症の場合には抗精神病薬への副作用について十分配慮することなどである。認知症の人を支援する時に，そうした基礎知識は医療や介護に携わる人と連携する時に重

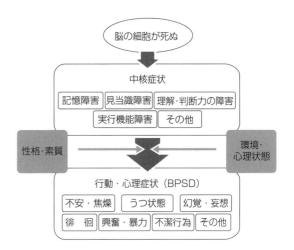

図8-1
認知症の症状
出所：「認知症サポーター養成講座資料」5頁。

要である。

認知症の中核症状

　認知症には共通した代表的な症状がある。その症状を知ることで，認知症の人の理解がしやすく，よりよい支援へとつながるはずである。認知症の症状にはどのようなものがあるのだろうか。症状は大きく「中核症状」と「周辺症状（行動・心理症状：BPSD〔Behavioral and Psychological Symptoms of Dementia〕）」の2つに分けられる（図8-1）。

　中核症状とは，認知機能に係わる文字通り中核となる症状で，記憶障害，見当識障害，失語・失行・失認，理解・判断力の障害などである。

　アルツハイマー型認知症に代表される記憶障害は，通常の誰にでもある年相応の物忘れとは違

第8章
認知症高齢者に対する支援
第1節　認知症とはどのような病気か

う。体験した出来事そのものを忘れてしまう記憶障害がある。たとえば，前日の夕食で何を食べたのかを思いだせないのは普通の物忘れでも見られるが，昨日，夕食を食べたという出来事全体を忘れてしまうのが認知症の記憶障害である。記憶障害は，認知症の軽度の段階では，新しい出来事は覚えにくく，過去のエピソードは比較的よく保たれていることも特徴である。

また，私たちは通常おおよその時間や自分のいる場所がわかるので，そろそろお昼ご飯かなとか，外出先から家に帰るにはこの道を通ろうなどと判断している。この時間や場所を見当づけることを見当識というが，認知症の人は，昼夜の区別がつきにくかったり，自分のいる場所や，トイレに行こうとしてトイレの場所がわからなくなるなどの日常の困りごとが現れる。この力が低下することを見当識障害という。

記憶力や見当識が低下すると，物事の判断や理解をするスピードも落ちてくる。複数の出来事をうまく処理できなくなったり，時間がかかることが増える。

また，認知症の重症度により中核症状の現れ方は変化していく。たとえば，見当識障害を例にあげてみよう。認知症の軽度の段階では，主に時間の見当識障害が顕著に現れるが，進行とともに，場所の見当識，人の見当識が不確かになっていくといわれている。今日が何月何日なのかとか，時間がわからなくなる状態が最初に現れ，次に慣れない場所で自分がどこにいるのかわからなくなったり，さらに，いつも散歩している道でも迷ったり，家の中でどこにいるのかがわからなくなる

などの場所の見当識が低下する。一方で，人の顔，特に親しい家族の顔などがわからなくなるのは，認知症が相当進行してからということになる。

認知症の行動・心理症状と援助者に求められる視点

中核症状に伴って多くの認知症の人には周辺症状が現れる。この周辺症状のことを最近では行動・心理症状（BPSD）と表現されることが多くなっている。行動・心理症状は，中核症状のように必ず現れる症状ではなく，症状が出ない人もいる。また，行動・心理症状は多様で，認知症の進行により症状が変化する。不安・焦燥，抑うつ状態，徘徊，攻撃的な言動，不潔行為，異食などのほか，様々な精神症状，行動症状がある。これらの症状が激しくなると，本人の苦痛だけではなく，介護をする周囲の者も対応に苦慮することになり生活上の支障が増すことになる。

その際，何よりも援助者が気をつける必要があるのは，行動・心理症状の現れ方は，その人に係る援助者も含めた周辺環境に大きく影響されるということである。たとえば，認知症の本人が，財布をどこかに片づけたこと自体を忘れてしまい，盗られたのではないかと不安に思いながら探している時に，そばにいる介護者が，その人の気持ちに添うように一緒に財布を探すのと，財布を盗まれるわけがないと非難し，その人の思いを否定するような対応とでは，本人の安心感は明らかに違ってくる。そのような不安な気持ちに何とか対処しようとして，よけいに行動心理症状が顕著

になることも多い。

　認知症の当事者である**クリスティン・ブライデン**[1]は，自身の著書の中で，私たちには何気ない周囲の音や光の影響が想像以上に負担に感じるということを述べている。私たちは認知症の人が混乱しているときは，特にテレビの音や部屋の明るさなどにも細やかな配慮が必要になる。

　対処の仕方が不十分で，本人の周辺の環境が気持ちを逆なでするようにマイナスに働くと，本人はその状態を何とか改善しようとしてさらに激しい言動につながることになる。不安が募り，困っている状態をうまく解決できないとき，じっと落ち着いていることなどできず，動き回ったり自分の気持を訴え続けたりするかもしれない。認知症の人の様々な行動や心理症状の背景には，そのような不安感や現実とうまく折り合いがつけられない葛藤がある。援助者のかかわり方や周辺環境の不具合が影響しているのではないかと，感じ取る姿勢が求められる。認知症の人を支援する周囲の人たちが，本人のストレスに気づき，負担感を減らす援助を心がけることで，行動・心理症状は軽減されることも多いのである。

◆1　クリスティン・ブライデン
（Christine Bryden）
オーストラリア政府の高官であったが，40歳代でアルツハイマー病の診断を受ける。その後，当事者として日本を含む世界で講演を行い，認知症の人への理解を訴えてきた。『私は誰になっていくの──アルツハイマー病者から見た世界』（クリエイツかもがわ，檜垣陽子訳，2003年）等の著書も出版している。

Check

認知症に関する次の記述のうち，正しいものを1つ選びなさい。

1　アルツハイマー型認知症では，感情失禁が特徴的な症状である。
2　脳血管認知症では，まだら認知症が特徴的な症状である。
3　レビー小体型認知症では，幻聴が特徴的な症状である。
4　ピック病では，人格変化は生じにくい。
5　クロイツフェルト・ヤコブ病では，梅毒病原体が原因となる。

答：2
（第25回社会福祉士国家試験問題5）

注　(1)　中村紫織（2011）「認知症とは」本間昭編『介護福祉士養成テキストブック⑪　認知症の理解』ミネルヴァ書房，12頁。

第2節 認知症の人への支援の方法

この節のテーマ
- 認知症は何もかもできなくなるわけではないということを理解しよう。
- 認知症の人への支援は，人生や生活を支える視点が欠かせないことを理解しよう。

パーソンセンタードケアの視点

　第1節でみてきたように，認知症は進行する病気であり，その症状は，認知機能の低下や，個人とその周囲の環境との相互作用の影響を受けることで様々な状態を引き起こす。そのために，今までのその人らしさが失われたり，生活のしづらさが生じたりしている。また，介護者など周囲の人との葛藤も生まれる。

　かつて，私たちは認知症の人と向き合った時のそうした様々な葛藤を「困った行動や心理症状」ととらえて，その症状だけに焦点をあて，どのようにすれば穏やかにできるか，なくすことができるかという視点で考えがちであった。しかし，実はその行動・心理症状が，様々な要因で引き起こされていることや意味のある言動であり，その人を中心にした理解の仕方に変えることで，認知症の人が安心できたり，穏やかに過ごすことができるようになるということがわかってきた。

　特に1980年代にイギリスのトム・キットウッド（Tom Kitwood）が提唱した「パーソンセンタードケア」の理念は，これまでの「問題行動」への対処というケアから「その人らしさ」を中心にした認知症ケアモデルへと，ケアの考え方を大きく転換させたものだと言える。彼は，図8-2のように，認知症の人の様々な言動は，脳神経疾患だけではなく，生活歴，性格・気質，心理社会関係，身体状況・感覚という5つの要因と，その人をとりまく外的な環境との相互作用によるものであり，その言動の背景には認知症の人が抱く「自分らしくありたい」とか，誰かと「共にありたい」などの5つの心理的ニーズがあり，その基礎には愛があると考えている。

　たとえば，ある認知症の人が「こんなところにはいられない」と何度も帰ろうとしたとしよう。その時に，外に出ては危険だからと建物の中に引き止めたり，入り口を閉めたりすることで一件落着にするのではなく，なぜ帰ろうとしているのかを5つの要因と環境，心理的ニーズから考えることが重要である。自分が慣れ親しんだ自宅の風景と違う場所にいるので，落ち着かないのかもしれないし，あるいはトイレに行きたいのに，どこにトイレがあるかわからず，探したいと思っているのかもしれない。それとも，家で家族のために夕飯を作りたい，自分を必要とされている場所に戻りたいと思っているのかもしれない。

　このように，「帰りたい」という言葉の裏側には，一人ひとりにそれぞれ理由があり，「帰宅願望＝問題行動」というレッテルを張るのではなく，その人を中心にして，その言動の意味を理解しようとする試みこそが重要である。

　認知症をもつその人の価値観や性格，人生を尊重し，1人の人としての支援を行うことがパーソ

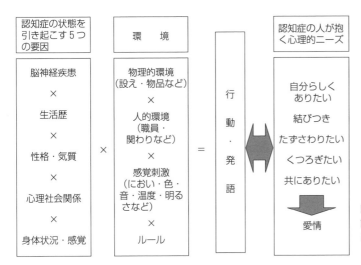

図8-2
認知症の人の抱く心理的ニーズ
出所：認知症介護研究・研修東京センター（2000）『ひもときシートのポイント』。

ンセンタードケアであり，認知症ケアの基本的な考え方として実践に活かすことが求められる（図8-2）。

残された能力を活かす

　認知症は進行する病気であり，今まで，できていたことができなくなっていくという特徴がある。そのような症状の中で，本人主体の支援を行うということをどのように考えればよいのだろうか。周囲の人は，できなくなった部分に関心を向けがちであるが，できる部分に着目して支援する，環境を整えることが重要である。たとえば，料理の得意だった人でも認知症が進むと，材料をそろえ手順を踏んで調理し，味付けをするという段取りができにくくなっていく。しかし，すべてできなくなるわけではなく，調理をするときに鍋に具材をいれる順番を伝えれば，野菜を手際よく切ることはできたり，味付けのコツは誰よりも詳しかったりする。残された能力が活用できなければ，結果としてその能力も失っていくことになり，得意だった料理を楽しむことや，誰かに自慢の料理を味わってもらいたいという，本人の楽しみや願いも奪われることになる。

　私たちは，様々な生活行為を複雑に組み合わせながら暮らしている。その生活行為は，人や周囲の環境との相互作用で成り立っている。そして，人の暮らしや人生を考えると，一つずつの生活行為ができることに加えて，慣れ親しんだ風景や，なじみのある人と関わるなかで，その生活に安心感を感じたり楽しみを見出したりしている。つまり，認知症のその人のできることに気づき，援助することは，生活行為を単純にできるようにするということだけでなく，その人の今まで暮らしてきた生活の楽しみや人との関係性をつなぐという点で重要なことなのである。

第8章
認知症高齢者に対する支援
第2節　認知症の人への支援の方法

認知症の当事者の一人はあるシンポジウムで「わたしは　あたまはびょうきでも　体は　とても元気です。（中略）だから，することをいってもらえば　たいていのことはできます。（中略）そばでささえてくれる人と　笑顔で　すごす時間を　たくさんもって，人のやくに立ちたいです」[(1)]と訴えている。残された能力に気づき，できることを支えることで，本人の人としての誇りを保ち，その人の人生や暮らしの継続性を大切にした本人主体の支援へと結びつく。

関係性をつなぐ

認知症の人は，その症状により，今までの生活が継続し難くなったり，周囲の人との関係性が崩れていくことになる。私たちの認知症支援は認知症という病気により継続できなくなった生活や，周囲の人との関係性をつなぎ直すところにある。これが生活の継続性への支援である。

認知症の人は，環境の変化に適応しにくく，**リロケーションダメージ**◆1といって，入院や入所など暮らしの場所が変わることで影響を受け，行動・心理症状が激しくなることも多い。しかし，今までは認知症の症状の変化や進行に合わせて，認知症の人の居場所を病院や施設へと変えることの方が多かった。居場所を変えることでさらに，認知症の人の症状が悪化することがあっても，移り変わった場所で何とかその人が安定するようにと医療やケアが提供されてきた。

しかし，本来は認知症のその人を変えようとするのではなく，本人のなじみの暮らし方や地域，

人との関係性が継続できるよう支援する必要がある。人生の主人公であるその人を総合的にとらえ直すと，実は，医療や介護など支援にかかわる専門職は認知症の人の生活のほんの一部だと気づく。援助する私たちは，認知症のためにうまくいかない暮らしの流れをつないだり，途切れた人間関係をつなぎ直すことで，環境をその人に合わせて変化させるという視点が求められる。

暮らしの継続性と多職種連携

このように，パーソンセンタードケアの視点で認知症の本人の自己決定を支えること，本人の持っている力に着目し活かすこと，生活の継続性への支援をすることが認知症の人への支援では重要である。そしてそれらの支援が有効に機能するために，認知症の人に係る多職種が，認知症の人の生活・人生を支え，その人らしい生涯を全うできるようにという共通の目的を持つ必要がある。

厚生労働省が2015年に関係省庁と共同で策定した新オレンジプラン（くわしくは次節参照）にも，具体的な施策の二つ目に「認知症の容態に応じた適時・適切な医療・介護等の提供」があげられている。その具体的な取組み課題として①本人主体の医療・介護等の徹底，②発症予防の推進，③早期診断・早期対応のための体制整備，④行動・心理症状（BPSD）や身体合併症への適切な対応，⑤認知症の人の生活を支える介護の提供，⑥人生の最終段階を支える医療・介護等の連携，⑦医療・介護等の有機的な連携の推進の7項目があり，これらに取り組むことによりその時の容

態にもっともふさわしい場所で適切なサービスを提供する循環型の仕組みを目指している。

　認知症の人と早期から出会い，終末期までの継続的な関わりをめざすということは，長い人生の中で，認知症の進行に応じた支援はもちろん，認知症とは関係のない身体疾患などの合併症を生じることもあるなど，状態像の変化に応じた支援が求められる。その時々の医療の必要性や生活課題の変化に応じて切れ目なく，適時適切に介護・医療等が提供されるための有機的連携こそが，本人の暮らしの継続に求められる多職種連携であると言える。

　また，その多職種連携は，全国一律に標準化ができるものではなく，認知症の人が住んでいる地域特性に応じた社会資源，関係専門職種の多様なネットワークの構築が前提となる。

◆1　リロケーションダメージ
一般的に，高齢者が転居や施設への入居などにより，暮らしの環境が変わりその影響で心身の状況が変わること。特に認知症高齢者は環境の変化に適応しにくく，なじみのない場所では不安感が増し，認知症の症状が出現したり，症状が悪化することがよく見られる。

注　(1)　認知症の人と家族の会 (2004)『ぽ～れぽ
　　　～れ』(293) 9頁。

第3節 認知症の人を支えるしくみと制度の動向

この節のテーマ
● これまでの認知症ケアの歴史を知ろう。
● 認知症の人を社会全体で支えるための制度や施策の方向性について知ろう。

認知症ケアの歴史

　第2節のような，認知症の人の尊厳を保持し，その人らしい生活を支援するための認知症ケアのあり方は，まだ始まったばかりといえる。

　2013年6月に厚労省は「**今後の認知症施策の方向性について◆1**」という報告書を発表したが，この中で，これまでの日本の認知症施策について「かつて，私たちは認知症を何もわからなくなる病気と考え，徘徊や大声を出すなどの症状だけに目を向け，認知症の人の訴えを理解しようとするどころか，多くの場合，認知症の人を疎んじたり，拘束するなど，不当な扱いをしてきた。今後の認知症施策を進めるに当たっては，常に，これまで認知症の人が置かれてきた歴史を振り返り，認知症を正しく理解し，よりよいケアと医療が提供できるように努めなければならない」と再検証を行っている。(1)

　この報告書に書かれているように，認知症の人の症状を十分理解することなく，行動・心理症状を「問題行動」という困った行為としてとらえ，対処しようとした時期もあった。また，施設へ入所しても，集団的な流れ作業の中で，本人の意思とは無関係な施設のスケジュールに認知症の人を当てはめようとする「提供者本位のケア」を行っていた時期もある。しかし，第2節でみてきた

ように，認知症の本人から見た世界を理解しようとする試みや，本人の意向を尊重しようとする取り組みの中で，宅老所やその実践を踏まえた認知症高齢者のグループホームが制度化されたり，施設ケアでは，ユニットケアというしくみを活かした個別ケアが始まったのである。そして，認知症があっても可能な限り住み慣れた地域で暮らし続ける視点が重視され，小規模多機能型居宅介護や定期巡回・随時対応型訪問介護看護などの地域密着型サービスの整備も進んだ。

　こうしたサービス内容の変化は，認知症の人を，あらかじめ作られた環境やスケジュールに当てはめるのではなく，一人ひとりの生活スタイルに合わせた施設，住環境やスケジュールの組み立てへと，環境がその人に沿って変化するという条件を整えたのだとも言える。

　さらに報告書では「認知症になっても本人の意思が尊重され，できる限り住み慣れた地域のよい環境で暮らし続けることができる社会」の実現を目指すという目標を設定した。たとえ障害があっても，認知症があっても，可能な限りなじみのある地域や人間関係の中で安心して暮らしたいという思いは，誰もが当たり前に持つ願いであり，そうした地域社会を目指した取り組みが今後の課題である。

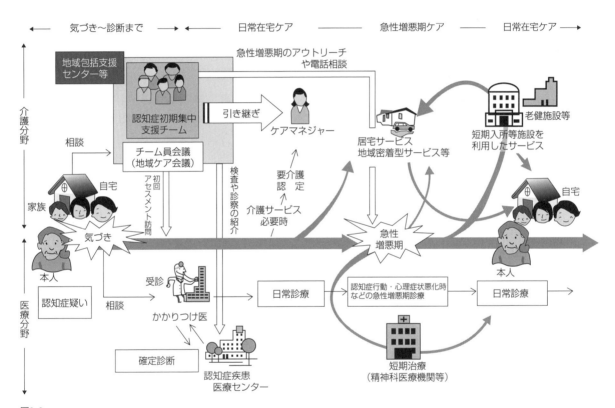

図8-3
標準的な認知症のケアパスの概念図
出所：厚生労働省「今後の認知症施策の方向性について　参考資料1」(http://www.mhlw.go.jp/stf/shingi/2r9852000002fv2e-att/2r9852000002fv80.pdf)。

第8章
認知症高齢者に対する支援
第3節　認知症の人を支えるしくみと制度の動向

認知症ケアパスと支援のためのネットワーク

　国は，先の「今後の認知症施策の方向性について」の報告書に基づき，2012年9月に「認知症施策推進5か年計画（オレンジプラン）」を策定した。また，オレンジプランが公表される直前の2012年8月には，2015年には認知症高齢者は345万人に達する見込みであると発表された。

　このような状況をふまえて公表されたオレンジプランは2013（平成25）年度から2017（平成29）年度までの計画で，①標準的な認知症ケアパスの作成・普及，②早期診断・早期対応，③地域での生活を支える医療サービスの構築，④地域での生活を支える介護サービスの構築，⑤地域での日常生活・家族の支援の強化，⑥若年性認知症施策の強化，⑦医療・介護サービスを担う人材の育成の7項目で構成されている。

　認知症ケアパスとは，認知症になった人が認知症の進行の時期や状態に応じて，どのような医療や介護の支援を受けられるのか，どのようなサービスを受けて生活を継続するのかをイメージできるようなケアの流れを示したものである。これまでは，標準的なモデルがなかったことも影響して，一度行動・心理症状が激しくなると，自宅では暮らし続けられないと判断され入院，入所につながるケースも多かった。しかし，第2節で述べたような支援や，適切な時期に医療につなぐことで，再び行動・心理症状が穏やかになり生活が継続できるケースも少なくない（**図8-3**）。

新オレンジプラン

　そののち，認知症高齢者の数が2025年には約700万人，65歳以上の高齢者の5人に1人に達することが見込まれると発表された。この状態をうけ，厚生労働省は「認知症の人の意思が尊重され，できる限り住み慣れた地域のよい環境で自分らしく暮らし続けることができる社会の実現を目指し」，新たに「**認知症施策推進総合戦略──認知症高齢者等にやさしい地域づくりに向けて**」（**新オレンジプラン**◆2）を関係省庁と共同で2015年4月に策定した。その後，2017年7月に数値目標の更新や，施策を効果的に実行するための改訂を行った。

認知症初期集中支援チーム

　また，認知症の早期発見・早期対応も大きな課題である。これまで，認知症の支援は，認知機能が低下し，行動・心理症状が激しくなってから介護サービスを利用したり医療機関を受診するということも多かった。このため，介護者も疲れ切ってしまい，自宅での生活を断念せざるを得ない状況も生じていた。しかし，できる限り早い段階から支援を開始し，予測をたてて対応していくことで，認知症の行動・心理症状が激しくなるのを予防できたり，適切なケアを受けることで，本人にとってなじみのある良い環境で暮らし続けることが可能である。

　そのために，オレンジプランで創設されたのが

認知症初期集中支援チームである。認知症初期集中支援チームとは，市町村が地域包括支援センターや**認知症疾患医療センター**◆3を含む，病院・診療所にチームを置き，認知症の人や家族を訪問し，初期の支援を包括的・集中的に行い，自立生活のサポートを行うものである。

　たとえば，認知症初期集中支援チームが有効に機能すれば，認知症の人や家族が診断を受けたことで受ける精神的ストレスを緩和したり，今後の予測を立てながら生活のしづらさを改善できる環境を整えることや，家族に認知症の理解をしやすいような情報提供を行うなど，様々な対応が可能となる。あらかじめ，どのような行動・心理症状が現れるのかという予測ができれば，家族の介護負担感もずいぶん和らぐかもしれない。このようなチームを，身近な地域に設置することで，認知症の人が地域で暮らし続けられる環境づくりに結びつく。

　この認知症初期集中支援チームは，イギリスの「国家認知症戦略」に基づき，早期診断を含む包括的な「メモリーサービス（初期集中支援サービス）」が重点施策として位置付けられたことを参考にしている。イギリスでは，認知症の人の自己決定能力を最大限尊重することを義務付け，英国国家認知症戦略の9つのアウトカムを発表している。これは，認知症の人の意思を尊重した指標として大変興味深い。

　日本でも，認知症のその人の意思が最大限尊重されるような支援のしくみを構築することが求められている。

◆1　今後の認知症施策の方向性について
2012（平成24）年6月18日に公表された。厚生労働省内で認知症施策検討プロジェクトチームを，立ち上げ作成されたものである。この文書は，過去十年の認知症施策を再検証し，今後目指すべき基本方針とそれを実現するための認知症施策の方向性を7つの視点から描いたもので，「認知症初期集中支援チーム」の設置や「身近型認知症疾患医療センター」の整備といった新たな施策が盛り込まれた。

◆2　認知症施策推進総合戦略（新オレンジプラン）
2015年1月に厚生労働省より発表された。いわゆる団塊の世代が75歳以上となる2025年を対象期間とし，認知症の人の意思が尊重され，できる限り住み慣れた地域のよい環境で自分らしく暮らし続けることができる社会の実現を目指している。①認知症への理解を深めるための普及・啓発の推進，②認知症の容態に応じた適時・適切な医療・介護等の提供，③若年性認知症施策の強化，④認知症の人の介護者への支援，⑤認知症の人を含む高齢者にやさしい地域作りの推進，⑥認知症の予防法，診断法，治療法，リハビリテーションモデル，介護モデル等の研究開発及びその成果の普及の推進，⑦認知症の人やその家族の視点の重視の7つの柱で構成されている。

◆3　認知症疾患医療センター
認知症の鑑別診断や行動・心理症状と身体合併症に対する急性期医療や専門的な相談などを行う専門医療機関。「基幹型」「地域型」「連携型」がある。

注
(1)　ニッセイ基礎研究所（2012）「認知症サービス提供の現場からみたケアモデル研究会報告書」35頁。
(2)　厚生労働省（2017.7月改訂版）「認知症施策推進総合戦略（新オレンジプラン）――認知症高齢者等にやさしい地域づくりに向けて」。

第8章　認知症高齢者に対する支援 | 161

呆け老人をかかえる家族の会編『痴呆の人の思い,家族の思い』中央法規出版,2004年
全国の認知症の人を介護している家族から集められた当事者の言葉や,その時の家族の思いを綴った短文集。「不安」「さびしさ」「哀しみ」「喜び」「やさしさ」など,日常の暮らしの中のつぶやきや行動から,家族や本人の深い思いを感じ取ることができる。

NHK福祉ネットワーク編『シリーズ認知症と向き合う3 地域で支える介護と医療』旬報社,2008年
NHKのテレビ番組『福祉ネットワーク シリーズ認知症』をもとにして出版された。認知症支援における医療と介護の連携,地域で認知症の人を支える取り組みなどを,各地の実践事例を紹介しながらわかりやすく解説している。

小澤勲『痴呆を生きるということ』岩波新書,2003年
認知症の医療ケアに20年以上携わってきた著者が,認知症を生きる人の側から見た世界を読み解こうとしている。進行経過とともに変化する認知症を生きることの不自由さを,大変わかりやすく分析している図書である。

 第8章

問:認知症の人の支援で大切なことは何かを考えよう。

ヒント:認知症の症状や認知症の人の人生・社会制度の面から考えよう。

第9章

高齢者虐待・放任・自己放任に対する支援

本章で学ぶこと

●高齢者虐待・放任・自己放任とは，どのようなことかを学ぶ：第1節

●高齢者が虐待・放任されたり，自己放任になる原因を考える：第2節

●高齢者虐待・放任を防止するための法制度や支援について理解する：第3節

●高齢者虐待・放任・自己放任の予防について考える：第4節

第1節 高齢者虐待・放任（ネグレクト）・自己放任とはなにか

この節のテーマ

- 高齢者虐待・放任・自己放任とは，具体的にどのような行為をいうのかを学ぼう。
- 虐待の加害者について知ろう。
- 高齢者虐待・放任・自己放任の種類を知ろう。
- 身体拘束とは具体的にどんなことなのかについて学ぼう。

高齢者虐待の定義

WHO では，高齢者虐待を「高齢者に危害や苦痛を生じさせる単発のまたは繰り返される不適切な行為」だと定義し，さまざまなタイプの虐待及び意図的な（intentional）放任と無意図的な（unintentional）放任に言及している。(1)

2006年施行の「**高齢者虐待の防止，高齢者の養護者に対する支援等に関する法律**」(以下「高齢者虐待防止法」)では，**養護者**[◆2]と**養介護施設**[◆3]従事者等による虐待を分けて定義しており，まとめると**表9-1**のようになる。

高齢者虐待・放任は，居宅だけではなく，病院や福祉施設でも発生している。居宅の場合は，同居の介護家族が要介護高齢者を虐待することが多いが，同居も介護もしない別居の家族が虐待をすることもある。

「高齢者虐待防止法」施行以降，虐待の相談・通報件数を厚生労働省で集約している。それによると，**図9-1，9-2**のように件数が増加している。通報者は，2015年の養護者による虐待では，介護支援専門員等が29.6% で最も多い。養介護施設での虐待では，当該施設職員が21.9% で最も多いが，家族・親族からの通報も20.0% あった。(2)

このように，保健福祉関係者は，高齢者虐待を発見しやすい立場にあるので，虐待や放任の予兆（サイン）を敏感に感じ取り，なるべく早く見つけて早期対応できるようにしたいものである。

高齢者虐待・放任・自己放任の種類

高齢者虐待には以下のような種類がある。

① 身体的虐待

暴力行為ややけどを負わすなどして身体的に傷付ける行為。身体的に拘束することも含まれる（後述）。

② 心理的虐待

脅迫や恫喝・侮辱または返事をしない，無視する等により精神的に苦しめる行為。

③ 性的虐待

本人との同意のない肉体的接触をしたり，わいせつな画像を見せる等の行為。

④ 経済的虐待

本人の承諾なしに，現金やクレジットカードを使ったり，だましとったり，有価証券や貯金・不動産等の名義変更をする等，高齢者に経済的な不利益を与える行為。また，高齢者が希望する金銭の使用を正当な理由無く制限するなども含まれる。

164 | 第Ⅲ部 高齢者に対する支援

表9-1
「高齢者虐待防止法」での虐待の種類と定義

養護者による高齢者虐待	養介護施設従事者等による高齢者虐待
イ高齢者の身体に外傷が生じ，又は生じるおそれのある暴行を加えること。	イ高齢者の身体に外傷が生じ，又は生じるおそれのある暴行を加えること。
ロ高齢者を衰弱させるような著しい減食又は長時間の放置，養護者以外の同居人によるイ，ハ又はニに掲げる行為と同様の行為の放置等養護を著しく怠ること。	ロ高齢者を衰弱させるような著しい減食または長時間の放置その他の高齢者を養護すべき職務上の義務を著しく怠ること。
ハ高齢者に対する著しい暴言又は著しく拒絶的な対応その他の高齢者に著しい心理的外傷を与える言動を行うこと。	ハ高齢者に対する著しい暴言又は著しく拒絶的な対応その他の高齢者に著しい心理的外傷を与える言動を行うこと。
ニ高齢者にわいせつな行為をすること又は高齢者をしてわいせつな行為をさせること。	ニ高齢者にわいせつな行為をすること又は高齢者をしてわいせつな行為をさせること。
ホ養護者又は親族が当該高齢者の財産を不当に処分することその他当該高齢者から不当に財産上の利益を得ること。	ホ高齢者の財産を不当に処分することその他当該高齢者から不当に財産上の利益を得ること。

出所:「高齢者虐待の防止，高齢者の養護者に対する支援等に関する法律」より抜粋し筆者加筆。

⑤ 放任（ネグレクト）

　介護や医療を必要な人に行わなかったり，様々なサービスや治療を受けさせないで放置する行為。積極的放任，消極的放任に分けられる。

　積極的放任は，介護者が，意図的にオムツ交換や食事・入浴をさせない等，わざと不適切なケアを行うことである。消極的放任は，介護者に十分な知識や家事・介護能力がなかったり，介護者の心身の病気や体力不足のために，知らないうちにケアが行き届かずに健康状態が悪くなることである。放任により**保護責任者遺棄致死罪**[◆4]に問われた事件もある。[(3)]

⑥ 自己放任（セルフネグレクト）

　本人の体力や気力・経済力・生活力不足等のために不衛生・不健康になり，適切な生活ができなくなることで，そのままの状態が続くと衰弱し

◆1　高齢者虐待の防止，高齢者の養護者に対する支援等に関する法律
多発する高齢者虐待・放任を受けて，2005（平成17）年11月に成立した法律。2006年4月より施行。

◆2　養護者
高齢者を現に養護する者であって養介護施設従事者以外のものをいう。

◆3　養介護施設
老人デイサービスセンター，老人短期入所施設，養護老人ホーム，特別養護老人ホーム，軽費老人ホーム，老人福祉センター，老人介護支援センター，有料老人ホーム，地域密着型介護老人福祉施設，介護老人福祉施設，介護老人保健施設，地域包括支援センターをいう。

◆4　保護責任者遺棄致死罪
高齢者や幼児・障害者・病人等の保護を要する人を保護する立場にありながらその責任を果たさず死に至らしめる罪。

第 9 章
高齢者虐待・放任・自己放任に対する支援
第1節　高齢者虐待・放任・自己放任とはなにか

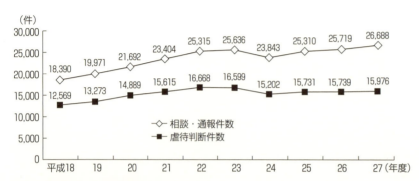

図9-1　養護者による高齢者虐待
出所：厚生労働省（2017）「平成27年度高齢者虐待の防止，高齢者の養護者に対する支援等に関する法律に基づく対応状況等に関する調査結果」（http://www.mhlw.go.jp/file/04-Houdouhappyou-12304500-Roukenkyoku-Ninchishougyakutaiboushitaisakusuishinshitsu/0000155596.pdf）（2017.11.30）。

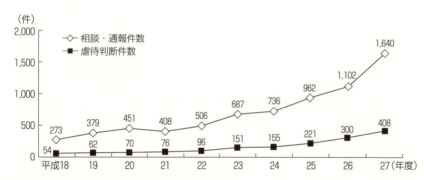

図9-2　養介護施設従事者等による高齢者虐待
出所：図9-1と同じ。

て死に至る可能性がある。

⑦　その他

外部との接触を意図的・継続的に遮断したり遺棄することも，不適切な行為で虐待である。また家族や介護者ではなく訪問販売等の悪質商法によって高齢者の財産がだまし取られる消費者被害も虐待といえる。

身体拘束等の原則禁止

身体的虐待には身体拘束も含まれる。具体的には次のような行為をいい，介護保険施設ではやむをえない場合以外は禁止されている。[4]

①　徘徊しないように，車椅子や椅子，ベッドに体幹や四肢をひも等で縛る。

②　転落しないように，ベッドに体幹や四肢を
ひも等で縛る。

③　自分で降りられないように，ベッドを柵
（サイドレール）で囲む。

④　点滴・経管栄養等のチューブを抜かない
ように，四肢をひも等で縛る。

⑤　点滴・経管栄養等のチューブを抜かない
ように，又は皮膚をかきむしらないように，手指
の機能を制限するミトン型の手袋等をつける。

⑥　車椅子や椅子からずり落ちたり，立ち上が
ったりしないように，Y字型拘束帯や腰ベルト，
車椅子テーブルをつける。

⑦　立ち上がる能力のある人の立ち上がりを
妨げるような椅子を使用する。

⑧　脱衣やおむつはずしを制限するために，介
護衣（つなぎ服）を着せる。

⑨　他人への迷惑行為を防ぐために，ベッドな
どに体幹や四肢をひも等で縛る。

⑩　行動を落ち着かせるために，向精神薬を過
剰に服用させる。

⑪　自分の意思でドア等を開けることができ
ない居室等に隔離する。

注

(1)　WHO 'Elder abuse：What is elder
abuse?'（http://www.who.int/ageing/
projects/elder_abuse/en/）（2013.2.15）を
筆者訳。

(2)　厚生労働省（2015）「平成27年度高齢者虐
待の防止，高齢者の養護者に対する支援
等に関する法律に基づく対応状況等に関す
る調査結果」（http://www.mhlw.go.jp/stf/
houdou/0000072782.html）（2015.12.5）。

(3)　たとえば病弱な妻に適切な保護・治療を
させずに衰弱死させたとして起訴された例
等がある（『朝日新聞』1997年6月28日，7
月19日）。

(4)　やむをえない場合とは，利用者の生命や
安全を保護するため切羽詰った場合で，他
に方法がなく，一時的に行動制限するとい
う切迫性・非代替性・一時性の3要件がそ
ろっている場合で，記録に残すことが求め
られている（「指定介護老人福祉施設の人員，
設備及び運営に関する基準」第11条4参照）。

第9章　高齢者虐待・放任・自己放任に対する支援 | 167

第2節 高齢者虐待・放任・自己放任の実態と社会的背景

この節のテーマ
- 虐待や放任は，誰が誰に対して行うことが多いのかを知ろう。
- どのような種類の虐待・放任が多発しているかを知ろう。
- 虐待等による死亡事例があることを知ろう。
- 虐待・放任・自己放任がなぜおきるのかを考えよう。

虐待・放任の加害者と被害者

養護者による虐待の加害者の属性は，この数十年で変化している。1990年代の調査では，高齢者虐待・放任の加害者は，嫁が約3割を占め最多であった。次に多いのが息子で約2割であった。同時に，主な介護者でも嫁が一番多く（3割強），次に多いのは配偶者であった。(1)

一方，2015年度の調査では，一番多い加害者は息子で40.3％，次いで夫が21.0％，娘16.5％であった。(2)つまり，男性の虐待者が多くなっている。

約20年間で，嫁が介護する比率が急減し，息子や夫が介護する家庭が増えているが，性別にみると，介護者は男性が31.3％，女性が68.7％で，女性のほうが多数である。にもかかわらず，虐待者は男性に多い。(3)これは，息子や夫が慣れない家事・介護でストレスをつのらせることも一因であると考えられる。

一方，被虐待者は高齢女性に多く（養護者による虐待では76.8％，養介護施設では73.4％），年代では後期高齢者が多い。虐待・放任に共通しているのが，被害者が高齢で**要援護状態**◆1であることである。(4)

多く発生している虐待の種類

2015年度の調査では，養護者による虐待で最も多かったのが，「身体的虐待」で66.6％であった。次が「心理的虐待」41.1％，「経済的虐待」20.0％，「介護等放棄」20.8％であった（重複あり）。虐待者と被害者が同居している事例が86.6％であった。特に33.0％が「未婚の子と同一世帯」（配偶者がいたことのない子と同居）で最多であった。自己放任では本人が加害者となるが，虐待や放任の場合，加害者となる人は家族・親族・同居者で介護者（養護者）であることが多い。これらの虐待に対して市町村が，「被虐待高齢者の保護として虐待者からの分離」をした事例は29.2％であった。

養介護施設従事者による虐待でも，「身体的虐待」が61.4％で最も多く，次が「心理的虐待」27.6％，「介護等放棄」12.9％であった（重複あり）。

居宅で養護者に虐待された場合，ショートステイや特別養護老人ホームへの入所が行われる。ところが，その養介護施設でも「介護等放棄」が1割以上あるのが実態である。

被虐待高齢者の約8割が何らかの介護保険サ

ービスを受けている。その中で最も多いのがデイサービス（62.5％）で次が訪問介護（29.9％）であった。近年，養介護施設従事者による虐待件数が急増している。相談・通報件数も多い。その発生要因として多いのが，教育・知識・介護技術等に関する問題で過半数（65.6％）を占めるので，研修を十分にしなければならない。

　市町村で把握している虐待等による死亡事例は，2015（平成27）年度では，「養護者による殺人」が7件7人である。「介護等放棄（ネグレクト）による致死」は6件6人，「心中」が1件1人で「養護者の虐待（ネグレクトを除く）による被養護者の致死」は5件5人「その他」が1件1人で計20件20人であった。(5)ここで注意しなければならないのは，暴力による殺傷例が多いが，適切なケアをしない状態が続いても死に至らしめてしまうことである。

　加害者で多いのが，男性12人（60％）で，息子7人（35％），夫5人（25％）である。女性は，8人（40％），で娘5人（25％），妻1人（5％）がある。被害者は，女性のほうが多く，14人（70％）と大半が女性であった。また，死亡事例では，介護保険サービスを受けていない人が65％で多かった。

■ 虐待・放任はなぜおきるのか

　では，なぜ虐待・放任がおきるのだろうか。養護者による虐待で最も多い発生要因は「虐待者の介護疲れや介護ストレス」である。

　次が「虐待者の障害・疾病」であり，病気をも

ちながら介護している家族の姿が浮かぶ。

　老々介護も多く，**表9-2**のように，養護者にも心身や生活面に不安や不満がある場合が多い。介護によって生活が急変する場合もある。養護者が仕事や育児をしている場合は，それらとの両立が困難になり，心身を病むこともある。養護者が仕事をやめて在宅介護をすると，将来の生活が経済的に不安定になる可能性もある。日本では，家族に対して介護役割を求める風潮が根強く，一人の主介護者に介護の役割が集中すると負担感から虐待にいたる場合もある。

　被害者は要援護の高齢女性が多く，ADLが低下していて要介護状態であることが多い。失語症があったり，コミュニケーションが困難である場合や認知症の症状から徘徊や異食・不潔行為・

1 ◆1 要援護状態
経済的扶養や同居が必要であったり，心身が虚弱や病気で介護・支援が必要な状態である。

Close up

　2013年2月には，N県で認知症の91歳の病気の妻を献身的に介護してきた90歳の夫が妻を殺し自殺を図った（『朝日新聞』2012年3月9日）。2005年11月にはF県で，認知症等を患っていた82歳の妻を介護していた80歳の夫が，使われなくなった火葬場で心中を図った。付近に止まっていた車からは大音量でクラシック音楽が流れていた（『福井新聞』2005年11月9日）等の事件がある。

第 9 章
高齢者虐待・放任・自己放任に対する支援
第2節　高齢者虐待・放任・自己放任の実態と社会的背景

表9-2
高齢者虐待のリスク要因

	被虐待者側の要因	加害者側の要因	背景要因
介護の問題	• 要介護状態 • 認知症の症状や介護の困難さ（失禁，弄便，不潔行為，徘徊，昼夜逆転・暴行・暴言・物取られ妄想，何回も同じことを言う等） • サービス利用拒否	• 長期間介護をしている • 介護を手伝ってくれる人がいない • 老々介護 • 介護疲れ（身体的・精神的過重負担・不眠）やストレスがある • サービス利用不足・不信 • 介護・病気への知識不足 • 介護に対する報酬への期待が満たされない	• 家族による介護へのこだわり • 介護のために中途同居開始 • 生活に必要な情報が手に入らない等
人間関係の問題	• 介護者に感謝しない • 介護者との関係不良 • 不平・不満を言う • 会話・意思疎通が困難 • 相談相手がいない	• 被虐待者との過去の関係（若い時に迷惑をうけた，親の役割を果たさなかった，暴力をふるわれた等） • 不仲 • 被虐待者への恨み，憎しみがある	• 家族・親族の無理解・無関心・無協力 • ソーシャルサポートが少ない • 社会から孤立している • 家族間の経済的利害 • 複雑な家族構成
生活問題	• 経済的問題がある（貧困・借金・浪費癖）	• 借金，ギャンブル，失業，無職 • 仕事や家族の悩み • 健康障害，健康不安，病気がある • 将来に不安を感じている	• 暴力の世代間連鎖 • 借金・失業・離婚・別居等 • 経済的に不安定
その他	• 頑固，強引，攻撃的，自己中心的な性格 • 過度な依存 • 知的障害 • 精神的な障害症状	• 強引，潔癖，几帳面，神経質・攻撃的な性格，無関心 • アルコール依存，精神的に障害を有している • 自己の価値観（介護観，老人観）へのこだわり，押し付け等 • 感情のコントロールができない	• 生活条件・環境がよくない

出所：神奈川県保健福祉部高齢福祉課（2006）「高齢者虐待防止対応マニュアル」（http://www.pref.kanagawa.jp/uploaded/attachment/17074.pdf）
（2013.2.22）；角田幸代編横須賀市健康福祉部（2004）「横須賀市高齢者虐待防止事業報告書」をもとに，筆者自身の調査研究と参考文献により加筆修正。

昼夜逆転等があり，介護が難しい。

　高齢の家族に介護が必要になった場合には，養護者はとまどい試行錯誤しながら介護し，様々な葛藤を感じる。

　さらに，加害者と被害者の関係が元々良くない場合，家族や介護の協力者がいない場合などは，虐待発生のリスクが高い。家族以外の人との付き合いがなく密室状態で過ごしていると，介護の息抜きができず，虐待のけん制もきかない。また，しつけと称する暴力・暴言が日常茶飯事になっている家庭では，その習慣が尾をひいて虐待がおきやすい。それまでから適切な介護や生活の仕方

が身についていないと，養護者になった時に良い
介護をすることができない。虐待は家庭内で悪循
環し，虐待を受けた子や配偶者が養護者の立場に
なった時に，逆襲してしまうケースもある。親を
介護する子が，親の年金で暮らし**共依存関係**だと
思われるケースもある。◆2

　他方，養介護施設での虐待の場合は，被害者の
要介護度については，4以上が32.6％で多い。特
に認知症の高齢者が多い。虐待者の職種で多いの
は「介護職員」で80.0％である。[6]人員配置が少な
く交代制勤務によって，多くの高齢者をケアしな
ければならない養介護施設の介護職員の負担は
過重になりがちで，虐待を発生させる温床となっ
ているといえよう。

自己放任はなぜおきるのか

　自己放任には，生きる意欲を失い，家事や身の
回りの衛生・健康管理をせず生活を悪化させて
しまう意識的なものがある。自ら絶食をして命が
絶えるのを望む場合もある。[7]

　一方，本人の体調不良や体力・生活力不足等に
より気づかないうちに心身の健康状態が悪化す
る無意図的な自己放任もある。

　最近は，一人暮らし高齢者が認知症になったり，
高齢者夫婦世帯で二人ともが心身の病気を患い，
認知症の人が認知症の人を介護していることも
ある（「老老介護」「認認介護」）。二人暮らしでも
孤独（立）死が生じるので，注意が必要である。

　高齢で体調不良になり経済的に余裕がなく外
出を控えるようになり，人と交流・通信すること

も少なくなると，心身の健康状態をさらに低下さ
せる。家の内外にゴミがたまっていて悪臭がし，
カーテンや窓が閉まったままであったり壊れた
まま修理されないものが散乱していたりする場
合は，不衛生な居住環境で外部との接触もせずに
暮らしている可能性があり，自己放任が疑われる。

2

◆2　共依存関係
相手に寄りかかる事で自分の生活や存在感を
維持し，自立できない状態。

注

(1)　荒木乳根子（1997）「日本における高齢者
　虐待の研究について」『高齢者の安全確保
　に関する調査研究事業報告書——高齢者虐
　待の実態に関する調査研究』長寿社会開発
　センター，48-49頁。
(2)　厚生労働省（2015）「平成27年度高齢者虐
　待の防止，高齢者の養護者に対する支援等
　に関する法律に基づく対応状況等に関する
　調査結果」（http://www.mhlw.go.jp/file/04-
　Houdouhappyou-12304500-Roukenkyoku-
　Ninchishougyakutaiboushitaisakusuishins
　hitsu/0000155596.pdf）（2017.9.11）。
(3)　内閣府「平成27年版　高齢社会白書」
　（http://www8.cao.go.jp/kourei/
　whitepaper/w-2015/zenbun/27pdf/27pdf_
　index.html）。
(4)　前掲資料（2）。
(5)　同前資料。
(6)　同前資料。
(7)　木谷恭介（2011）『死にたい老人』幻冬舎
　参照。

第3節 高齢者虐待・放任・自己放任に対する支援のしくみ

この節のテーマ
- 高齢者虐待防止法による具体的な対策について知ろう。
- 養護者による虐待の発見・相談・介入の実際を学ぼう。
- やむをえない場合の措置について理解しよう。
- 養護者支援の視点を学ぼう。
- 養介護施設従事者による高齢者虐待の防止について知ろう。

高齢者虐待の発見と通報

「高齢者虐待防止法」では，養護者による高齢者虐待を受けたと思われる高齢者を発見した場合には，市町村に通報することになっている（第7条・第21条）。特に，社会福祉専門職は，立場上，発見しやすいので，なるべく早期に発見することが求めれられる。

養護者による高齢者虐待の防止

「高齢者虐待防止法」では，養護者による高齢者虐待の防止と虐待を受けた高齢者保護のために，市町村は，相談，指導及び助言をすることになっている（第6条）。発見や通報後の対応については，**図9-3**のようになる。

通報を受けた市町村は，まず高齢者の安全確認をし，身体・精神面と生活環境面の状況把握をして，虐待・放任の事実を確認する。虐待の事実については，立場が変わると，物事の受け止め方が異なるので，誰から入手した情報なのか等についても記録する。秘密厳守で，プライバシーを守り，加害者と被害者には別々に話を聞き，事情を把握することが重要である。

高齢者虐待・放任の程度と対応

市町村に通報されても虐待かどうかの判断が難しいケースもある。高齢者本人や虐待者に虐待の自覚がないこともあり，また本当のことを言うと後で仕返しをうけたり家族関係が悪化することを懸念して，本人が黙っている場合もある。しかし，結果的に虐待や放任でなくても，高齢者の生活を見守り早期に関与することで健康や生活の悪化を予防できるので，トータルな視点で関与することが必要である。

特に生命または身体に重大な危険が生じている場合は，速やかに市町村に通報しなければならない。状態によっては医療機関に送ることを優先したほうがよく，生命又は身体に重大な危険が生じる恐れがある場合は，一時保護などの措置を行う（同法第9条第2項）。緊急を要するかどうかの判断は，次のような点に留意することが求められる。

① 多量の出血，重症のやけど，身体的外傷，極度の顔色悪化や意識混濁等があり生命が危ぶまれる。

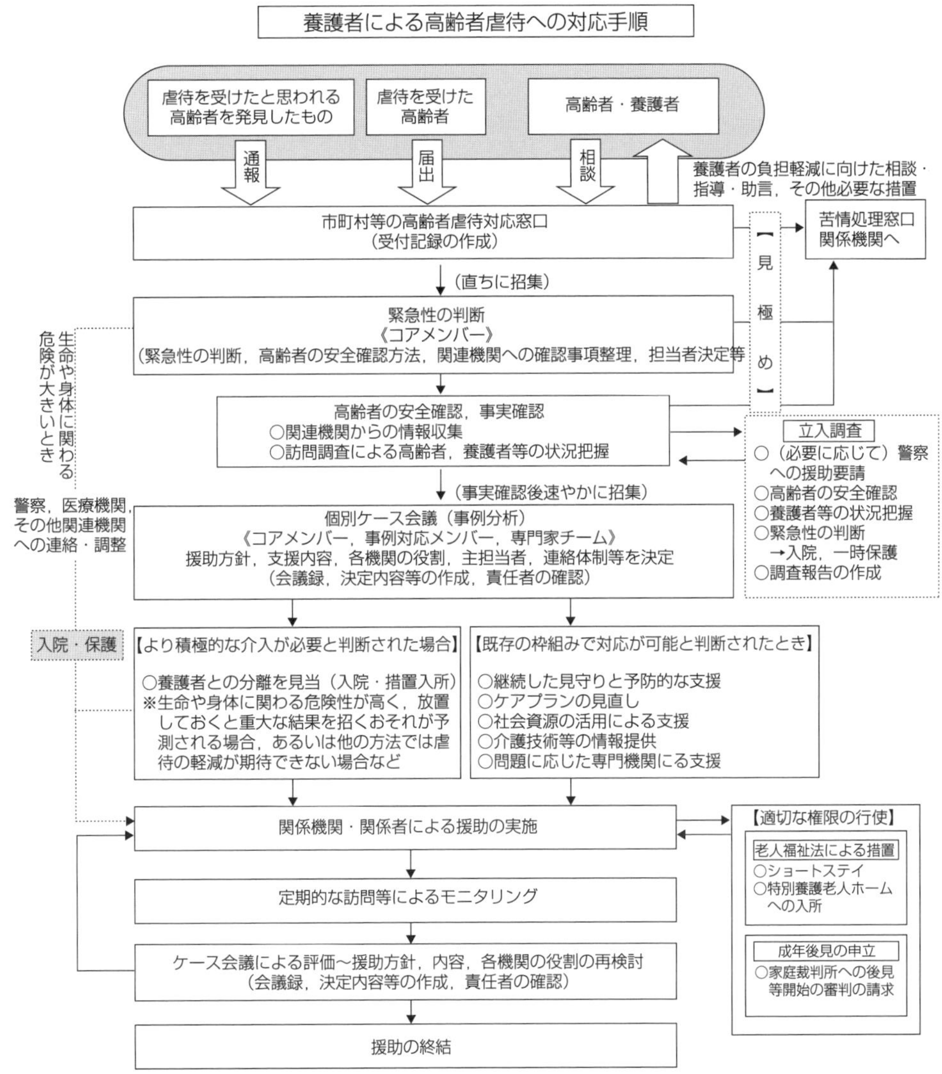

養護者による高齢者虐待への対応手順

虐待を受けたと思われる高齢者を発見したもの　　虐待を受けた高齢者　　高齢者・養護者

通報　　届出　　相談

養護者の負担軽減に向けた相談・指導・助言，その他必要な措置

市町村等の高齢者虐待対応窓口
（受付記録の作成）

苦情処理窓口関係機関へ

見極め

（直ちに招集）

緊急性の判断
《コアメンバー》
（緊急性の判断，高齢者の安全確認方法，関連機関への確認事項整理，担当者決定等）

生命や身体に関わる危険が大きいとき

警察，医療機関，その他関連機関への連絡・調整

高齢者の安全確認，事実確認
○関連機関からの情報収集
○訪問調査による高齢者，養護者等の状況把握

立入調査
○（必要に応じて）警察への援助要請
○高齢者の安全確認
○養護者等の状況把握
○緊急性の判断
　→入院，一時保護
○調査報告の作成

（事実確認後速やかに招集）

個別ケース会議（事例分析）
《コアメンバー，事例対応メンバー，専門家チーム》
援助方針，支援内容，各機関の役割，主担当者，連絡体制等を決定
（会議録，決定内容等の作成，責任者の確認）

入院・保護

【より積極的な介入が必要と判断された場合】

○養護者との分離を見当（入院・措置入所）
※生命や身体に関わる危険性が高く，放置しておくと重大な結果を招くおそれが予測される場合，あるいは他の方法では虐待の軽減が期待できない場合など

【既存の枠組みで対応が可能と判断されたとき】

○継続した見守りと予防的な支援
○ケアプランの見直し
○社会資源の活用による支援
○介護技術等の情報提供
○問題に応じた専門機関にる支援

関係機関・関係者による援助の実施

【適切な権限の行使】

老人福祉法による措置
○ショートステイ
○特別養護老人ホームへの入所

定期的な訪問等によるモニタリング

ケース会議による評価～援助方針，内容，各機関の役割の再検討
（会議録，決定内容等の作成，責任者の確認）

成年後見の申立
○家庭裁判所への後見等開始の審判の請求

援助の終結

図9-3
養護者による高齢者虐待の対応
出所：厚生労働省（2006）「市町村・都道府県における高齢者虐待・養護者支援の対応について」『全国高齢者虐待防止・養護者支援担当者会議資料』28（http://www.mhlw.go.jp/topics/kaigo/boushi/060424/index.html）（2013.2.22）。

第9章
高齢者虐待・放任・自己放任に対する支援
第3節　高齢者虐待・放任・自己放任に対する支援のしくみ

② 加害者が包丁をちらつかせていたり，凶器を使って脅している。

③ 暴行や脅迫等により，被害者の精神的苦痛が大きく「殺される」「助けて」などの言葉を出しSOSを発している。

対応には警察に協力を求めるほうが良い場合もある。また，凶悪な言動が常態化しており，外部からのかかわりを拒否するケースもある。そのような場合に保健福祉関係者が対応する時には工夫が必要である。⁽²⁾

また短期入所や通所サービスを利用している高齢者が，実は家庭では虐待・放任を受けていたり，自己放任状態という場合もある。そのため普段から福祉専門職は，**非言語的メッセージ**◆1や生活環境にも注意して観察することが必要である。家族関係や生活力にも留意し，気になる点は質問をして状況を把握することが重要である。体重・体調，表情・顔色，話し方や声の調子，衣類や家庭環境等の変化に敏感になることが望まれる。また，他の世帯や高齢者と比較して，異様に思われる点があれば，本人や家族・周囲の人々にたずねるなどして確認することが求められる。

相談援助と対応

高齢者本人や養護者からの電話での相談や来所しての相談，関係者からの連絡・通報の後には，必要に応じて速やかに居宅を訪問して事情を把握するようにする。具体的な対応については，連携協力体制のもとで協議して行動する（同法第9条第1項）。そのために，普段から夜間・休日の

連絡・緊急保護体制をとり，関係機関との連携プレーができるよう市町村で**高齢者虐待防止ネットワーク**◆2を作っておくことが望ましく，必要に応じて個別ケース会議を開く。

訪問時は，複数の職員で居宅を訪問し，自らの立場を伝え信頼関係を築く。そして，養護者をねぎらい，安心感をもってもらうようにして話を引き出す。客観的な言動や事実確認をする時でも，虐待者（養護者）の訴えを受容的態度で聞き，否定的な発言をせず，批判的な視線を向けないことが重要である。

高齢者本人と養護者それぞれの心身面・生活面，また両者の関係等について情報を収集して事実確認をし，どのような対応が必要かを他職種と協議する。つまり，①居宅での相談援助や社会資源活用と継続的見守り，②一時分離（短期保護等の利用や医療機関への一時入院）と家族の休養・支援，③介護保険を利用した入所による分離，④措置入所による緊急分離，⑤その他の方法が考えられる。⑤のその他の方法での家族分離の手段としては，**DV法**◆3の保護命令，軽費老人ホーム・公営住宅入居，市町村独自の保護等が考えられる。

立入調査と連携

生命または身体に重大な危険が生じているおそれがある場合には，地域包括支援センターの職員その他の高齢者福祉に関する市町村職員が居所に立ち入り，必要な調査又は質問ができる（同法第11条）。⁽³⁾立入調査をする場合に，必要だと認められれば警察への援助要請もできる。高齢者や

関係者の生命・身体の安全確保に万全を期すために，必要に応じ警察署長に援助を求める（同法第12条）。援助依頼書を出し，事前に状況の説明や立入調査に関する協議をするが，養護者等には事前に知らせないようにする。高齢者・養護者の心身の衰弱や養護者に精神疾患がある場合や介入拒否を想定して，保健所や保健福祉センター，医療機関との連携もしておくとよい。

やむをえない事由による措置と面会制限

　高齢者の生命または身体に重大な危険が生じているおそれがある場合には，市町村は高齢者を短期入所施設に一時保護させることができる（同法第9条第2項）。認知症等で要介護認定の申請や契約による介護保険サービスを利用することが著しく困難な場合や緊急を要する時には，やむをえない事由として，市町村は老人福祉法による措置をとることができる。

　つまり，訪問介護・通所介護・短期入所生活介護・小規模多機能型居宅介護・認知症対応型共同生活介護・特別養護老人ホーム・養護老人ホーム等の利用が市町村の職権によってできる。その場合，高齢者が同意していれば，家族が反対していても措置は可能で，市町村は，居室の確保のための措置を講ずることになっている（同法第10条）。[4]

　さらに，養介護施設にやむをえない事由による措置がとられた場合には，虐待を行った養護者が当該高齢者と面会することを制限できる（同法第13条）。[5] 契約入所の場合も，生命・身体の安全や

1

◆1　非言語的メッセージ
表情や話し方・外観・態度・身振り等の言葉以外からわかる表現。

2

◆2　高齢者虐待防止ネットワーク
保健福祉医療関係職種や人権委員・民生委員・警察・消費者相談センター等の関係者が定期的に集まり，お互いの業務を理解し合って関係づくりをし，虐待・放任発生時にスムーズに連携できるようにするため市町村が組織化する。

3

◆3　DV法
正式名称は「配偶者からの暴力の防止及び被害者の保護等に関する法律」。配偶者からの暴力に関する通報，相談，保護，自立支援等の体制を整備することによって配偶者からの暴力防止と被害者保護を図ることを目的にした法律である。配偶者暴力相談支援センターや婦人相談所での被害者の一時保護，婦人保護施設での保護もできる。

第9章
高齢者虐待・放任・自己放任に対する支援
第3節　高齢者虐待・放任・自己放任に対する支援のしくみ

権利擁護上必要があれば, 面会制限が必要で, 養護者に説明する必要がある。

養護者の支援

一方, 養護者が高齢者の入所で生活に支障が生じたり, 精神的な支えを失ってしまうこともある。そのような場合には, 養護者への精神面や経済面・生活面のサポートをすることも視野に入れなければならない。

市町村は, 養護者の負担軽減のための相談, 指導および助言その他必要な措置を講じ, 虐待に関する相談窓口を周知することになっている。さらに, 養護の負担軽減のため緊急の必要がある場合には, 高齢者が短期間養護を受けるために必要となる居室を確保する措置を講じ (同法第6, 14, 18条), 地域包括支援センター, その他関係機関, 民間団体等との連携協力体制を整備しなければならない (同法第16条)。

社会福祉専門職は, 地域の様々な社会資源を広く活用して, 養護者の介護負担を軽減し, 家族会等を紹介し情緒面や情報面でもサポートすることが求められる。

経済的虐待については, 消費者被害防止や財産上の不当取引による被害の防止のための相談窓口 (消費者センター等) や成年後見制度があるので利用促進が求められる (同法第27, 28条)。

養介護施設従事者による 高齢者虐待の防止

養介護施設での虐待防止のためには, 研修や苦情処理の体制整備等を行うことになっている (第20条)。養護者による虐待同様, 虐待を発見した場合には市町村に通報しなければならない。通報したことによる解雇, その他の不利益な扱いを受けず, 刑法の秘密漏示罪, 守秘義務は, 虚偽・過失によるものを除いて適用されない。

通報後, 市町村は事実確認をし, 養介護施設従事者等による高齢者虐待が認められた場合は, 都道府県に報告し, 都道府県は, 法の規定による権限を行使することになる。つまり, ①老人福祉法による施設への立入検査, 改善命令, 事業停止・廃止命令, 認可取り消し, ②介護保険法による施設等からの報告徴収, 勧告, 措置命令, 指定取り消し等が実施されることもある。さらに, 都道府県は, 養介護施設従事者による虐待の状況や措置等について公表することになっている (同法第25条)。

Check

「高齢者虐待の防止，高齢者の養護者に対する支援等に関する法律」に関する次の記述のうち，正しいものを一つ選びなさい。

1 この法律にいう「高齢者」とは，その年齢が65歳以上の者を指すとともに，65歳未満の者であって介護保険における要介護あるいは要支援の認定を受けた者をいう。

2 市町村長は養護者による高齢者虐待により高齢者の生命又は身体に重大な危険が生じているおそれがあると認められるときは，裁判所の許可を得て，立入調査をさせることができる。

3 市町村は，虐待防止のために市町村が行う高齢者や養護者に対する相談，助言，指導について，当該市町村と連携協力する高齢者虐待対応協力者のうち適当と認められるものに委託することができる。

4 市町村長は，毎年度，養介護施設従事者等による高齢者虐待の状況や養介護施設従事者等による高齢者虐待があった場合に採った措置などについて公表しなければならない。

5 養護者による虐待を受けた高齢者について老人福祉法における措置が採られ，養介護施設へ入所させた場合，養護者から当該高齢者との面接の要求があったときには養介護施設の長はこれを拒むことはできない。

答：3
（第24回社会福祉士国家試験問題128より）

注

(1) 第5条で「養介護施設，病院，保健所その他高齢者の福祉に業務上関係のある団体及び養介護施設従事者等，医師，保健師，弁護士その他高齢者の福祉に職務上関係のある者は，高齢者虐待を発見しやすい立場にあることを自覚し，高齢者虐待の早期発見に努めなければならない」と定められている。尚，発見・通報者は，刑法の秘密漏示罪その他の守秘義務は該当せず，通報した人が解雇等の不利益を被らないことになっている（第21条第7項）。

(2) たとえば，健康相談や介護保険の認定調査，また配食サービス等の情報提供を理由にして話しかける。また，一方的に虐待者や加害者としての先入観を持たずに，加害者をも支援する視点で対応する等。

(3) 立入調査ができるのは，市町村又は市町村直営の地域包括支援センターに限定され，委託型の地域包括支援センターの場合は，市町村職員に同行することになる（厚生労働省（2006）「全国高齢者虐待防止・養護者支援担当者会議資料」51頁）。この場合に，当該職員は身分を示す証明書を携帯し，請求がある時には，それを提示しなければならない。正当な理由がなく立入調査を拒み，妨げ，若しくは忌避し，質問に対して答弁せず，虚偽の答弁をしたり高齢者にさせた者は，30万円以下の罰金に処されることになっている（高齢者虐待防止法第30条）。

(4) 高齢者本人が指定医の受診を拒み要介護認定ができない場合や高齢者の年金を家族が渡さないなどにより，高齢者が費用負担できない場合でも措置は可能である。

(5) 具体的には，養護者から面会の申し出があった場合に，高齢者が面会できる状態かを市町村職員をまじえて，ケース会議で判断する。

第4節 高齢者虐待・放任・自己放任の予防

この節のテーマ
- 虐待・放任・自己放任を予防するにはどうしたらよいかを考えよう。
- 本人や家族・親族は，どのようなことに気をつけるべきかを理解しよう。
- 地域社会やセルフヘルプグループの役割を学ぼう。
- 高齢者虐待への社会的な対応法を考えよう。

高齢者になるまでに

被虐待高齢者には要介護者が多いため虐待・放任・自己放任を予防するには，長期的視点では，健康管理が大切である。要介護状態になることを予防するために，若い頃から食事や栄養・適度な運動や衛生管理等の必要性を社会的に浸透させ，病気や障害をもってもリハビリテーション◆1ができるようなシステムづくりが望まれる。

個人的にも生活不活発病を改善し，生きがい・希望・好奇心をもって色々なことに関心を抱き社会的な活動に参加して，空虚な日々を送らないようすることが予防になる。

また，掃除・洗濯等の家事は自分でするという生活習慣を子どもの頃から身につけておくことが必要である。家事が不得手な男性が介護者になった時に虐待してしまうことが多く，一人暮らしの場合には自己放任になりやすいからである。

高齢期になるまでに，老後のライフプランをたてておくことも重要である。

セルフヘルプ・グループ等への参加

養護家族は，「介護者の会」等に参加し，同様の境遇にある養護者同士で話し合うとピア・カウンセリングとなることが多い。また，そのようなセルフヘルプ・グループで介護や家事の工夫や介護用品・福祉用具・社会保障等の情報も得られるので，福祉専門職は介護者が参加できるよう情報を伝えるようにしたいものである。また養護者が参加の時間がとれるように，要介護者のショートステイやデイサービスが利用できるように調整する。

また，介護保険のサービスだけではなく，民間団体のプログラムや市民活動の情報を収集し，適宜紹介することが望まれる。

そのようなグループがない地域では，福祉専門職が，患者会や家族会・当事者グループ等を組織化し，運営が軌道にのるよう側面的に支援することが期待される。

家族関係と意思疎通

それまで良好な関係だった家族であっても，介護や相続によって人間関係が悪化することがある。それまでから不和だった場合には，さらに問題が増し虐待や放任に発展する場合が多々ある。特に養護者に負担感が強まった時に，それまで忘れていたような過去の小さなわだかまりが憎し

みに変わり，攻撃的な言動になることがある。

福祉専門職には，介護する側，される側両方の状態を理解し調整していく必要がある。

地域や地方自治体での取り組み

虐待・放任が生じる家庭は，相談相手がいなかったり，人付き合いが少ない傾向がある。自己放任や孤独（立）死は，社会的に孤立している場合に生じやすい。したがって，隣近所や知人縁者と自然に交流できる地域環境が望まれる。

また，日本では，家族の扶養義務観念が強く，世間体を気にしてサービス利用をしなかったり隠したり，自らが義務を果たしていないと自責の念を感じる人もいる。他方，保健医療福祉関係者が，家族に在宅ケアを強要する場合もある。

しかし，家族だからこそ良い介護ができなかったり，本人が遠慮して適切な処置が遅れ，症状が悪化することもある。第三者のほうが冷静に対応できることも多い。地域社会全体が家族扶養義務観念から解放されることが必要である。介護家族にも休息や支援が必要であることを自他共に認めて，介護家族を理解し支援することが求められる。

地方自治体は，このような意識改革のための啓発や情報提供をすることも望まれる。さらに，自治体が介護保険事業計画を見直す時には，自治体独自のサービスや予算の増額や低所得世帯に配慮した保険料設定等が望まれる。

社会的対策の拡充

介護保険は，導入される前は，「介護の社会化」を旗印にしていた。が，導入後も依然として家族が介護しなければ介護保険給付だけでは在宅生活が難しい現状が続いている。

今後一人暮らし高齢者がさらに増え，自己放任も増えるだろうことを見越して，一人暮らし高齢者が認知症になっても介護保険給付だけで自宅で暮らし続けられるよう介護保険を再設計することが望まれる。

また，養介護施設でも虐待が発生している現状を変えるには，介護保険施設の職員の人員配置をもっと大幅に増やすことが必要である。施設でも家庭でも介護者が長時間の重労働を少ない報酬（家庭では無報酬）でしなければならない現状を変えることが必要である。

◆1　リハビリテーション
もととなる英語を分解するとre（再）＋habit（性質・習慣）＋ability（能力）＋ation（〜にする）となり，元の生活習慣，生活力を回復するという意味である。つまり，単に病気やけがの患部治療をし機能回復させるだけでなく社会復帰やその人らしい生活をよみがえらせることである。

川越智子『誰が老人を救うのか——高齢者施設内虐待の現実』全日出版, 2003年
　フリーライターの立場で, 施設内の高齢者虐待についてレポートしたもの。介護自己や身体拘束・医療現場での虐待等についても取材されている。

加藤伸司・矢吹知之編著『家族が高齢者虐待をしてしまうとき』ワールドプランニング, 2012年
　高齢者虐待を未然に防ぐために, 在宅介護をする家族やサービス提供者からの意見を多く取り入れ, 虐待がなぜおこり, どのように支援すればよいかをわかりやすく説いている。分量も少なく, 短く読みやすい。

中沢卓実・結城康博編著『孤独死を防ぐ——支援の実際と政策の動向』ミネルヴァ書房, 2012年
　孤独死を社会問題とみて, 生活保護やソーシャルワーカー・ケアマネジャー・地域福祉等の立場から幅広く取り上げており, 現状と課題を理解するのに役立つ。

日本社会福祉士会編『養護者による高齢者虐待対応の手引き』中央法規出版, 2011年
　地域包括支援センターでは, 特に社会福祉士に虐待や権利擁護の業務を期待されているが, 現場では対応に苦慮することも多い。本書は, 社会福祉士会が編集したもので, 養護者への虐待対応に役立つ。

問：高齢者虐待・放任・自己放任を予防するには, どうしたらよいだろうか。

ヒント：高齢者の日常生活や心身の状態, 表情, 表現などを注意深く観察しよう。

第10章

人生の最終段階における支援

本章で学ぶこと

- 人生の最終段階となる終末期を取り巻く環境を知る：第1節
- 終末期ケアの特徴を学ぶ：第2節
- 終末期の全人的苦痛（トータルペイン）を理解する：第3節
- 人生の最終段階における自己決定とそれらの尊重について考える：第3節
- 遺族への支援について知る：第4節

第1節 高齢者はどこで死を迎えているか

この節のテーマ
- 最期の場所の歴史的移り変わりを知ろう。
- 死を迎える場所の選択や人々の希望について考えよう。
- 在宅医療・介護が重視される背景を理解しよう。
- 在宅医療および介護を支える多職種チームについて知ろう。

最期の場所の理想と現実

内閣府が60歳以上の男女を対象に実施した「高齢者の健康に関する意識調査」によると，日常生活を送る上で介護が必要になった場合には男性の42.2％と女性の30.2％が介護を受けたい場所として「自宅」を希望している（**図10-1**）。また，55歳以上の男女を対象にした調査結果では，全体の54.6％が自宅で最期を迎えたいと考えているという（**図10-2**）。しかし，厚生労働省が2008（平成20）年に実施した「終末期医療に関する調査」では，自宅で最期まで療養することが実現困難である理由として，「介護してくれる家族に負担がかかる」ことを約8割の人が考えているのも現実である。[1]

これらの意識調査とは別に「平成27年人口動態統計」から実際の「死亡場所」を見ていくと，2015（平成27）年に自宅で最期を迎えた人は死亡数全体の12.7％であり，人々の思いと現実の違いが浮かび上がる。[2]

第二次世界大戦後，わが国の産業構造の変化に伴う核家族化や医療技術および設備の発展により「看取り」を取り巻く状況は大きく変わった。前述の統計調査が始まった1951（昭和26）年には約7割が自宅で死亡していた。

近年は，約8割の人が医療機関や介護老人保健施設，特別養護老人ホームにおいて死を迎えている。どこが最期の場所となるにしても本人や家族の思いに沿った看取りの環境はどのように整備され，どのような職種が関わっているのかをみていく。

看取りに関する医療および介護サービスの現状

厚生労働省は2012（平成24）年度を「在宅医療・介護あんしん2012」と位置づけた。これは国民の60％以上が自宅での療養を望んでいるというニーズを満たすために，療養の場や看取りの場としての「在宅医療・介護」を推進する施策を強化しようとしたものである。その背景としては「超高齢社会・多死時代を迎え，医療機関や介護保険施設などの受け入れにも限界がある」ことと「住み慣れた場で自分らしい生活を送ることができる環境の整備を図る」ことがある。[3][4]

この施策においては，①在宅チーム医療を担う人材育成や地域包括ケアシステムの強化などへの「予算対応」，②2013（平成25）年度から始まる次期医療計画の中で，地域の実情にあった在宅医療のシステム構築や質の向上をめざす「制度的

対応」，③在宅療養患者への緊急往診や看取りなどと，介護保険施設における医療ニーズへの対応強化などに対する「**診療報酬**・介護報酬上の評価」が盛り込まれた。

　これらのサービスは多職種によるチームや複数の保健医療福祉機関やサービス事業者のネットワークによって提供されるようになってきている。チームメンバーとしては医療ケアに関わる医師，看護師，リハビリスタッフ（理学療法士・作業療法士），介護福祉士，ホームヘルパーやケアマネージャー，社会福祉士・精神保健福祉士，カウンセラー（臨床心理士），保健師等があげられる。また，管理栄養士や**チャプレン**などの宗教家からのサポートも大切である。つまり，療養を必要とする本人や家族のニーズに応じて，必要な職種が連携し，場面や状態に応じたケアとサポートを提供することが重要と考えられている。

　近年，身体的機能の低下や認知症による要介護状態が続くことから，特別養護老人ホームなどの介護福祉施設を終の住処とする高齢者も増えてきた。内閣府による「一人暮らし高齢者の意識に関する調査」では，独居高齢者を対象に「介護や支援が必要になった場合に希望する介護の場所」を介護の程度別に調査している（**図10-3**）。日常生活能力がわずかに低下した状態では，「現在の自宅」が66.6％と最も多いが，全介助が必要な状態になると，「現在の自宅」での介護を希望する人は15.5％と減り，「介護施設」や「高齢者向きのケア付き住宅」を望む人が約6割と増加する。

　最期の場所にどこがふさわしいかということは人それぞれの価値観，医療的ケアの必要性，療

1

◆1　診療報酬
病院，診療所，調剤薬局等の保険医療機関が行う診療行為に対する対価として公的医療保険から支払われる報酬のこと。

2

◆2　チャプレン
病院内牧師。神学や心理学に基づく訓練を受け，患者・家族の心理的ケアや人生の意味への問いなどに対するスピリチュアルケアに関わる。

第10章
人生の最終段階における支援
第1節　高齢者はどこで死を迎えているか

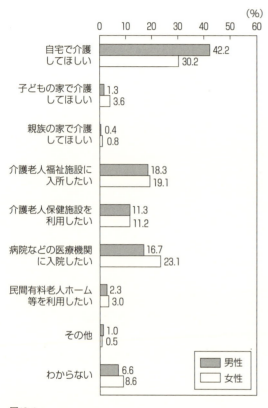

図10-1
介護を受けたい場所
注：対象は，全国60歳以上の男女。
資料：内閣府「高齢者の健康に関する意識調査」（平成24年）。
出所：内閣府（2017）『高齢社会白書』30頁。

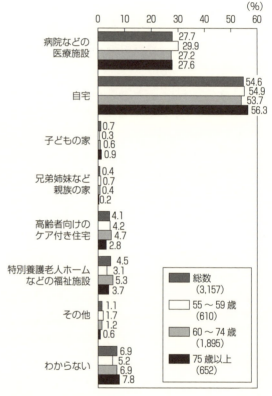

図10-2
最期を迎えたい場所
注：対象は，全国55歳以上の男女。
資料：内閣府「高齢者の健康に関する意識調査」（平成24年）。
出所：図10-1と同じ。

養を支える家族からの**インフォーマル・サポート**[3]，そして介護サービスを含めた**フォーマル・サポート**[4]・ネットワークのあり方によって変わり，在宅での看取りだけが優れているとも言い切れない。しかし，死を迎える人それぞれの選択につながる手立てが多ければ多いほどその人らしい死を迎えやすいといえる。

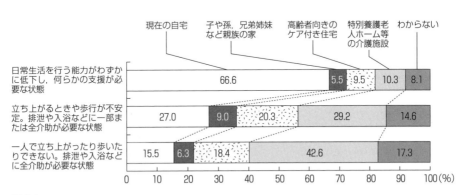

図10-3
介護や支援が必要になった場合に希望する介護の場所
注：対象は65歳以上の一人暮らしの男女。
資料：内閣府「一人暮らし高齢者の意識に関する調査」（平成26年度）。
出所：内閣府（2015）『高齢社会白書』61頁。

◆3　インフォーマル・サポート
本人の家族，親族，友人，近隣の人々やボランティアによる支援。

◆4　フォーマル・サポート
社会保障制度および保健医療福祉サービスの利用や専門職からの支援。

注　(1)　内閣府（2017）『高齢社会白書』30頁。
　　(2)　厚生労働省（2015）『厚生統計要覧（平成27年度）』。
　　(3)　厚生労働省編（2012）『平成24年版厚生労働白書』378頁。
　　(4)　同前書。

第2節 終末期ケア

この節のテーマ
- 終末期ケアとホスピス・緩和ケアの特徴を理解しよう。
- 高齢者の疾患別である「死に至る3つのパターン」を知ろう。

終末期ケアの成り立ち

　全日本病院協会は終末期を次の3つの条件を満たす場合であると定義している。「①医師が客観的な情報を基に，治療により病気の回復が期待できないと判断すること，②患者が意識や判断力を失った場合を除き，患者・家族・医師・看護師等の関係者が納得すること，③患者・家族・医師・看護師等の関係者が死を予測し対応を考えること。」そして，疾患により経過が様々であるため，終末期を時間概念で決めることは必ずしも容易ではなく，また適当ではないと考えられている。

　このような終末期での関わりが論じられるようになったのは1970年代以降であり，主にがん患者を対象とした**ホスピス**や緩和ケアへの取り組みからであった。ホスピスの特徴は次のようなものである。①安楽をもたらすケア，②症状緩和が中心，③患者と家族の社会的・心理的なニーズに応じた個別的なケアを行う，④学際的なケアチームによるケア，⑤宗教的な配慮を残しながら科学的基盤に立つ。

　一方，緩和ケアの対象はがん患者だけではなく，次第にすべての疼痛や苦痛をもつ患者が対象となると考えられるようになってきた。WHOの2002年の定義によると，「緩和ケアとは，生命を脅かす疾患による問題に直面している患者とその家族に対して，疾患の早期より痛み，身体的問題，心理社会的問題，スピリチュアルな問題に関して，きちんとした評価を行ない，それが障害とならないように予防したり，対処することで，クオリティ・オブ・ライフを改善するためのアプローチである」（厚生労働省訳）とされている。

わが国におけるホスピス・緩和ケアの発展

　わが国においては欧米で広まったホスピス・ムーブメントと時代を同じくして，1970年代より末期医療のあり方が議論されるようになった。大阪市の淀川キリスト教病院精神科医である柏木哲夫が末期患者に対するチームアプローチの研究会を発足させ，1981（昭和56）年には浜松市の聖隷三方原病院に院内独立型ホスピスが開設された。

　そして，1990（平成2）年に初めて緩和ケアが医療保険の診療項目として制度化された。診療報酬において「緩和ケア病棟入院料」が新設されたことにより，ホスピス・緩和ケア病棟を開設する医療機関が増え，2017（平成29）年6月の時点では全国386施設，7904病床がホスピス・緩和ケア病棟として承認されている。緩和ケア病棟は悪性腫瘍患者または後天性免疫不全症候群（AIDS）

の患者を入院対象としているが，2006（平成18）年には疾患に拠らず終末期を自宅で過ごすことを支える在宅療養支援診療所の診療報酬が新設され，往診や訪問看護による緩和ケアも選択肢として増えつつある。

高齢者の終末期ケア

日本老年医学会は「すべての人は，人生の最終局面である『死』を迎える際に，個々の価値観や思想・信条・信仰を十分に尊重した『最善の医療およびケア』を受ける権利を有する」と考え，この権利を擁護・推進する立場を表明している。この立場表明においては，高齢者の特性に配慮した，過少でも過剰でもない適切な医療と，多職種の協働に基づく包括的なケアを患者とその家族に行う重要性が述べられている。そして，「病状が不可逆的かつ進行性で，その時代に可能な限りの治療によっても病状の好転や進行の阻止が期待できなくなり，近い将来の死が不可避となった状態」を終末期と定義している。

高齢期に入ると複数の疾患や障害を抱えることが多く，無気力感や孤独感から活動性の低下につながることもあり，余命の予測は困難である。高齢者の終末期を疾患別に類型化すると死に至る3つのパターンがあることをリン（Lynn, J.）は示している。**図10-4**のように，①がん，②心臓，肺，肝臓などの慢性疾患，③認知症や老衰，といった疾患別に死に至るまでの心身機能が低下するプロセスが異なり，それらのパターンに応じたケアを支援者は提供する必要がある。

◆1　ホスピス（hospice）
中世ヨーロッパの聖地巡礼者や十字軍遠征によって負傷した兵士らに，当時の修道僧が食物を与え，休息や宿泊場所として修道院を開放したことがホスピスの始まりとされている。ホスピス（hospice）は病院（hospital），ホテル（hotel），もてなし（ホスピタリティ・hospitality）と同じ語源であるといわれている。終末期患者に専門のケアを行う医療施設としての「ホスピス」という言葉はイギリスの医師ソンダース（Saunders, C.）が1967年に設立したセント・クリストファー・ホスピスに始まるといわれている。当時の医療が技術の高度化のみで「温かくケアする」という理念を失っていることへの反省から生まれた。

第10章
人生の最終段階における支援
第2節 終末期ケア

　がんの進行による場合，死の直前には全身倦怠感，食欲不振，痛みなどの身体症状に伴い，移動や排泄が比較的早い時期から困難になるといわれている。慢性疾患をもつ場合は増悪と**緩解**をくりかえしながら2～5年で悪化するといわれ，風邪がきっかけで病状が悪化する場合も多いとされている。認知症や老衰の場合は，5年以上の長い期間にわたり徐々に機能が低下し，多くの患者は肺炎などで最期を迎えるといわれている。一般的に医師が死を宣告する時には，①心拍の停止，②呼吸の停止，③瞳孔の散大という3つの徴候によって「医学的な死」を確認する。

施設における看取りケア

　2006（平成18）年度の介護報酬改定では，介護福祉施設での介護報酬に「重度化加算」や「看取り介護加算」が新設された。入所者本人および家族の希望に対応できる医療体制の整備や施設での看取りを含めたケアの方向性が求められるようになった。

　2012（平成24）年に実施された調査結果によると，100床あたりの年間看取り件数は介護老人保健施設で5.8件，介護老人福祉施設では9.9件であるが，介護保険法によるサービスが施行された2000（平成12）年から2015（平成27）年の「死亡場所」別のデータの推移をみてみると，介護老人保健施設や老人ホームでの死亡数が徐々に増加する傾向にある。

　しかし，本人・家族にとっては，終末期を医療に期待する場合も多く，施設での看取りについて理解が進まないことや，家族間の意見が一致しないこともある。これらの現状をふまえて，本人・家族との十分な意思疎通を促進するためにサー

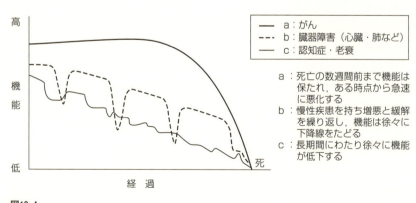

図10-4
高齢者の終末期の3つのパターン
資料：Bomba, P. A. (2005) 'Enabling the transition to hospice though effective palliative care', Case Manager, 16 (1), pp. 48-52.
出所：樋口京子（2010）「高齢者の終末期ケア」樋口京子・篠田道子・杉本浩章・近藤克則編『高齢者の終末期ケア』中央法規出版，28頁。

ビス提供者から情報提供することや，本人・家族の意向に基づくその人らしさを尊重した施設での看取りケアの実現のために，入所時より看取りについての考えを確認し，その後も定期的に意向の確認を行いながら，多職種協働による支援計画の作成とケアが実施できるような取り組みがなされている。

◆2　緩解

主に治癒が望めないような慢性疾患，難病，精神障害の症状が，治療により軽減または一時的に消失した状態のこと（＝寛解）。

注

(1)　全日本病院協会（2009）「終末期医療に関するガイドライン　よりよい終末期を迎えるために」2頁。

(2)　唐崎愛子（2011）「ホスピスとは」鈴木志津枝・内布敦子編『緩和・ターミナルケア看護論（第2版）』ヌーヴェルヒロカワ，12頁。

(3)　特定非営利活動法人日本ホスピス緩和ケア協会ホームページ「緩和ケア病棟入院料の届出受理施設数・病床数（開設者別）」（http://www.hpcj.org/what/pcu_kist.html）（2017.10.6）

(4)　日本老年医学会（2012）「『高齢者の終末期の医療およびケア』に関する日本老年医学会の『立場表明』2012」『日本老年医学会誌』49（4），381頁。

(5)　同前書。

(6)　Lynn, J. (2001) 'Serving Patients Who May Die Soon and Their Families The Role of Hospice and Other Services,' *The Journal of the American Medical Association*, 285 (7), American Medical Association, p. 930.

(7)　淀川キリスト教病院ホスピス（2007）『緩和ケアマニュアル（第5版）』最新医学社，4頁。

(8)　樋口京子（2010）「高齢者の終末期ケア」樋口京子・篠田道子・杉本浩章・近藤克則編『高齢者の終末期ケア　ケアの質を高める4条件とケアマネジメント・ツール』中央法規出版，29頁。

(9)　同前書。

(10)　内布敦子（2011）「ターミナル期にある人の身体的特徴」鈴木志津枝・内布敦子編『緩和・ターミナルケア看護論（第2版）』ヌーヴェルヒロカワ，62頁。

(11)　厚生労働省（2013）『第48回社会保障審議会介護保険部会資料』平成25年9月18日（http://www.mhlw.go.jp/stf/shingi/0000023283.html）。

(12)　厚生労働省（2015）『厚生統計要覧（平成27年度）』。

Check

介護老人福祉施設における介護保険の看取り介護加算の算定要件に関する次の記述のうち，適切なものを2つ選びなさい。

1　施設での看取りは，個室又は静養室の利用が可能になるように配慮する。

2　看護職員の24時間の常駐が必要である。

3　施設の看取りに関する指針は，医師の指示で作成する。

4　医師が一般に認められている医学的知見に基づき，回復の見込みがないと診断した者であること。

5　看取り介護加算の算定は，死亡日以前60日からである。

答：1，4
（第28回社会福祉士国家試験問題129より）

第3節 死にゆく過程と自己決定

この節のテーマ
- 死を迎えるまでの心理状態の変化について知ろう。
- 「全人的苦痛」というとらえ方を理解しよう。
- 治療をめぐる患者の意思表示とその尊重について考えよう。
- アドバンス・ケア・プランニングやリビングウィルについて知ろう。

死にゆく過程と心理状態の変化

死を迎えるまでの心理状態の変化や反応については,アメリカの精神科医キューブラー・ロス（Kübler-Ross, E.）の死にゆく人の心理過程が有名である。これは死期が近づいているという告知を受けた200人以上の臨死患者[◆1]へのインタビューから導き出したものである。それは死に至る疾患であることの告知を受けたことに対する「衝撃（ショック）」を発端とし,「否認」「怒り」「取り引き」「抑うつ」と進み,最終的に自らの死を「受容」するという5段階である。[(1)]

これに対し,バックマン（Buckman, R.）は死へのプロセスにおいては必ず段階的に進むとは言い切れず,患者の反応は複雑で心理状態は混在するものであると考えた。それは死に向かう時間軸を告知後の時点から,①初期,②中期（慢性期）,③最終段階と区切ったとしても,それぞれの段階で様々な心理状態が入り混じるという考えである。[(2)]

以上のような患者の心理的反応は死に対する予期悲嘆[◆2]とよばれ,自身の存在が現世から消えてしまうことや,さらにつらい様々な苦痛が押し寄せるかも知れない恐怖,そしてこれまでの人生で結びついていたあらゆる人々との別離などを思い巡らせ,情緒不安定を引きおこす。また,不安の訴えが少ない時であっても,それが患者にとっての平穏であるのか,周囲への気遣いによって感情を押し込めていないかどうかについて支援者は察知できるようなコミュニケーションを心がけなければならない。そして,患者を支える家族や親しい人にも予期悲嘆があり,終末期ケアチームの誰もがそれらの不安感情に向き合い,受容することを忘れてはならない。

全人的苦痛というとらえ方

前述のように終末期には様々な身体上の変化や心理的反応とその表出がおこる。現代医療においてホスピスを最初に創設したソンダース（Saunders, C.）は,終末期の患者が抱える様々な苦しみを全人的苦痛（トータルペイン）ととらえ,死に直面した人の身体的苦痛,精神的苦痛,社会的苦痛,スピリチュアル[◆3]な苦痛のそれぞれが複雑に絡み合ったものであると考えられている（図10-5）。

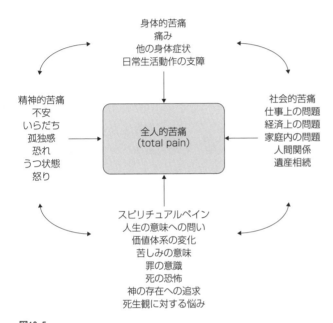

図10-5
全人的苦痛の理解
出所：淀川キリスト教病院ホスピス編（2007）『緩和ケアマニュアル第5版』最新医学社，39頁。

◆1 臨死患者
末期患者のこと。死期が迫っている段階にある患者。

◆2 予期悲嘆
これからおこる喪失体験や死を前にして湧きおこる強い悲しみや苦しみ。

◆3 スピリチュアル
スピリチュアル（spiritual）とは霊的と日本語訳されることも多いが，人間としての存在意義や生きている意味に関する一側面である。スピリチュアルな苦痛とは，ひとが危機的状況に陥った時に生きがいを見失い，絶望感から新たな希望を求めるためにいらだち，悲しむというように表出されることがある。

人生の最終段階における医療の決定プロセスに関するガイドライン

　終末期における治療の開始・不開始および中止などの医療のあり方の問題は，従来から医療現場での重要な課題とされてきた。厚生労働省は2007（平成19）年に「終末期医療の決定プロセスに関するガイドライン」を初めて策定し，「医師等の医療従事者から適切な情報提供と説明がなされ患者と医療スタッフとの話し合いを行い，患者本人による決定を基本としたうえで，終末期医療を進めることが最も重要な原則である」とした。[3]

第10章
人生の最終段階における支援
第3節　死にゆく過程と自己決定

また，患者の意思が確認できないケースについて，家族が患者の意思を推定できる場合にはその推定意思を尊重し，家族が患者の意思を推定できない場合には，患者にとっての最善を家族と十分に話し合った上で最善の治療方針をとることとされている。

その後，終末期における医療行為のみに注目するのではなく，最期まで個人の尊厳を尊重した人間の生き方に着目することが重視されるようになり，このガイドラインは「人生の最終段階における医療の決定プロセスに関するガイドライン」と2015（平成27）年に改訂された。

終末期における選択と自己決定

終末期の全人的苦痛の緩和と問題解決に向けて，患者は全てを細部まで選ぶ権利をもっている。医療的ケアにおいては，医療従事者からの十分な説明がなされた上で患者が同意するインフォームド・コンセント（informed consent）が不可欠である。そして，患者が情報提供された上での自己決定であるインフォームド・チョイス（informed choice）につながるといえる。

たとえば，終末期の療養の場を選択する場合においても，それぞれの選択肢のメリット・デメリットを患者や家族がイメージできるような話し合いをすることが大切であり，可能ならば自宅への外泊や施設でのショートステイなどを試しながら，療養の場を選択できる方がよい。また，選んだ場所で長期間療養できることが全ての心地よさにつながるとは一概にはいえないため，高齢

者のように終末期が長年続く場合は，患者の状態に応じて適切な療養の場を段階的に変えていくことも必要であると思われる。

65歳以上を対象とした「高齢者の健康に関する意識調査（平成24年）」結果によると，病気が治る見込みがなく，死期が近くなった場合は，「延命のみを目的とした医療は行わず，自然にまかせてほしい」と約9割の人が延命治療に対する考えをもっていることがわかる。[4]このような治療や療養に関する希望を本人が意思決定できる時期に，患者・家族と医療従事者が自発的に話し合う**アドバンス・ケア・プランニング（advance care planning）**[4]の普及が重要視されている。

死にまつわる自分の考えを伝える手段

これまで述べたように患者は権利として治療に関する情報を得ることができ，治療方法や延命措置について自己決定できる。自分に行われる医療行為に対する意向を前もって意思表示しておくことはアドバンス・ディレクティブ（生前の意思表示書：advance directive）とよばれ，将来自身が判断能力を失った時の代理意思決定者への委任も含まれる。[5]また，**リビングウィル（living will）**[5]のように延命治療を拒否する意思を書面に記しておくこともこれに含まれる。しかし，わが国においては**尊厳死**[6]やリビングウィルについて法制化されていないため，医師に対して実施を強要することができないのが現状であるともいわれている。たとえリビングウィルが法的に認められていないとしても，患者の意識レベルが低下し

た時点や認知症の進行により意思表明が確認できなくなった時には治療法選択のための重要な情報となる。[6]

2013（平成25）年の厚生労働省による「人生の最終段階における医療に関する意識調査」では，自分で判断できなくなった場合に備えて，受けたい医療あるいは受けたくない医療についての意思表示をあらかじめ書面で作成しておくという考え方に約70％の人が賛成している一方で，実際にこのような書面を作成している人は約３％であった。[7]

デーケン（Deeken, A.）は「死への準備教育」において次のような行動を勧めている。①人生の時間の使い方や価値観を再評価する，②感情的な行き違いがあった人との和解など未解決の問題に決着をつける，③遺言書の作成，④法律的な問題の処理，⑤自分の葬儀方法についての考えを家族に伝えておくことを通して，本質的な生の意味を考え，死を深く見つめることにつながると述べている。[8]

また，近年では，人生の終わりを迎えるために行う活動のことを「終活」と名付け，自分の死をいつかは訪れることと肯定的にとらえ，満足のいく死の迎え方を準備し，自分の死後に家族が戸惑わないようにと物や財産の整理を前もって行う人もいる。その一環として，人生の最終段階における延命処置や介護に対する意思表明だけでなく，自分史，家族への葬儀や墓についての希望や貴重品および財産に関する情報をまとめる「エンディングノート」を健康な時から書こうとする人も見受けられる。

4

◆4 アドバンス・ケア・プランニング（advance care planning）
今後の治療・療養について患者・家族と医療・ケア従事者があらかじめ話し合う自発的なプロセスのことであり，共同で治療・ケア計画を作成し，その後も意思に沿って見直していくことが重要とされる。

5

◆5 リビングウィル（living will）
治る見込みのない病気にかかり死期が迫った時に延命措置を拒否することを書面にて意思表示する「尊厳死の宣言書」である。

6

◆6 尊厳死
回復の見込みがない終末期にある患者本人が望まない延命措置を受けず，苦痛の緩和を中心とした治療およびケアを受けながら，人間らしく安らかに自然な死を迎えること。

注

(1) キューブラー・ロス, E.／川口正吉訳（1971）『死ぬ瞬間——死にゆく人々との対話』読売新聞社，290-291頁。彼女の著書は1970年代のわが国に大きな影響を与えた。

(2) 小迫冨美恵（2011）「予期悲嘆への援助とスピリチュアルケア」鈴木志津枝・内布敦子編『緩和・ターミナルケア看護論［第2版］』ヌーヴェルヒロカワ，129頁。

(3) 厚生労働省（2007）『終末期医療の決定プロセスに関するガイドライン解説編』。

(4) 内閣府（2017）『高齢社会白書』31頁。

(5) 田墨惠子（2011）「アドバンスディレクティブ，リビングウィル」鈴木志津枝・内布敦子編『緩和・ターミナルケア看護論（第2版）』ヌーヴェルヒロカワ，47頁。

(6) 同前書。

(7) 厚生労働省・終末期医療に関する意識調査検討会（2014）『終末期医療に関する意識調査等検討会報告書』23頁。

(8) デーケン, アルフォンス（1996）『死とどう向き合うか』日本放送協会，242-247頁。

第4節 グリーフケア

○ この節のテーマ
- 死別の悲しみや喪失感について想像してみよう。
- 悲嘆のプロセスについて理解しよう。
- 悲嘆作業の「4つの課題」に役立つ支援について考えよう。
- 悲しみを乗り越える人の力について考えよう。

悲嘆のプロセス

　愛する存在を失う時，計り知れない悲しみが押し寄せ，遺された自分自身の存在までも見失いそうになる。その悲しみを乗り越えるプロセスで行うことをグリーフワーク（grief work：悲嘆作業）といい，死に直面した本人の予期悲嘆や看取る側となった家族の感情を受けとめ，癒すかかわりをグリーフケアという。「近親者の死」というライフイベントは大きなストレスであり，「葬儀」という別れの儀式の最中においても弔問客への対応や様々な手続きに追われる家族にとっては，一連の葬送儀礼を終えた後に自分の心に大きく開いた穴のような喪失感をどう埋めてよいのかという不安や，自分以外の家族に果たすべき役割や責任の重圧を感じる。

　ボウルビィ（Bowlby, J.）によると悲嘆のプロセスには次のように変化していく4つの局面があるといわれている。それらは，①患者の死に対する激しすぎる苦しみまたは怒りの噴出により，普段の思考や感情表現ができなくなることが数時間から1週間程度続く「無感覚の局面」，②現実には不可能であるとわかっていても，故人が自分のそばに戻って来ないだろうかと考えること

が数か月あるいは数年続く「切望と探索の局面」，③故人はもう自分の元には戻って来ない存在であることを理解した遺族が将来や人生の目標にも無関心となり，うつ状態に陥る「混乱と絶望の局面」，④遺族が故人のいない現実を受け入れ，生活を立て直そうとする「再構築の局面」である。[1]そして，これらは直線的な過程ではなくそれぞれの局面を前後しながら，死別という悲しみを遺族の人生の一部としてとらえることができるようになると考えられている。

遺された家族を支える

　ウォーデン（Worden, J. W.）は死別に適応するための悲嘆作業として次のような4つの課題を終えることが必要であると述べている。その課題とは，①喪失という現実を受け入れる，②悲しみという苦痛を乗り越える，③故人のいない環境に慣れる，④悲しむという過程から情緒的なエネルギーを引き出し，その力を他の関係づくりに再び注ぐ，というものである。[2]

　また，ボナーノ（Bonanno, G. A.）は「極度の不利な状況に直面しても，正常な平衡状態を維持することができる能力」としてのリジリエンスをほとんどの人がもっていると定義している。喪失

194　第Ⅲ部　高齢者に対する支援

体験や悲嘆作業のプロセスから，人は何とかバランスを取り戻し，人生を送っていくものであるが，すべての人が巧みに悲嘆に対処できるわけではなく，**遷延性悲嘆**◆1として長期にわたり苦しむ人がいることを指摘している。(3)

悲嘆のプロセスにある家族がこれらの課題を終えるために周囲の親しい人々や支援の専門家ができることは，安心して十分に感情を表現でき，それを受けとめる理解者になることと，それに必要な時間と空間を作ることである。グリーフケアは故人の終末期ケアチームとして全人的苦痛を和らげることに関わったどの職種からも提供されるべきことである。たとえば，相談援助職であるソーシャルワーカーは**アフターケア**◆2として自宅への訪問や家族の来談を受け入れる。そこでは，家族の語りを傾聴し悲しみの感情を受容することに留まらず，家族自身の生活上の問題が新たに生じていないか確認し，必要に応じて問題解決に介入することも必要である。

また，「医学的な死」つまり生物としての死を迎えた後も，遺された人の魂の中で故人は「存在」として生き続ける。時には故人との対話を一人で行うことも，「存在」としての故人を情緒的な支えとすることに役立つのではないかと筆者は考える。

鈴木は遺族に対して提供される死別後の悲嘆ケアである遺族ケアを推進していく上での2つの課題を整理している。第一の課題としては，日本において遺族ケアに関する研究や実践の歴史は浅いため，効果的で効率的な遺族ケアの方法を明らかにする必要性をあげ，第二の課題には遺族ケアコストの将来的な位置づけを示している。患者に関わった訪問看護のスタッフが遺族を訪ねたり，病棟の看護師が遺族からの来談に応じたりする行為については，現在の制度上のしくみや診療報酬上の評価はないため，ボランティアで行っ

ているのが現状である。遺族の生活への再適応を促し，健康を推進するための「保健対策事業」として遺族ケアが位置づけられることにより，普及の可能性を高めることにつながると考えられている。(4)

そして，家族との死別という同じ経験をした人たちによる自助グループ（143頁参照）の活動に入り他者の経験を聞くことも，孤独感を和らげることにつながる方法であり，その後悲しみを乗り越えた一人として新たなメンバーを受けとめ支える立場になることも，ウォーデンのいう自身の悲嘆作業から得た情緒的な力を別の結びつきに注ぐことであるといえる。その役割を果たすことを通して，これまでの自身の悲嘆作業の道のりやその時々の感情をとらえ直すこと自体が，故人のいない環境で再び人生を歩むことにつながると思われる。

◆1　遷延性悲嘆
愛する人の死後数年以上にわたって，日常生活の機能を妨げ続けるような悲嘆反応が続くこと。

◆2　アフターケア
ソーシャルワーク介入により問題が解決された，あるいは利用者からの支援拒否や死亡により援助の終結を迎える。アフターケアとは援助終結後の経過や新たな生活問題が生じていないかについて確認し，必要があればいつでもソーシャルワーク援助を再開できる体制をとることである。

注

(1)　McNeil, J. S. (1995) 'Bereavement and Loss,' Beebe, L., *Encyclopedia of Social Work 19th Edition*, NASW Press, p. 286.

(2)　op. cit., p. 287.

(3)　Bonanno, G. A. (2009) *"The Other Side of Sadness: What the New Science of Bereavement Tells Us About Life After Loss"* David Black Literary Agency, Inc., 高橋祥友監訳 (2013)『リジリエンス　喪失と悲嘆についての新たな視点』金剛出版, 19, 125-134頁。

(4)　鈴木志津枝 (2011)「遺族ケアの考え方」鈴木志津枝・内布敦子編『緩和・ターミナルケア看護論（第2版）』ヌーヴェルヒロカワ，180頁。

藤井理恵・藤井美和『増補改訂版　たましいのケア──病む人のかたわらに』
　いのちのことば社，2009年
チャプレンと死生学研究者の姉妹による緩和ケア実践や悲嘆ケアの実際，そして自身の病の体験からまとめられた書籍である。「病む人への寄り添い方」と「死と向き合う態度」について書かれている。

ジョージ・A・ボナーノ『リジリエンス　喪失と悲嘆についての新たな視点』
　高橋祥友監訳　金剛出版，2013年
心理学者である著者は，愛する人の死，テロ，災害，救急医療といったトラウマ体験となりかねない出来事という極度の不利な状況に直面しても，正常な平衡状態を維持することができる能力を「リジリエンス」と定義している。死にゆくことや死についての肯定的な視点と，人間が生来もっている能力に着目した研究について書かれている。

問：終末期を迎えた高齢者とその家族への支援において，大切とされることを論じなさい。

ヒント：高齢者の疾患別の「死に至る3つのパターン」と「全人的苦痛」から考えてみよう。

第11章

高齢者福祉における
今後の課題と
アクティブ・エイジング

本章で学ぶこと

● 現在の日本における高齢者福祉の課題が何かを理解する：第1節

● どのようにすれば高齢者福祉の課題が解決できるかを探る：第1節

● アクティブ・エイジングとはどういうことなのかを学ぶ：第2節

● アクティブ・エイジングを実現するには，どうしたらよいかを考える：第2節

● 元気で長生きする秘訣は何かを探求する：第3節

第1節 高齢者福祉の課題

○ この節のテーマ

- 日本社会の現状から高齢者に対する社会福祉の課題を考えよう。
- 現在の介護保険や高齢者福祉サービスが，高齢者やその家族のニーズにマッチしているかどうかを考えよう。
- 現在の高齢者福祉の課題を解決するにはどうしたらよいかを探ろう。
- 健康増進と生活習慣病予防の重要性を認識しよう。

高齢者人口と要介護高齢者の増加

少子高齢化している日本では，高齢化率が上昇し続けており，2042年以降では，高齢者人口が減少しても高齢化率は上昇し，国民の2.5人に1人が65歳以上になると予測されている。特に，後期高齢者が増えるにつれて，要介護者が多くなることが予想される。

そのような要介護高齢者に対する介護問題が，さし迫った課題である。介護保険は，家族介護の限界を受けて創設され，在宅サービスを拡大した。しかし，要介護度が重くなると家族が同居していても在宅ケアが困難になることが多い。さらに，一人暮らし高齢者が増えており，高齢になればなるほど認知症になる比率が高まるので，このままの状態を放置すると，自己放任や孤独（立）死が増加するのではないかと心配される。

介護保険では，「介護の社会化」を目指していた。が，家族介護はなくならず，その介護家族を支援する必要性が語られるようになった。

福祉先進国のスウェーデンでも高齢者ケアについては，「再家族化」と「インフォーマライゼイション」が現在，進んでいる。だが，日本とスウェーデンの大きな違いは，日本では在宅ケアをする介護者は血縁や婚姻関係のある家族がほとんどなのに対して，スウェーデンでは，血縁や婚姻関係がない友人や近隣の人等も介護しており，その人を支援するサービスがあることである。そして，家族は脇役程度で，中心となる公的な在宅ケアサービスが充実していることである。

家族頼みの在宅ケアであったり，供給主体を民営化し公的責任を後退させてインフォーマルケアを奨励するのでは，近親者がいない人，いても介護できない場合，また経済力のない人は，**介護難民**となってしまう。地域でのインフォーマルケアは不安定で偏在しているので，まずは，社会保障としてすべての人が介護を受け人間らしい生活を営む権利を公的に保障すべきである。

認知症の増加と介護者不足

現在，特別養護老人ホーム利用者の要介護度は，介護保険導入時より重度化しており，ほとんどの人に認知症や心身の症状がある。にもかかわらず職員の配置基準が少なく，利用者のニーズに十分応え切れず，介護職が燃え尽きてしまうこともある。在宅と施設の両方で介護者不足が深刻化して

いる現状を改善しなければならない。

　そのため，外国人の介護者を受け入れようとしているが（本書51頁参照），言葉や文化の壁があり，簡単ではない。また，外国人労働者を入れることによって，現在の介護職の低賃金や労働条件が，さらに悪化するのではないかという懸念も生じる。

　さらに，人口の少ない地方では，介護サービスの数や種類も少ない。そのため，介護保険が謳っていたサービスや事業者の選択の自由はなく，競争原理によるサービスの質向上も機能しない。

　また，家族が介護のために仕事をやめて収入を失い，年金額を減らしたり，心身の病気になって要介護予備軍となることを防がなければならない。

健康増進と良い生活習慣の社会的推進

　このまま少子高齢化が進み，要介護高齢者が増えると，今以上に介護問題が深刻化する。なので，要介護状態にならないよう介護予防や疾病予防をすることが重要である。また，虐待や放任・自己放任の予防のためにも，良い生活習慣を若い時から続けられるような社会にしなくてはならない。

　また日本では，依然として性別役割分業が根強く，そのために配偶者を失った後の生活に支障がでる人もある。これからは，男女共に料理や掃除等ができるよう社会の意識としくみを変えなければならない。残業や過労を減らし，栄養バランスを考えた食事をし，喫煙をやめ生活習慣病を予防することが，高い医療費や介護保険料等をおさえることになる。個人の問題は，社会問題につながっている。逆に，社会の通念や慣習が変わらないかぎり，個人的努力で意識変革や生活改良ができるものではない。社会全体が変わらなければならない。

1

◆1　介護難民
居宅でも保健医療福祉施設でも，介護を受けられない人のこと。

注

(1)　内閣府(2012)「平成24年版　高齢社会白書（全体版）」(http://www8.cao.go.jp/kourei/whitepaper/w-2012/zenbun/s1_1_1_02.html，2013.2.27)。

(2)　大塩まゆみ(2012)「スウェーデンの近親介護者サポート——『再家族化』・『インフォーマライゼイション』の波」『龍谷大学社会学部紀要』第41号，にてスウェーデンの在宅ケア事情を紹介した。

第2節 アクティブ・エイジングの理念

この節のテーマ
- アクティブ・エイジングの考え方を知ろう。
- WHOが提唱するアクティブ・エイジングの内容を理解しよう。
- 健康増進と疾病予防について学ぼう。
- 社会参加についての支援を考えよう。

アクティブ・エイジングとは

「アクティブ・エイジング」という理念が，2002年の「第2回国際連合高齢者問題世界会議」で，WHOにより提唱された。「人々が歳を重ねても生活の質が向上するように，健康，参加，安全の機会を最適化するプロセス」が「アクティブ・エイジング」である。単に健康というだけではなく，人権尊重や尊厳・自立・社会参加・自己実現といった視点も含む包括的なメッセージが，この言葉に込められているのである。

「アクティブ（active）」という英語は，日本語にすると，「活動的」「活発な」「元気な」「積極的な」「自発的な」などの意味になる。WHOは，**健康寿命**を伸ばし，体の弱い人や障害をもつ人・要介護者も老後の生活の質を上げていくために，この理念を提唱している。ここで留意すべきなのは，高齢者個人にアクティブに生きる努力を求めているのではなく，高齢者が元気に生きられるような機会を社会的に創ることやそのための政策的枠組みと街づくりを推進しようとしていることである。

では，WHOの「アクティブ・エイジング」の内容を具体的に紹介していこう。

健康増進と疾病予防

「アクティブ・エイジング」のプロセスでは，保健や社会福祉制度の充実を重視している。予防には，煙草を吸わない等生活習慣面での「一次予防」，疾患の早期発見のためのスクリーニング等の「二次予防」，疾病の適切な臨床管理等の「三次予防」がある。特に「長生きして，元気に歳をとる可能性を高くしたいなら，やはりタバコは吸うな」と禁煙を強調している。

また，口腔衛生状態の悪化は，虫歯や歯周病だけではなく，他の疾病を引きおこしやすいので，人生の早いうちからライフコース全体に渡って口腔衛生プログラムを実施することを勧めている。これら以外にも，長期ケアやメンタルヘルスについても提案している。

さらに，知性や**認知能力**は健康寿命を左右するが，学習速度や記憶力は加齢により低下しても，他の能力で補えると述べている。つまり，経験による知恵や知識の蓄積や**自己効力感**，加齢への準備が適応力を増強するという。認知能力の低下は，加齢そのものよりも，その機能を使わないことやアルコールや薬物の摂取，意欲欠如・自信のなさ等の心理的要因，孤独や孤立等の社会的要因によ

るという。

したがって，このような能力低下の要因を減らすことや老後への心の準備をすることが重要である。高齢期に入る前にライフプランをたてることは，より良い高齢期に役立つといえよう。[5]

社会的環境の改善と社会的支援

一般的に，人々の精神力の源泉になるのは，親密な人間関係や社会的なつながりで，ソーシャルサポートの減少や社会的接触のなさは，心身の健康を低下させる。ところが，高齢期には家族や友人を亡くし，長生きすればするほど親しい人を失ってしまう。このような実態をふまえて，WHOは，政策的に世代間プログラム等の社会的交流ができる機会を増やすことを呼びかけている。

さらに，女性や一人暮らし高齢者，農村に住む人は，十分な所得や社会保障給付を持たない人が多い。女性のほうが男性よりも平均余命が長く，現在，一人暮らし高齢者の大半が女性である。今なお多くの女性が，アンペイドワークとしての家事やケア労働のために正規雇用で働けず，経済面で不利な状態に置かれている。WHOは，そのような無償の貢献によって，他の家族が賃金労働に従事でき子どもが成長できるということを認識し，その貢献を社会的に認めるべきだと論じている。

そのために新しいパラダイムとして，「勉強は子どもや若者がするもの，仕事は中年がするもの，引退は高齢者がするもの，という伝統的な見方」を変えることを提唱している。[6] 高齢者は，脆弱で

1

◆1　健康寿命
心身とも健康で活動的な生活ができる期間の平均余命。

2

◆2　認知能力
問題解決能力や変化に対応する適応力等。

3

◆3　自己効力感
自分の生活をコントロールする能力があるという信念。

間違いやすい用語

**「シルバー人材センター」と
「シルバー110番」**

シルバー人材センター：高年齢退職者等に，臨時的かつ短期的な就業機会を確保・提供し，無料の職業紹介や講習を行い，高齢者が働くことによって生きがいを得られるようにする公益社団法人で「高年齢者等の雇用の安定等に関する法律」に定められている。
シルバー110番：正式名称は，「高齢者総合相談センター」といい，高齢者とその家族がかかえる保健医療福祉や法律等の悩み事や心配事に総合的に対応する機関。

第11章
高齢者福祉における今後の課題とアクティブ・エイジング
第2節　アクティブ・エイジングの理念

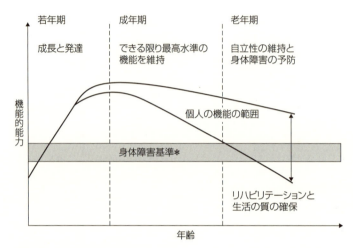

図11-1
ライフコースを通じた機能的能力の維持
＊環境の変化が身体障害基準を引き下げ、これによってその地域社会での身体障害者数が減少することがある。
注：機能的能力（換気能、筋力、心拍出量など）は子どもの頃に上昇し、成年早期にピークに達し、その後は低下する。ただし低下のスピードは外部要因や環境要因だけでなく成年期のライフスタイル（喫煙、アルコールの摂取、身体的活動の程度、食生活）に関連する要因によってほとんど決まる。低下の勾配があまりに急なため早いうちに身体障害を負うことになる場合もある。しかし、このような低下の加速は個人や公共政策による対策に影響を受け、どの年齢でも逆転する可能性がある。
出所：WHO／日本生活協同組合連合会医療部会訳（2007）『WHO「アクティブ・エイジング」の提唱——政策的枠組みと高齢者にやさしい都市ガイド』萌文社、23頁。

社会的に役にたっていないかのような見方を変え，高齢者は社会に貢献できる存在であり社会への活発な参加者であると認識することが必要である。同時に，すべての年齢層の学習を支援し，高齢の男女ともがリーダーシップをとれるようになれば，社会的に認められる存在になると期待している。

健康・参加・安全の政策提言

「アクティブ・エイジング」の理念を実現し，健康・参加・安全の機会を社会的に拡大するためには，保健や社会福祉だけではなく，教育，雇用，労働，金融，社会保障，住宅，交通，司法，農村開発，都市開発・公衆衛生等の幅広い部門の行動が求められる。具体的には，高齢者に優しく安全な環境づくりや利用しやすい公共交通，家庭内の危険の除去と安全のアドバイス，高齢になっても安全に仕事が続けられるような労働環境，有給介護士への十分な労働条件と報酬，インフォーマルな介護人のニーズへの対応，高齢者虐待やDV（ドメスティック・バイオレンス：家庭内暴力）の防止，消費者保護，女性の社会参加の促進，高齢女性への社会保障の充実，**ヘルスリテラシー**[4]，**生涯学習**[5]等，WHOは多くの提案している。

図11-1のように生涯にわたって人々が生活の質を高められるような環境を社会的に整備することによって，そこで暮らす人々の能力が高まり，より自立した高齢期をおくることができる。

4

◆4　ヘルスリテラシー
健康についての知識や能力を高める教育・学習。

5

◆5　生涯学習
単に成人学習や社会教育をいうのではなく，生涯にわたって学習していくことである。文部科学省では，長寿社会の人生設計の重要性を説き生涯学習を次のように説明している。「自己の充実や生活の向上のために，人生の各段階での課題や必要に応じてあらゆる場所，時間，方法により学習者が自発的に行う自由で広範な学習」[7]

注

(1) 国際連合広報センター（2002）「第2回高齢者問題世界会議総括」（http://unic.or.jp/files/pdfs/waa2_02.pdf，2013.2.27）。
(2) WHO／日本生活協同組合連合会医療部会訳（2007）『WHO「アクティブ・エイジング」の提唱——政策的枠組みと高齢者にやさしい都市ガイド』萌文社，19頁。
(3) 同前書。
(4) 同前書，36頁。
(5) 大塩まゆみ（2006）「高齢期の生きがい・目標・ライフプラン——"不安予防"を超え"希望創出"を」福井県立大学健康長寿研究推進機構編『福井県における高齢社会の課題と展望』福井県立大学；大塩まゆみ（2011）「『夢ある My Life Plan』設計の実験——より良く生きるための教育的試み」『龍谷大学社会学部紀要』第39号，にてこれまで実施した「夢ある My Life Plan」について述べている。
(6) 前掲書（2），74頁。
(7) 超高齢社会における生涯学習の在り方に関する検討会（2012）「長寿社会における生涯学習の在り方について——人生100年いくつになっても学ぶ幸せ『幸齢社会』」5頁（http://www.mext.go.jp/b_menu/houdou/24/03/__icsFiles/afieldfile/2012/03/26/1318903_1.pdf）。

第3節 高齢期の余暇と生きがい

この節のテーマ
- 日本で行われている生きがい対策を学ぼう。
- 元気で長生きの秘訣を考えよう。
- 個人と社会が相互作用をしていることを知ろう。

日本の生きがい対策

　WHO がいう「アクティブ・エイジング」は，日本では，生きがいづくりや社会参加事業等として，次のようなものが行われている。

　生涯学習の場としては，老人大学や高齢者教室等がある。さらに，各自治体や各種団体がが市民講座等を実施している。大学の地域への開放講座もある。放送大学等により通信教育で大学や大学院の学習もできる。

　また趣味や交流の場としては，**老人憩いの家**や老人福祉センター等がある。しかし，活発に利用されている場所とそうでない場所がある。さらに，旅行時に低料金で宿泊できる**老人休養ホーム**もあるが，刷新が必要な場所もある。

　さらに，介護保険の要支援者や非該当の高齢者に対して地域支援事業として行われている介護予防は，健康維持・増進のために役立つ。各種の脳トレ・プログラム等も開発されている。

　また，全国健康福祉祭（ねんりんピック）が，毎年各県持ち回りで実施されている。これは，健康チェックや健康福祉機器展，高齢者の作品展，スポーツ祭等を行うもので，主たる参加者は60歳以上だが，世代間交流や研究討論会もある。

　また日本では，仕事が生きがいで健康にも良いという高齢者が多く，生きがいと労働の場として，シルバー人材センターが各地にある。最近は，「高年齢者等の雇用の安定等に関する法律」の改正により，定年の引き上げや定年制廃止をし，65歳までの雇用を確保しようとしている（2013年 4 月 1 日施行）。

元気で長生きの秘訣

　90歳以上でも現役で仕事を続けている人もいる。自分の好きなことや目標がある人，趣味に熱中できる人，好奇心旺盛な人，社交的で人の世話役をすることが好きな人，社会活動をしている人等に，元気に暮らしている高齢者が多い。また，子どもの頃にできなかったことを，時間的余裕ができた定年退職後に始め，余生を楽しんでいる人もいる。たとえば，定年退職後にカフェやケーキ屋等の店を開業した人，子どもの頃に不得手だったスポーツを高齢期になってから始め，賞を獲得する人もいる。「生涯学習，生涯青春」は，元気な高齢者のキャッチフレーズだ。

　一方，元気で長生きするためには経済力が必要で，それができるのは，比較的恵まれた社会階層の人であるという傾向がある。「健康格差」「教育格差」が拡大しているのが，今の日本である。家庭に経済力があり，高い教育を受けられた人は，

良い生活習慣や安全でより良く生きるための知識を身に付け，社会参加し長生きできる。逆に，不遇な生活環境で暮らし，病気になっても医療費を払えずに悪化させ，生きる望みを失ってしまうのは，低所得の人に多い。また，生活保護受給をする高齢者も多いことが以前からの課題である。年金保険の受給額が少なかったり，受給できない人が女性に多いが，最近は男性も非正規雇用で働く人が増えているので老後の不安を感じている人が多い。このような社会的格差をなくし，平等な社会を創ることが必要である。

希望のもてる社会に

WHO は，健康を単に疾病がないだけではなく，身体的・精神的・社会的福祉（良い状態）だと定義している。「病は気から」という名言があるように，気力が萎えた時に，病気にかかりやすい。逆に，障害があっても病気であっても，楽しみや希望・生きたいという気持ちがあれば，幸せに生きられる。また健康長寿にこだわることはなく，その生涯が充実していれば，生存期間の長短にかかわりなく良い人生であったといえるのではないか。

また，"Personal is Political" という言葉が示すように，個人的なことは，すべて社会的なことや政治につながっている。個人は，社会から影響を受け，また社会に影響を及ぼす。

哲学者パスカルは言っていた。「人間は，弱い葦である。しかし考える葦である」と。つまり，人間は，世間の荒波にさらされて揺らぎ，逆境に

抵抗できずにへたってしまう。けれども，何回，折れて倒れても柔軟に耐え忍べば，対応力がつき，たくましく生きていける。その対応力を考えることができるのが，人間である。

高齢期になり虚弱になっても傷病を負っても，すべての人が生きることに希望をもって生きられ，安らかに死ねる社会になることが望まれる。

1 | ◆1 老人憩いの家
高齢者に対して教養の向上，レクリエーション等のための場を与え，心身の健康の増進を図る利用施設。

2 | ◆2 老人休養ホーム
高齢者が保養休養し心身の健康増進を図るために，景勝地や温泉場等に設けられた低価格で泊まれる宿泊施設。

注 | (1) しかし，地方自治体の財政事情の悪化で，それまで少ない自己負担で利用できた老人大学の運営を自治体がやめて，民間団体が後を継続し自己負担が高くなった地域がある。
(2) 日本 WHO 協会ホームページ（http://www.japan-who.or.jp/commodity/kenko.html）。

中澤まゆみ『おひとりさまの終活──自分らしい老後と最後の準備』三省堂，2011年
一人暮らし高齢者が，安心してあの世に旅立てるよう考え活動することを終活といい，自分の葬儀やお墓等のこと，それまでの老後資金や年金・税金・相続のこと，終の棲家の探し方や防犯・リスク管理等，生活に密着した幅広い知恵や情報が満載である。

大塩まゆみ『「陰徳の豪商」の救貧思想──江戸時代のフィランソロピー』ミネルヴァ書房，2012年
本書は，江戸時代の北前船問屋の内田惣右衛門が困窮者を救済し，「陰徳の人」と賞賛されていた史実を掘り起こしたものである。50歳以降に学問を始め，歩いて日本地図を作った伊能忠敬や，金持になるには「陰徳」が大事だと家訓に残し90歳まで商いをした近江商人中井源左衛門良祐等についても取り上げている。人生の質を高め，生き方名人になるための必読の書である。

高井一雄『ライフサイクルプラン──未知との遭遇・21世紀の長寿社会』白楽，1990年
本書は，20年以上前の20世紀に執筆されたもので，21世紀の長寿社会は，こうなると予想している。そのいくつかが，21世紀になった今，現実化している。特に，サラリーマンに向けて，定年退職後のライフプランをたてておくことの必要性を唱えている。「備えあれば憂いなし」というが，「老後の保証は，若い時の投資次第」で，若い時に無為にすごせば，それなりの老後しか待っていないという。

Try! 第11章

問：元気で長生きしている高齢者に，それまでの具体的な生活についてインタビューをして，健康長寿の秘訣を教えてもらおう。

さくいん

ページ数太字は用語解説のあるもの

あ行

アクティブ・エイジング　200
アセスメント　102
アドバンス・ケア・プランニング　**193**
アフターケア（ソーシャルワーク）　**195**
新たな介護保険制度の創設について　49
新たな高齢者介護システムの構築を目指して　49
アルツハイマー型認知症　150
安楽死　7
医学的な死　188
医原性疾患　**9**
医行為　**147**
医師　137
一次判定（要介護認定）　76-78
一時保護（高齢者虐待）　175
一般介護予防事業　88
医療保険　62,63
インテーク　102
インフォーマル・サポート　**185**
インフォームド・コンセント　192
インフォームド・チョイス　192
運営適正化委員会　94
エイジング・イン・プレイス　37
栄養士　**139**
オレンジプラン　→認知症施策推進5か年計画

か行

介護　144
介護医療院　87,98
介護過程　144
介護技術　145
介護給付　80,82
介護給付費　73
介護給付費交付金　74
介護給付費単位数表　84
外国人技能実習生　51
外国人に対する介護職員養成　**51**
介護計画　139,144
介護サービス計画　139
介護サービス情報の公表　94
介護サービスの利用実態　34
介護支援専門員（ケアマネジャー）　79,80,103,107,134,**139**
　　──と倫理　105
介護支援専門員倫理綱領　106

介護従事者等の人材確保のための介護従事者の処遇改善に関する法律　50
介護職員処遇改善加算　51,85
介護職員処遇改善交付金　50
介護職員数（全国）　50
介護付有料老人ホーム　120
介護難民　199
介護認定審査会　77,79
介護福祉士　**139**
介護報酬　84
介護保険　65
　　──で提供されるサービス　98-101
　　──でできる住宅改修　111
　　──の給付費の財源構成　70
　　──のサービス利用の手続き　76,77
　　──の被保険者　71
　　──の保険者　71
　　──の保険料　70
介護保険審査会　79,95
介護保険施設　100
介護保険制度改正の流れ　52
介護保険制度創設の背景　68
介護保険制度におけるケアマネジメント　134
介護保険制度のしくみ　70
介護保険法で定める特定疾病　72
介護や看護を理由とした離職　37
介護予防サービス　81
介護予防サービス計画（介護予防ケアプラン）　80
介護予防支援　81
介護予防・生活支援サービス事業　88
介護予防・日常生活支援総合事業（新しい総合事業）　88-90
介護療養型医療施設　100,120
　　──の廃止　51
介護老人福祉施設（特別養護老人ホーム）　43,100,120
介護老人保健施設　100,120
介護ロボット　117
介護を受けたい場所　183
可処分所得　15
家庭奉仕員派遣制度　43
緩解　189
看護師　**139**
看護小規模多機能型居宅介護　101

207

間接援助　141

緩和ケア　186

キットウッド，T.（Kitwood, T.）　154

救護法　43

キューブラー・ロス，E.（Kubler-Ross, E.）　190

共依存関係　**171**

居宅介護サービス計画費　82

居宅介護支援　81, 99, 103

居宅サービス　80, 81, 98, 99

　　——における区分支給限度基準額　83

居宅サービス計画（ケアプラン）　80

居宅療養管理指導　99

金融資産　**15**

苦情対応のしくみ（介護保険）　92

グリーフケア　194, 195

グループホーム　120

グループワーク　141

ケアカンファレンス　133

ケアの実行　102

ケアハウス　46, 120

ケアプラン作成　102

ケアマネジメント　**69**, 102, 134

ケアワーク　143

経済的虐待　164

軽費老人ホーム　43

ケースワーク　140, 143

血管性認知症　150

幻覚　**9**

健康型有料老人ホーム　120

健康寿命　**201**

広域連合　53, 71

公益財団法人テクノエイド協会　**117**

高額介護サービス費　82, 83

　　——の自己負担限度額　83

後期高齢者　24

後期高齢者医療制度　52, 53, 64

厚生省　43

公的扶助　**65**

高齢化社会　22

高齢化の地域差　24

高齢化率　22

高齢期の支出　12-14

高齢期の収入　12-14

高齢期の身体の変化　8

高齢期の不安　4

高齢者，障害者等の移動等の円滑化の促進に関する法律
　　（バリアフリー新法）　124

高齢者円滑入居賃貸住宅（高円賃）　118

高齢社会　22, 47

高齢社会対策基本法　44, 47

高齢社会対策大綱　47

高齢者虐待　164

——のリスク要因　170

高齢者虐待の防止，高齢者の養護者に対する支援等に関する
　　法律　→高齢者虐待防止法

高齢者虐待防止ネットワーク　**175**

高齢者虐待防止法　60, **165**, 172

高齢者住宅　**57**

高齢者人口　22

高齢者世帯の貯蓄　14

高齢者専用賃貸住宅（高専賃）　118

高齢者と地域社会　30

高齢者の医療の確保に関する法律　53

高齢者の居住の安定確保に関する法律（高齢者住まい法）
　　119

高齢者の事故・被害　16

高齢者の自殺　19

高齢者の就労　30, 31

高齢者の生活上の困難　132

　　社会環境的側面（——）　134

　　身体的側面（——）　134

　　精神心理的側面（——）　134

高齢者の地域活動　31

高齢者の犯罪の種類　17

高齢者保健福祉5か年計画　→新ゴールドプラン

高齢者保健福祉推進十か年戦略　→ゴールドプラン

高齢者向け優良賃貸住宅制度（高優賃）　118

ゴールドプラン（高齢者保健福祉推進十か年戦略）　47, 68

国民皆保険・年金　58

国民健康保険団体連合会（国連保）　85, 94, 95

コミュニティワーク　141

今後の認知症施策の方向性について　158, **161**

さ行

サービス担当者会議　133

サービス付き高齢者向け住宅（サ高住）　50, 54, 118, 120

最期を迎えたい場所　183

歯科医師　137

歯科衛生士　137

視覚障害者誘導用ブロック　**123**

支給基準限度額　80

自己効力感　**201**

自己放任（セルフネグレクト）　19, **165**, 171

自助グループ（セルフヘルプグループ）　**143**, 178

施設介護サービス費　80, 82

施設サービス　81, 98

施設サービス計画（ケアプラン）　80

市町村介護保険事業計画　74

社会的インフラストラクチャー　**5**

社会的な健康　**5**

社会的入院　**51**

社会福祉士　**137**

社会福祉施設緊急整備5か年計画　44

社会福祉の活躍の場　138

社会保険　62

社会保障体制の再構築　49

終活　193

住宅改修　99

住宅改修費（介護保険制度）　118

住宅確保要配慮者に対する賃貸住宅の供給の促進に関する法
　律（住宅セーフティネット法）　118

住宅型有料老人ホーム　120

終末期ケア　186-188

主治医意見書　78

生涯学習　**203**

小規模多機能型居宅介護　101, 119

少子・高齢社会　22

省令　**105**

食事介護　146

シルバー人材センター　201

シルバーハウジング　120

シルバー110番　201

新オレンジプラン　→認知症施策推進総合戦略

人口構成の年齢区分　22

人口置換水準　22

新ゴールドプラン（高齢者保健福祉5か年計画）　**47**

人生の最終段階における医療の決定プロセスに関するガイド
　ライン　191

身体拘束　166

身体的虐待　164

心理的虐待　164

診療報酬　**185**

ストレングス　**135**

スピリチュアル　191

生活援助員（LSA：ライフサポートアドバイザー）　**119**

生活支援　55, 56

生活支援ハウス　120

生活習慣病　10

生活保護　65

生活保護法　42

精神保健福祉士　**139**

性的虐待　164

聖ヒルダ養老院　42

セルフケアプラン　80

セルフヘルプグループ　→自助グループ

遷延性悲嘆　**195**

前期高齢者　24

全国健康福祉祭　204

全人的苦痛（トータルペイン）　190

前頭側頭型認知症（ピック病）　150

せん妄　**9**

相談支援専門員　107

ソーシャル・サポート・ネットワーク　**143**

ソーシャルアクション　141, 142

ソーシャルアドミニストレーション　**141**

ソーシャルプランニング　141, 142

ソーシャルリサーチ　141, 142

ソーシャルワーク　140

　——におけるネットワーク　142

　——のグローバル定義　143

　——の対象者　140

措置制度　51

尊厳死　7, 193

た行

第1号被保険者　76

　——の保険料　72

第2号被保険者　76

　——の保険料　73

多職種連携　135

立入調査（高齢者虐待）　174

団塊世代　22, 25

短期入所生活介護（ショートステイ）　99

短期入所療養介護（ショートステイ）　99

単独世帯　26

地域ケア会議　57

地域支援事業　81, 88-91

地域支援事業支援交付金　74

地域支援事業納付金　73

地域包括ケア研究会報告書　**57**

地域包括ケアシステム　25, 54-57, 87

地域包括支援センター　56, 90, 94

地域密着型介護サービス費　82

地域密着型介護予防サービス　81

地域密着型介護老人福祉施設入居者生活介護　101

地域密着型サービス　81, 98, 101

地域密着型サービス費　80

地域密着型通所介護　101

地域密着型特定施設入居者生活介護　101

チャプレン　**185**

直接援助　140

通所介護（デイサービス）　99

通所リハビリテーション（デイケア）　99

定期巡回・随時対応型訪問介護看護　54, 101

デーケン, A.（Deeken, A.）　193

特定施設入居者生活介護　99

特定福祉用具販売　99

特別徴収　72

特別養護老人ホーム　→介護老人福祉施設

都道府県介護保険事業支援計画　75

な行

二次判定（要介護認定）　77, 78

21世紀福祉ビジョン　49

24時間定期巡回介護・看護　50

日常生活圏域　57

日常生活用具　**117**

日本人の死因　10

日本の高齢化の特徴　22

入浴介護　146

任意事業　88, 90

さくいん　209

認知症　150
　　──の原因疾患　150
　　──の行動・心理症状（BPSD）　152
　　──の中核症状　151, 152
認知症医療疾患センター　**161**
認知症施策推進5か年計画（オレンジプラン）　160
認知症施策推進総合戦略（新オレンジプラン）　**161**
認知症初期集中支援チーム　160
認知症対応型共同生活介護（グループホーム）　101
認知症対応型通所介護　101
認知症対策総合支援事業　51
認知能力　**201**
認定調査員　76
認認介護　171
年金保険　62, 63

は行

パーソンセンタードケア　154
バイスティックの7原則　**141, 144**
排せつの介護　146
バリアフリー　122
バリアフリー新法　→高齢者，障害者等の移動等の円滑化の
　　促進に関する法律
バリアフリーデザイン　123
ピクトグラム　124
非言語的メッセージ　**175**
一人暮らし高齢者　26-28
被保険者　**71**
評価（終結）　102
標準的な認知症のケアパス　159
フォーマル・サポート　**185**
賦課方式　**23**
福祉元年　44
福祉住環境コーディネーター　116, 119
福祉用具　114-117
　　──購入の対象品目　111
福祉用具サービス計画書　115
福祉用具サービス計画作成ガイドライン　115
福祉用具専門相談員　115, 116
福祉用具貸与　99
　　──（レンタル）の対象品目　110
　　──の供給システム（高齢者）　115
　　──の研究開発及び普及の促進に関する法律（福祉用具
　　法）　114
　　──の購入　82
福祉用具プランナー　116
普通徴収　72
ブライデン，C.（Bryden, C.）　**153**
平均寿命　22
ヘルスリテラシー　**203**
遷延性悲嘆　195
包括的支援事業　81, 88, 90
法定代理受領方式　83

放任（ネグレクト）　165
訪問介護（ホームヘルプサービス）　99
訪問介護員　**139**
訪問看護　99
訪問入浴介護　99
訪問リハビリテーション　99
ボウルビィ，J.（Bowlby, J.）　194
保健師　137
保険者　71
保護責任者遺棄致死罪　**165**
ホスピス　**187**
補装具　114, 115
　　──の供給システム（障害者）　116
ボディメカニクス　**145**
ホメオスタシス　**9**

ま行

メイス，R.（Mace R.）　**123**
メタボリック・シンドローム　**11**
モニタリング　102
問題行動　158

や行

夜間対応型訪問介護　101
ユニットケア　158
ユニバーサルデザイン　123-125
ユニバーサルデザイン政策大綱　124
要援護状態　**169**
養介護施設　**165**
養介護施設従事者による高齢者虐待　168
　　──の防止　176
要介護者等からみた主な介護者　34
要介護者数　34
要介護状態　76
要介護認定　70, 76-79
　　──の有効期間　79
要介護認定者数　51
養護者　165
　　──による虐待　168
　　──による虐待防止　172
養護老人ホーム　43, 120
要支援　76
養老院　42
予期悲嘆　**191**
予備力　**9**
予防給付　82

ら行

ライフサポートアドバイザー　→生活援助員
理学療法士　**139**
リハビリテーション　**179**
リビングウィル　**193**
リロケーションダメージ　**157**
臨死患者　**191**
レビー小体型認知症　150

老人憩いの家　205

老人医療費無料化　44

老人介護支援センター（在宅介護支援センター）　46

老人休養ホーム　205

老人福祉法　58-61

　　──の意義　60

　　──の基本的理念　60

　　──の目的　59

老人福祉法等の一部を改正する法律　47

老人保健法　45

老老介護　171

老齢基礎年金　65

65歳以上の高齢者のいる世帯（数）　26, 27

欧文

BPSD　→認知症の行動・心理症状

DV法（配偶者からの暴力の防止及び被害者の保護等に関する法律）　175

執筆者紹介 （所属：分担。執筆順。＊は編者）

＊**大塩まゆみ** （編著者紹介参照：はじめに，第1章，第3章第6節，第9章，第11章）

＊**奥西　栄介** （編著者紹介参照：第2章，第3章第5節）

西川　淑子 （龍谷大学非常勤講師：第3章第1～4節）

宮路　博 （社会福祉法人京都福祉サービス協会居宅副本部長：第4章，第5章第1，2節）

杉原　優子 （地域密着型総合ケアセンターきたおおじ施設長：第5章第3節，第8章）

糟谷　佐紀 （神戸学院大学総合リハビリテーション学部准教授：第6章）

春名　苗 （花園大学社会福祉学部教授：第7章）

木村多佳子 （福井県立大学看護福祉学部助教：第10章）

編著者紹介

大塩まゆみ（おおしお・まゆみ）

同志社大学大学院文学研究科社会福祉学専攻博士課程修了。
現在：龍谷大学社会学部現代福祉学科・
　　　大学院社会学研究科社会福祉学専攻教授。
　　　博士（社会福祉学）。

奥西　栄介（おくにし・えいすけ）

関西学院大学大学院社会学研究科社会福祉学専攻
博士課程後期課程満期退学。
現在：福井県立大学看護福祉学部社会福祉学科教授。

新・基礎からの社会福祉③

高齢者福祉［第3版］

2013年11月15日　初　版第1刷発行	〈検印省略〉
2016年3月20日　第2版第1刷発行	定価はカバーに
2018年4月30日　第3版第1刷発行	表示しています
2020年3月30日　第3版第2刷発行	

編著者　　大　塩　まゆみ
　　　　　奥　西　栄　介

発行者　　杉　田　啓　三

印刷者　　田　中　雅　博

発行所　株式会社 ミネルヴァ書房
607-8494　京都市山科区日ノ岡堤谷町1
電話代表　（075）581-5191
振替口座　01020-0-8076

©大塩・奥西ほか，2018　　　　創栄図書印刷・清水製本

ISBN978-4-623-08248-3
Printed in Japan

新・基礎からの社会福祉

B 5 判美装

①社会福祉

●

②ソーシャルワーク

●

③高齢者福祉

●

④障害者福祉

●

⑤社会保障

●

⑥地域福祉

●

⑦子ども家庭福祉

●

⑧権利擁護とソーシャルワーク

ミネルヴァ書房

http://www.minervashobo.co.jp/